JN121704

Holistic Education

ホリスティック教育講義

中川吉晴―――著

Yoshiharu Nakagawa

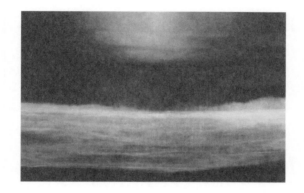

出版館ブック・クラブ

は じ め に

　本書は、ホリスティック教育（holistic education）の考え方と方法について、「永遠の哲学」（perennial philosophy）や「トランスパーソナル心理学」（transpersonal psychology）の観点を取り入れて考察したものである。永遠の哲学とは、世界の叡智の諸伝統（wisdom traditions）の核心部分に見られる思想であり、世界や人間を多次元的存在とみなすことに特徴がある。トランスパーソナル心理学は古今東西の心理学を統合し、永遠の哲学と同じく、多次元的な人間観を描きだしている。永遠の哲学にせよ、トランスパーソナル心理学にせよ、それらにおいてはスピリチュアリティの次元が重視されている。

　私はこれまでホリスティック教育に関して、*Education for Awakening: An Eastern Approach to Holistic Education*（2000 年）、『ホリスティック臨床教育学』（2005 年）、『気づきのホリスティック・アプローチ』（2007 年）を出してきたが、本書では、あらためてホリスティック教育の基本的な見方をとりあげ、さらにこの間の発展をふまえ、最近の情報をふくめている。ホリスティック教育は、それと相前後して登場してきた「教育におけるスピリチュアリティ」「観想教育」「インテグラル教育」などの動向とも重なり合いながら発展してきており、それらについてもとりあげることにした。

　第 1 章では、このようなホリスティック教育をめぐる状況について幅広く紹介する。第 2 章では、ホリスティック教育の生みの親であり、いまもその第一人者であるジョン・ミラーの教育論をとりあげ、その始まりから現在にいたるまでの歩みをたどりながら、永遠の哲学にもとづくホリスティック教育論について見ていく。第 3 章では、ホリスティック教育のひとつの実践例として、タイのルンアルン・スクールにおける仏教にもとづく教育の取り組みを紹介する。2010 年にはじめてルンアルンを訪れて以来、私はこの学校をたびたび訪れているが、私の知るかぎりでは、ルンアルン

は世界を代表するホリスティック教育実践校のひとつではないかと思っている。

　本書の後半では、ホリスティック教育の方法原理を明らかにし、教育実践をデザインするうえで役に立つ基本的な枠組みを示している。第4章では、永遠の哲学を現代に甦らせ、それをもとにホリスティックな教育のヴィジョンを描きだしたオルダス・ハクスリーをとりあげる。ハクスリーが亡くなって半世紀以上経っているにもかかわらず、「永遠の教育」とも呼べる彼の先駆的ヴィジョンはいまだに何ひとつ古くなっていない。それをふまえて第5章では、私の考える方法原理を述べているが、それは永遠の哲学の観点から人間の多次元性にもとづき、身体、心、精神からなる人格の教育と、魂やスピリットにかかわるトランスパーソナルな教育を結び合わせたものであり、その中心には「気づき」（アウェアネス）の教育が置かれている。ここではブッダやクリシュナムルティもふくめて、さまざまな人たちの気づきの議論をとりあげている。彼らが言うように、気づきはあらゆる実践の基本になるものである。第6章では、気づきの技法とサイコシンセシスを中心にしたホリスティック教育の授業実践をとりあげる。最後の第7章には、いじめについての一考察を収めている。

　ホリスティック教育の入門講義である本書が、ホリスティック教育の理解と実践に少しでも役立つなら、筆者としては望外の幸せである。

目　　次

第1章　ホリスティック教育、スピリチュアリティ、観想教育、インテグラル教育

1　ホリスティック教育の発展

　ホリスティック教育は 1980 年代後半以降、北米を中心に発展してきた教育思潮であり、現在では日本をふくめて世界各地に広まっている。北米における本格的な展開は、教育史家でもあるロン・ミラー（Ron Miller, 1956– ）が 1988 年に学術誌『ホリスティック教育レヴュー』（*Holistic Education Review*, のちに *Encounter: Education for Meaning and Social Justice* と改称, 2013 年以降休刊）を創刊し、同年トロント大学オンタリオ教育研究所のジョン・ミラー（John P. Miller, 1943– ）が『ホリスティック・カリキュラム』（邦訳『ホリスティック教育』春秋社）を刊行したことに始まる。1990 年には、フィリップ・ギャング（Philip Snow Gang, 1941– ）とロン・ミラーたちの呼びかけに応じて、シカゴ近郊に 80 人のホリスティック教育家が集い、「シカゴ教育宣言」（The Chicago Statement on Education）が出され、ホリスティック教育が提唱された。その後ギャングを代表者とする GATE（Global Alliance for Transforming Education）が組織され、翌1991 年、GATE は『エデュケーション 2000 ──ホリスティックな見方』（*Education 2000: A Holistic Perspective*）という、十原則からなる重要な宣言文を出し、ホリスティック教育を広く唱導することになった（Flake, 1993, pp. 240–247; 日本ホリスティック教育協会, 2005, 第 6 章）。

　その後は世界各地の多くの教育者や研究者がホリスティック教育の運動に参集し、その発展に貢献して、今日では、ホリスティック教育の理念と実践は主流の教育のなかにまで徐々に広がってきている。

　ホリスティック教育の背景には、エマソンやオルコットなどアメリカの超越主義者の思想、デューイの進歩主義教育、シュタイナー教育、モン

テッソーリ教育、オルタナティブ教育などの潮
流がある。たとえば、ロン・ミラーとギャング
はともにモンテッソーリ教師でもある。また、
ホリスティック教育の主導者たちは、ヒューマ
ニスティック（人間性）心理学、トランスパー
ソナル心理学、エコロジー思想（トマス・ベ
リーなど）、システム論（ボーム、ベイトソン、
カプラなど）、東洋思想（老荘思想、ヴェー
ダーンタ哲学など）、アメリカ先住民思想など
の影響も受けている。

ロン・ミラー

　ヒューマニスティック心理学やトランスパーソナル心理学の分野では、
エイブラハム・マズローやカール・ロジャーズの教育論だけでなく、
ジョージ・ブラウン（合流教育）、ゲイ・ヘンドリックス（センタリング）、
ジョージ・レナード、ジョン・マン、クラーク・ムスターカス、マイケ
ル・マーフィ、クラウディオ・ナランホ、ロバート・オーンスタインと
いった先駆者たちのホリスティックな教育論がある。トランスパーソナル
教育を提唱したヘンドリックスとジェイムズ・ファディマンは以下のよう
に述べている。

　　　人間は全体的な存在であり、認知的、社会的、感情的、そしてスピリ
　　　チュアル（霊的、霊性的）な潜在的可能性をもっている。トランス
　　　パーソナル教育は、全体的人間（the whole person）のための教育であ
　　　り、学校はこうした全体性が支持され、高められる場所だとみなして
　　　いる。（Hendricks & Fadiman, 1976, p. vii, 強調は原著者, 以下同様）

　ホリスティック教育は、物質主義的で機械論的な世界観によって立つ現
代教育に対して、ホーリズム（全体論）の観点から、断片化された生を統
合し、存在の全体性を回復することを求めている。ホリスティック教育が
何よりも目指しているのは、教育の基盤となる世界観や人間観の拡大と深

化である。ロン・ミラーによれば、産業化時代の世界観は、機械論的、還元主義的であり、人間を経済的存在とみなし、人びとの分断を強調するようなものであった。これに対して、ポスト産業化時代のホリスティックな世界観は、生命への畏敬、地球を聖なるものとみなすエコロジカルな見方、人間を本質的にスピリチュアルな存在とみなす見方、そしてグローバルな見方を特徴としている（Miller, 1991, pp. 1–3）。

　ロン・ミラーは「あらゆるものは互いにつながっている」という相互連関性をホーリズムの第一原則としたうえで、実践面ではさらに「全体性の多層的レベル」（multiple levels of wholeness）に配慮する必要があるという。ここには、ホールパーソン、コミュニティ、社会、地球、コスモスという諸レベルがある。このうちホールパーソンには、知性、感情、身体、社会性、美的側面、スピリチュアリティ（霊性）がふくまれる。さらにミラーは「コスモス」を、すべてを包括する究極の意味基盤とみなす。コスモスは、存在に意味を与える源として、あらゆる存在を包摂するとともに、あらゆる存在に内在しているのである（Miller, 2000, chap. 2）。

　ジョン・ミラーはヒューマニスティック教育から出発し、トランスパーソナル教育をへて、ホリスティック教育を打ち立てている。彼はホリスティック教育を、世界の叡智の伝統に根ざす「永遠の哲学」によって基礎づけている。永遠の哲学は、多次元的・階層的な存在論を有し、物質（matter）、生命（life）、心（heart）、精神（mind）の諸次元に加えて、魂（soul）やスピリット（spirit）といったスピリチュアルな次元を人間存在の核心に位置づけている。人間のスピリチュアルな欲求には、自己存在の根源への実存的問い（私とは何か）、究極のリアリティに対する探究心（存在とは何か）、生きる意味の希求、自己変容や自己超越への関心などがふくまれる。

　ジョン・ミラーは『ホリスティック・カリキュラム』のなかで教育の基本的立場を三つに分け、それぞれ「伝達」「交流」「変容」と呼んでいる。「伝達」とは、細分化された知識を伝達する教育形式であり、原子論的世界観にもとづいている。「交流」とは、学習者が共同で経験学習、問題解

決学習、探究活動などを行なう形式であり、プラグマティズムに依拠している。永遠の哲学にもとづく「変容」の立場は、人間存在の内的深化と自己超越、および内的変容をとおして生じる行動にかかわり、以下のように定式化される（Miller, 2019, p.22）。

トロント大学の国際会議で挨拶をする ジョン・ミラー

1 リアリティ（現実）は相互につながりあっており、宇宙には神秘的統一がある。
2 個人の内的自己、すなわち魂と、この神秘的統一とのあいだには密接なつながりがある。
3 この神秘的統一についての知は、さまざまな観想実践をとおして発達させることができる。［観想実践には、マインドフルネス、各種瞑想、ボディワーク（ソマティクス）、イメージワーク、儀礼、物語、ジャーナル・ライティング、アートなどがふくまれる。角括弧内は筆者注、以下同様。］
4 価値観は、リアリティのつながりを理解し実現するなかで生まれてくる。
5 つながりの実現は、不正や人間の苦しみに立ち向かう社会活動に結びつく。

　このように変容の立場では、自己の内奥で根源的リアリティとつながり、そこから他者や社会へと向かう行動が生じると定式化されている。ミラーのホリスティック教育論では、こうした永遠の哲学をもとに、カリキュラムが形づくられている。のちにミラーは「ホール・チャイルド教育」を提唱するにいたり、その理念を実践に移した学校もつくられている。ジョン・ミラーの理論と実践については次章でくわしくとりあげる。

　ホリスティック教育の国際会議は、1997 年以降ジョン・ミラーが中心となり、「ホリスティック・ラーニング国際会議」としてトロント大学で開催されてきた（Miller, Karsten, Denton, Orr, & Kates, 2005）。トロントでの会議が 2007 年に終了した後も北米のいくつかの場所で国際会議が継続されているが、2014 年以降は、南オレゴン大学のウィリアム・グリーン（William L. Greene, 1958– ）とヨンヒー・キム（Younghee M. Kim, 1959– ）を中心に「ホリスティック・ティーチング & ラーニング国際会議」が開催されている。なお現在、同大学に

上：南オレゴン大学で開催されたホリスティック
　ティーチング & ラーニング国際会議
下：会議のまとめ役ヨンヒー・キム（左）とウィ
　リアム・グリーン

は「ホリスティック教育センター」（Center for Holistic Education）が置かれている。

　ホリスティック教育の刊行物としては、これまでさまざまな論集や論著が出されているが（章末の文献参照）、最近ではジョン・ミラー等が監修する「ホリスティック教育の最新動向」（Current Perspectives in Holistic Education, Information Age Publishing）というシリーズが新しく始まっている。最近の出版物のなかでホリスティック教育の発展にとって画期的とも言えるのは、2018 年に刊行された『ホリスティック教育インターナショナル・ハンドブック』（Miller, Nigh, Binder, Novak, & Crowell, 2018）である。近年さまざまな分野でインターナショナル・ハンドブックという大部の論集が刊行されているが、このハンドブックの刊行によってホリスティック教育

もその仲間入りをはたし、メインストリームのなかに一歩を踏み出したと言えよう。このハンドブックは、ホリスティック教育の基礎、カリキュラム、実践、方向性という柱のもと全37章からなっている。

　また『ホリスティック・エデュケーター』（*The Holistic Educator*）という電子版ニュースレターが年2回（春と秋）発行されており、各種の記事、書評、会議の案内などが紹介されている。そのほかにバ・ラヴモア（Ba Luvmour, 1947–　）はポッドキャスト上で著名なホリスティック教育者たちへのインタビュー・シリーズ（*Meetings with Remarkable Educators*）を配信している。

　アジアにおけるホリスティック教育の動向について少しふれておく。アジア太平洋地域におけるホリスティック教育の発展と実践者の交流を促すために、2013年に「アジア太平洋ホリスティック教育ネットワーク」（APNHE: Asia-Pacific Network for Holistic Education）が発足し、毎年のように国際会議（ラウンドテーブル・ミーティング）が開催されている。2013年の第1回大会は、ルンアルン・スクールとマヒドン大学によってタイで開催された。その後、第2回大会は同年、韓国ホリスティック教育学会主催で南ソウル大学校において開催された。第3回大会は2015年に日本の同志

上：アジア太平洋ホリスティック教育ネットワーク
　　第1回大会（2013年、マヒドン大学）
下：同第7回大会（2019年、京仁教育大学校）

社大学、第 4 回大会は 2016 年にマレーシアのテイラーズ大学で開催され
た。テイラーズ大学はマレーシアを代表する私立大学であるが、ホリス
ティック教育を教育理念に掲げ、独自のプログラムを実施している。第 5
回大会は 2017 年にルンアルンの主催でタイのチュラロンコン大学、第 6
回大会は 2018 年に同志社大学、第 7 回大会は 2019 年に韓国ホリスティッ
ク・コンヴァージェンス教育学会の主催で京仁教育大学校（京畿キャンパ
ス）を会場として開催された。

　この会議にはアジア各地だけでなく、アメリカ合衆国、カナダ、オース
トラリアなどからの参加もある。一連の会議をつうじて、アジア太平洋の
さまざまな地域で、それぞれの特色を生かしながらホリスティック教育が
広がっていることが知られるようになった。

2　魂の教育

　「魂の教育」（soul education）はおもにホリスティック教育のなかで発展
してきたスピリチュアリティの教育である。ジョン・ミラーも『魂にみち
た教育』（晃洋書房）のなかで、魂の教育の枠組みを示し、それが生きる
意味と活力をとりもどすことに役立つと述べている。トロント大学でホリ
スティック教育を学んだイザベラ・ケイツ（Isabella Colalillo Kates）とク
ラレンス・ハーヴェイ（Clarence L. Harvey）を中心に、教育のなかに魂を
とりもどす運動が始まり、2000 年から 2005 年にかけて世界各地で魂の教
育をめぐる会議が開催された（第 1 回はフィンドホーンで開催）。一連の
会議をへて 2006 年に発表された「21 世紀の〈教育における魂〉ボルダー
宣言」（The Boulder Statement on Soul in Education in the 21st Century）のな
かでは、つぎのように述べられている。

　　魂とは、人間性の深い統合的側面をあらわす久遠の普遍的概念であり、
　　この側面は、私たちの最高の資質と生命エネルギーを体現するもので
　　あり、私たちの生活に意識的に結びつけられるなら、強い生きがい感、

いたわりにみちたつながり、人生の目的と方向性を与えてくれる。
　（Kates & Harvey, 2010, p. 161）

魂は人間存在の深層であり、生きる意味や活力、愛や共感、創造性や想像力の源泉である。
　著名なホリスティック教育実践家であったレイチェル・ケスラー（Rachael Kessler, 1946–2010）は、魂の教育に大きく貢献した。ケスラーはカリフォルニアのクロスロード・スクールで仕事をしていた頃、ミステリーズ・プログラムという教育プログラムの作成にかかわった。そこでは芸術や作文や儀式などの手法を用いて、子どもたちが正直な気持ちを表明し、たがいに聴き合い、結びつきをつくるという実践が行なわれた。その後ケスラーは、コロラド州ボルダーに移ってからは、「社会的・感情的学習研究所」を主宰し、ミステリーズ・プログラムと「社会的・感情的学習」（SEL: Social and Emotional Learning）を結びあわせたパッセージ・プログラムをつくり、若者の教育に取り組むとともに、社会的・感情的学習の発展に貢献した。
　ケスラーによれば、若者たちはその魂が養われないことで起こる「スピリチュアルな空白状態」に置かれていて、暴力、性、薬物、自殺といった破壊的行動をとおしてスピリチュアルな欲求をみたそうとする。したがって、教育のなかに魂の次元を迎え入れることは若者の欲求に応えるものになる。彼女は、広く知られている『教育の魂』（Kessler, 2000）のなかで、若者の魂が求めている七つの面——深いつながり、沈黙、意味、喜び、創造性、超越、通過儀礼——をとりあげている。簡単に述べておくと、「深いつながり」を求めるとは、自己、他者、自然、大いなるものにつながることによって人生の意味や帰属感を得るということである。「沈黙と孤独」への希求とは、内省や瞑想のための時間や空間をもつということである。「意味と目的」の探究とは、生きるとは何か、自分はなぜ存在しているのかといった大きな問いを追究することである。「喜び」の切望とは、遊び、祝祭、感謝に伴う充足感や、美、優雅さ、愛による高揚感を体験す

ることである。「創造的衝動」とは、ものごとを新しい目で見て、何かを生みだすことに驚きや神秘性を感じることである。「超越」への衝動とは、神秘的次元だけでなく学芸やスポーツにおいても日常経験を超えるものを求めることである。「通過儀礼」とは、若者が大人へと移行していく助けとして何らかの儀式をもつということである。

　2019年4月には「教育の魂」をめぐるグループ（The Soul of Education Initiative）の国際サミットがプラハで開催された。そこには、ホリスティック教育、観想教育、マインドフルネス教育、社会的・感情的学習（SEL）、ポジティブ教育、GNH教育、変容的教育などの専門家や実践家40名が集まった。

3　教育におけるスピリチュアリティ

　ホリスティック教育との関連で、さらに二つの動向、すなわち「教育におけるスピリチュアリティ」と「観想教育」をとりあげておく。これら二つの動向はホリスティック教育と重なり合いながら発展してきたものである。どちらの動向においてもホリスティック教育はその先駆的な役割を果たしたが、いまでは両者とも多様な広がりをもつにいたっている。

　教育においては1990年代以降スピリチュアリティが盛んに議論されるようになった。「教育におけるスピリチュアリティ」のひとつの特徴は、非宗派的な立場の人たちとともに宗教教育の関係者も参加していることである。北米最大の非営利教育組織ASCD刊行の『エデュケーショナル・リーダーシップ』（*Educational Leadership*）誌は1998年末に「教育のスピリット」と題する特集号を出して注目されたが、そこでは公立学校のなかでスピリチュアリティをどう扱っていくのかが、非宗派的・宗派的な双方の立場から議論されている。

　パーカー・パーマー（Parker J. Palmer, 1939– ）はこの分野の代表的な論者であり、『知られるがごとくに知る』（Palmer, 1983）といった基本文献を早くから出しているが、彼は政教分離の立場から、公立学校のなかに宗

教を持ち込むことには反対する一方で、スピリチュアルな次元を探究することを奨励している。それは、自我を超えた何かとのつながりを探究するということであり、人生に意味や目的があるのか、苦しみに意味があるのか、死とは何かといった「大きな問い」を共同で探究することである。実際のところ、こうした問いは教育の日常のなかに埋め込まれているため、スピリチュアルな次元は学校教育のなかにいつでも存在しているのである（Palmer, 1998–1999）。

　宗教教育の立場からスピリチュアリティが議論される場合には、宗教多元主義的な立場がとられることが多い。この関連で注目されるのは、すでに 1961 年という早い時期に J. G. ベネット（John Godolphin Bennett, 1897–1974, 20 世紀のスピリチュアリティ運動に重要な影響を与えた神秘家グルジェフの高弟）が、教育におけるスピリチュアリティに関する宗教間対話的な会議をロンドンで開催していることである（Bennett, 1984）。最近のひとつの取り組みは、ウェルズリー大学の「変容としての教育プロジェクト」（1996 年開始）に見られ、1998 年には全米 250 の教育機関から 800 名を集めた会議が開催されている。そこでのおもなテーマは、高等教育機関において宗教的多元主義とスピリチュアリティの教育をどのように推進していくのかということであった（Kazanjian & Laurence, 2000）。

　「教育におけるスピリチュアリティ」の動向のなかで早くから重要な役割を果たしたのは、ナーローパ大学（Naropa University）である。コロラド州ボルダーにあるこの小さな大学は、チベット仏教を世界に広めた一人であるチョギャム・トゥルンパ（Chögyam Trungpa, 1939–1987）が、チベット仏教カギュ派の始祖の一人ナーローパの名を冠して、1974 年にナーローパ研究所として創設したものであり、その後 1984 年に大学院、1999 年に学部が開設されている。ナーローパ大学は 1997 年に最初の「教育におけるスピリチュアリティ」会議を開催したが、このときにはダライ・ラマ十四世が来校し基調講演を行なっている（Glazer, 1999）。後述するように、ナーローパ大学は観想教育の発展においても中心的な役割を果たしている。

　イギリスを中心とする大きな動きとしては「子どものスピリチュアリティ国際学会」（International Association for Children's Spirituality）の活動がある。この学会は 2006 年の創設であるが、その前身の組織が 1996 年に学術誌『子ども

ナーローパ大学

のスピリチュアリティ国際ジャーナル』（*International Journal of Children's Spirituality*）を創刊し、2000 年以降、国際会議を世界各地で開催してきた。一連の会議の成果として「スピリチュアル教育」叢書が刊行されている（Erricker, Ota, & Erricker, 2001; Ota & Erricker, 2005）。子どものスピリチュアリティ国際学会が目指しているのは、子どものスピリチュアリティにかかわる研究と実践の促進、スピリチュアル教育にかかわる政策提案、実践開発などである。

　子どものスピリチュアリティに関しては、現在ではいろいろな研究成果が公表されているが、それ以前にも重要な研究がいくつか存在していた。オックスフォードの海洋生物学者アリスター・ハーディ（Sir Alister Hardy, 1896–1985）が 1969 年に設立した「宗教経験研究センター」（Religious Experience Research Centre, 現在はウェールズ大学所属）では、子ども時代の宗教的体験（たとえば、幻視体験、神秘体験、合一体験など）について一般の大人から回想を集め、その結果を、第二代所長エドワード・ロビンソン（Edward Robinson, 1921–2013, 植物学者）は 1977 年に『オリジナル・ヴィジョン』（Robinson, 1977）にまとめて発表した（Franklin, 2006）。

　児童精神科医のロバート・コールズ（Robert Coles, 1929–　）は 30 年にわたる子どもへのインタビュー調査を一連の研究のなかで発表しているが、『子どものスピリチュアルな生活』（Coles, 1990）では、子どもを「巡礼者、探究者」としてとらえ、子どもの宗教的体験を多くとりあげている。さら

に、アドラーやマズローの研究で知られる心理学者のエドワード・ホフマン（Edward Hoffman, 1951– ）は『無垢のヴィジョン』（Hoffman, 1992）のなかで、マズローの至高経験の研究にならい、大人の回想から、子ども時代のスピリチュアルな体験の九つのカテゴリー（壮大な自然体験、近隣の自然、臨死と危機、祈り、至福・忘我、深遠な洞察、宗教的場面、神秘的知覚、忘れられない夢）を明らかにした。

トランスパーソナル心理学者のトーマス・アームストロング（Thomas Armstrong, 1951– ）は、理論的研究である『光を放つ子ども』（Armstrong, 1985）なかで、発達には肉体から上昇する面（身体から感情をへて思考へといたる発達過程）だけでなく、スピリットから下降する面があると述べ、子どもは非日常的体験（宗教的体験、至高経験、臨死体験、元型体験、哲学的叡智、芸術的表現、直観的洞察、心霊的知覚など）のなかでスピリチュアルな体験をしていると論じている。アームストロングは、子どもの意識のスペクトルとして、前個的レベル、下位個的レベル、個的レベル、上位個的レベル、超個的レベルという五つの次元を認め、それらは子どもの意識のなかで同時に存在しているとみなした。

より最近の研究には、つぎのようなものがある。アリスター・ハーディ宗教経験研究所の第三代所長の生物学者デイヴィッド・ヘイ（David Hay, 1935– ）による『子どものスピリット』（Hay, 2006）は、スピリチュアルな感性として「気づきの感覚」「神秘の感覚」「価値の感覚」をとりあげ、子どもの質的調査から、子どものスピリチュアリティにおけるコア・カテゴリーを「関係意識」（relational consciousness）として定式化した。同じ三つの感覚をもとに、心理学者のブレンダン・ハイド（Brendan Hyde, オーストラリア・カトリック大学）は独自の調査を行ない、子どものスピリチュアリティとして「フェルトセンス」「統合的意識」「意味をつむぎだすこと」「スピリチュアルな探究」をあげている（Hyde, 2008）。アメリカのトランスパーソナル心理学者でホリスティック教育家のトビン・ハート（Tobin Hart, 1958– ,ウェスト・ジョージア大学）は「チャイルド・スピリット研究所」を主宰し、子どもの調査にもとづき、『子どもの秘められ

たスピリチュアルな世界』（Hart, 2003）のなかで、智慧、驚き、思いやり、哲学的探究心、見えない次元の知覚を、子どものスピリチュアリティの特徴としてあげている。

　ほかにも最近では、ケイト・アダムス（Kate Adams）、マリアン・デ・ソウザ（Marian de Souza）、リサ・ミラー（Lisa Miller）といった人たちの研究がある。デ・ソウザは「子どものスピリチュアリティ国際学会」の会長をつとめたこともあり、「宗教と教育に関するインターナショナル・ハンドブック・シリーズ」（Springer）のなかの『スピリチュアリティ、ケア、ウェルビーイングのための教育インターナショナル・ハンドブック』（de Souza, Francis, O'Higgins-Norman, & Scott, 2009）をはじめ、一連の重要な論集（de Souza, Bone, & Watson, 2016; Watson, de Souza, & Trousdale, 2014）を編纂している。『スピリチュアル・チャイルド』（Miller, 2015）の著者であるリサ・ミラーは、コロンビア大学ティーチャーズ・カレッジに「教育におけるスピリチュアリティ共同研究センター」（The Collaborative for Spirituality in Education）を設立し、さまざまな学校におけるスピリチュアル教育実践に取り組んでいる。

　ミネソタ州ミネアポリスにあるサーチ研究所（Search Institute）は、2003 年から 2009 年にかけてジョン・テンプルトン財団から援助を受け、「児童期・青年期のスピリチュアルな発達のためのセンター」（The Center for Spiritual Development in Childhood and Adolescence）を発足させ、子どものスピリチュアルな発達に関する国際的研究を行なってきた。このセンターは、スピリチュアルな発達を、認知や情動の発達と並ぶ発達カテゴリーとして位置づけ、スピリチュアルな発達には「気づきと覚醒」「つながりと帰属」「生き方」という三つの中核的プロセスがふくまれるとした。この仮定にもとづき、17 ヵ国の子どもを調査した比較研究の成果が公表されている（Roehlkepartain, Benson, Scales, Kimball, & King, 2008）。また、サーチ研究所では 2006 年に、子どものスピリチュアルな発達に関するテキストとして、心理学的・社会科学的論集『児童期・青年期のスピリチュアルな発達ハンドブック』（Roehlkepartain, King, Wagener, & Benson, 2006）

と、世界の多様な宗教的伝統に見られる子ども観や教育観に関する論集『子どもと青年のスピリチュアリティを育む』（Yust, Johnson, Sasso, & Roehlkepartain, 2006）を刊行しており、どちらもこの分野の基本文献となっている。

エオストロ・ジョンソン

　スピリチュアリティはホリスティック教育において中心的なテーマのひとつであるが、ホリスティック教育家で、サーチ研究所が刊行したテキストの編者の一人でもあるエオストロ・ジョンソン（Aostre Nancy Johnson, 1947–, セント・マイケルズ・カレッジ）は、教育者たちが「スピリット」や「スピリチュアル」という言葉をどのような意味で用いているのかを調査し、いくつかの特徴を見いだした。それには「観想的」「意味形成的」「自己内省的」「情緒的」「倫理的」「エコロジー的」「創造的」という七つのカテゴリーがふくまれている。そして彼女は「すべてのカテゴリーに共通する中心的メタファーは、つながりである」（Johnson & Neagley, 2011, p. 4）と述べている。

　一連の研究のなかでも特筆すべきものは、カリフォルニア大学ロスアンゼルス校「高等教育研究所」（Higher Education Research Institute）のアレクサンダー・アスティン（Alexander W. Astin, 1932– ）等が、ジョン・テンプルトン財団の援助を受けて 2003 年から 7 年間にわたり「高等教育におけるスピリチュアリティ」に関する大規模な全国調査を実施したことである。全米 236 大学の新入生 11 万人以上を対象にした 2004 年の調査では、83％が人生は聖なるものであると信じていると答え、80％がスピリチュアリティに関心があると答え、76％は生きる意味を希求していると答えている。アスティン等は、高等教育のなかで学生のスピリチュアルな発達が促進されれば、学力や心理的健康や指導力に加え、ケアする力、グローバルな意識、社会正義へのかかわり、平静さといった面が養われ、社会全体にとって大きな貢献になると述べている。学生のスピリチュアルな発達を促進するものとしては、留学、学際的取り組み、地域の奉仕活動、慈善活動、

異文化交流、リーダーシップ訓練などがあげられているが、もっとも有効な活動とされているのは、瞑想などの観想実践である（Astin, Astin, & Lindholm, 2011）。さらにまた、高等教育研究所は 2010 年に全米 400 校以上の大学の有望な実践例を調査している。そこには、学位取得コース、個別講義、宗教やスピリチュアリティを意識するための特別な週や曜日の制定、メンター制度、奉仕活動、対話、瞑想、リトリート、リーダーシップ訓練、初年次プログラムなど多様な取り組みがふくまれている。

　日本における研究は決して多くはないが（ベッカー, 弓山, 2009; 林, 2011; 鎌田, 2015; 西平, 2019）、そのひとつに村上祐介氏の研究をあげることができる。村上氏（2016）はスピリチュアリティに関して、「大きな問い」「コンパッション」「超越性」という三点をとりあげる。私とは何か、生の意味や目的、死とは何か、存在や世界の神秘といったことにかかわる「大きな問い」は、主として知性面の働きに関係する領域であり、「コンパッション」（compassion, 慈悲、思いやり）は利他的な感情や態度や行動であり、「超越性」は観想実践をはじめとする個人的体験をとおして超越的なものにふれることをふくんでいる。したがって、スピリチュアリティは「生きる意味をありありと感じ、互いに慈しみの気持ちを抱き、超越的次元との強い結びつきを感じられる」（p. 62）状態とみなされる。さらに村上氏はスピリチュアリティ教育として、「大きな問い」「コンパッション」「超越性」が相互に関連し、一人称、二人称、三人称のアプローチがすべてふくまれるような実践を構想し、それが日本の新しいグローバル人材育成に十分に寄与しうるものであることを示している。つまり、スピリチュアリティ教育は、各文化の多様な世界観や宗教をとりあげ、多文化理解を深めることができ、健康増進や地球環境問題への取り組みにも役立つという。村上氏はつぎのように述べている。

　　スピリチュアリティ教育は、こうした現実への冷静な眼差しを持ちながらも、瞑想をはじめとしたコンパッションに関する実践を通して、身体に根差した……、命を慈しむ心を涵養することを目指していきま

す。そして、そうした基本的な態度を備えつつ、学習者に大きな問い（「どのような世の中をつくるのに役立ちたいか」「人類や地球は、これからどうなっていくのか」等）について考える多様な見方を提示し、一人ひとりが、どのような世界観にコミットすれば生きやすいのかを選び抜く基礎的な力を育成することが重要となります。（pp. 227–228）

　スピリチュアリティの教育は、「私とは何か」「生きるとは何か」といったことを各自が問う自己探究の営みである。自己への実存的関心が高まる若者や、人生の苦難に遭遇する大人にとって、この教育のもつ意義は大きいと言える。

　教育におけるスピリチュアリティのなかで、もうひとつ重要なのは教師のスピリチュアリティを育むことである。さきに名前をあげたパーカー・パーマーは、教師のスピリチュアリティを育むための「教える勇気」（Courage to Teach）プログラムを開発したことで知られている。みずからもうつ病で苦しんだ経験をもつパーマーは、教師の燃えつきに対処するリニューアル・プログラムの開発に力を注ぎ、その核心にスピリチュアリティの回復を置いている。彼の『教える勇気』（Palmer, 1998）のなかで述べられたことは「勇気とリニューアルのセンター」（The Center for Courage & Renewal）によって実施されてきた。このプログラムでは、継続的に行なわれるリトリートのなかで、教師が自分の魂とのつながりを回復し、魂を仕事と結びつけることができるような内的作業が中心となる。

　教育におけるスピリチュアリティをめぐる動向は、たんにスピリチュアリティにかかわる新しい教育実践にとどまるものではなく、人間と教育のあり方を根底から問い直そうとする運動である。物質主義的な世界観に支配され、産業社会の価値観にのみ込まれ、人間の断片化を押し進めている教育の現状に対して、あらためて人間とは何か、教育とは何かが問われており、スピリチュアルな次元もふくめて人間を多次元的存在としてとらえることによって、人間の全体性を回復することが求められているのである。

16

子どものスピリチュアリティ研究によれば、子どももまたスピリチュアルな経験をしており、子どもの意識構造にはスピリチュアルな次元があるということが認められつつある。子どもの発達には身体、感情、認知、道徳性、社会性などの発達と並んでスピリチュアルな発達があり、さまざまな発達ラインが重なり合っているのである。子どものスピリチュアリティが解明されてゆくと、たんに未熟な存在という子ども像に

エドワード・カンダ

かわる子ども観が甦ってくる。古くには、子どもは聖なる存在とみなされていたが、近代の発達観のなかでは、そうした面は忘れ去られてきたのである。

　また、子どものスピリチュアリティ研究によって、過去の偉大な教育家たちの主張にも新たな光をあてることができる。幼稚園の創設者として知られるフレーベル（Friedrich Wilhelm August Fröbel, 1782–1852）は『人間の教育』（1826 年）のなかで子どもの神的本性を強調し、ルドルフ・シュタイナー（Rudolf Steiner, 1861–1925）は子どものスピリチュアリティを中核に据えた教育を確立した。また、マリア・モンテッソーリ（Maria Montessori, 1870–1952）は 1939 年から 1946 年にかけて神智学協会（Theosophical Society）の招きでインドに滞在し、インドにおける幼児教育の発展に貢献したが（トルードウ, 1994）、彼女は、新しく誕生してくる子どもを「スピリチュアルな胎児」（spiritual embryo）としてとらえた（Montessori, 1967）。子どものスピリチュアリティ研究はこうした主張をあらためて基礎づけるものとなる。

　なお、分野は異なるものの、エドワード・カンダ（Edward R. Canda, 1954– , カンザス大学）は長年にわたり「ソーシャルワークにおけるスピリチュアリティ」の運動を主導し、スピリチュアリティに関するホリスティックな理論と実践の体系を示しており、それは教育においても十分に参考になるものである（Canda, Furman, & Canda, 2019）。

4 観想教育

1990年代後半以降「観想教育」（contemplative education）が急速に広がりつつある。とくにマインドフルネスの社会的浸透を背景として、子どものための観想教育、高等教育における観想実践、観想的教師の養成などが行なわれている。観想教育の研究と実践を促進するための学術団体やネットワーク、大学の研究所なども多くつくられ、研修や会議が頻繁に開かれ、訓練を受けたスタッフが学校で子どもたちにマインドフルネスを教える取り組みが展開されている。観想教育の発展は個人の努力によるだけでなく、そうした組織による支援を背景にしている。観想教育の啓蒙活動を行なっている代表的組織としては、ラム・ダス（Ram Dass, 1931–2019）とともに活動をしていたミラバイ・ブッシュ（Mirabai Bush, 1939– ）が共同創設者となり、1997年に設立された「社会における観想的マインド・センター」（CMind: The Center for Contemplative Mind in Society）、および同センターが2008年に創設した「高等教育における観想的マインド学会」（Association for Contemplative Mind in Higher Education）がある。また2003年に設立されたニューヨーク近郊にあるギャリソン研究所（Garrison Institute）は観想教育を推進する中核的コミュニティとして機能している。

「社会における観想的マインド・センター」が作成している「観想実践の樹」（The Tree of Contemplative Practices）によれば、「観想実践」にふくまれるのは、「静寂」に関するものとして、沈黙、精神を静めること、瞑想、センタリング、「生成的なもの」として、見守ること、イメージワーク（visualization）、聖なる読書（*lectio divina*）、ラビングカインドネス（loving-kindness, 慈しみ）瞑想、「創造的なもの」として、観想的アート、ジャーナル・ライティング、即興、音楽と歌、「社会活動」として、社会正義が問題となっている場所への巡礼、仕事とボランティア活動、無言の抗議と行進（*vigils and marches*）、証人となること、「関係的なもの」として、ディープ・リスニング、カウンシル・サークル、ストーリーテリング、

対話、「身体運動」に関するものとして、ヨーガ、ダンス、合気道、気功、太極拳、ラビリンス歩き、歩く瞑想、「儀式的・周期的なもの」として、リトリート、聖なる個人的な空間をつくること、文化的伝統に根ざした儀式や儀礼といったものである。そして、これらの土台にあるのが「コミュニオン・つながり」と「気づき」である（「観想実践の樹」の図は同センターのホームページよりダウンロードできる）。

　このリストをもとに一言しておくと、contemplative education は「観照教育」や「瞑想教育」と訳されたり、「コンテンプラティヴ教育」と表記されたりして、訳語が確定しているわけではない。マインドフルネスにかぎって言えば、注意深く観察するという意味で、それを観照技法と呼ぶこともできるが、このリストにはマインドフルネス以外にも多様な方法がふくまれており、本書では contemplation の一般的な訳語のひとつである「観想」を用いて、「観想教育」や「観想実践」という名称を使用することにする。なお「観照」は、マインドフルネスが深まって生じる純粋で非二元的な意識状態を指すものとする。このリストのなかには世界のさまざまな叡智の伝統に由来するものがふくまれているが、観想教育に取り入れられる際には、それらは非宗派的で中立的な瞑想技法や身心変容技法として用いられている。

　観想教育はマインドフルネスを中心としているが、とくにマサチューセッツ大学のジョン・カバット＝ジン（Jon Kabat-Zinn, 1944– ）は、病院の入院患者のためのマインドフルネス・ストレス低減法（MBSR: Mindfulness-Based Stress Reduction）を導入したことで知られている。今日では、この MBSR が学校でも用いられている（Saltzman, 2014）。このプログラムには、呼吸、坐ること、歩くこと、ボディスキャン、味わうこと、ヨーガ、ラビングカインドネスがふくまれる。ほかにもマインドフルネスのエクササイズには、聴くこと、話すこと、見ること、思考や感情に気づくことなどがある。

　マインドフルネスは 2500 年前のブッダの教えにまで遡るものである。ブッダは「サティ」（*sati*）の確立を修行の中心に据えていたが、パーリ語

のサティが英語ではマインドフルネスと訳される。サティは「気づき」という意味であり、初期仏教の経典『念処経』には、気づきを高める方法がくわしく記されている（第5章参照）。この方法はテーラワーダ仏教圏を中心にヴィパッサナー瞑想として実践されており、その実践が北米にも伝えられ、仏教修行から離れた世俗的文脈のなかで用いられて普及した。マインドフルネスが学校で用いられるときはスキルとして学ばれ、仏教の側面が教えられることはない。マインドフルネスが非宗派的技法として扱われているので、教育以外でも、医療、心理療法、社会福祉、ビジネスなど、さまざまな分野で取り入れられている（Bush, 2011）。

　マインドフルネスが教育のなかで注目されるのは、それが身心の健康増進や心理的ケアに役立ち、EQ（感情知能）や社会的・感情的学習（SEL）を高め、落ち着き、自制心、柔軟性、共感力、幸福感、レジリエンス（回復力）を養い、行動面や学業面で改善をもたらすからである。これらはいずれも重要な効果であり、それゆえ観想教育のなかでは、スピリチュアリティや仏教の教えにふれることなく、マインドフルネスの心理面や健康面の効果を強調し、科学的研究を援用する人たちが多い。ホリスティック教育のなかでも観想実践は主要な方法とみなされているが、今日のマインドフルネス教育はホリスティック教育の立場と必ずしも一致するものではない。なぜなら、ホリスティック教育が観想実践を用いるのは、それが身心の健康に役立つだけでなく、永遠の哲学の観点から見て、個人のスピリチュアルな発達にも資するものと考えられているからである。マインドフルネス教育は身心の健康プログラムに特化することによって普及してきた面があるが、ホリスティック教育においては、仏教の場合と同様、マインドフルネスはより包括的な多次元的枠組みのなかに位置づけられる。

　高等教育機関でも観想教育は広がっており、観想実践が講義に取り入れられたり、専門家養成コースで用いられたり、研究活動にも組み入れられたりしている。観想教育に一貫して取り組んできたのが、さきに紹介したナーローパ大学である。ナーローパ大学では学部と大学院のすべての課程に観想的学習や観想的探究が取り入れられ、観想実践と学術研究と学外で

の体験教育の統合が目指されている。大学には
「観想教育推進センター」(Center for the Ad-
vancement of Contemplative Education) が置かれ
ており、このセンターは国内外のリソースセン
ターとしても機能している。教師養成に関して
は、学部に幼児教育専攻が設置されており、観
想実習をとおして観想教育の実際を体系的に履
修できるようになっている。1990年に観想教

リチャード・ブラウン

育のプログラムを創設したリチャード・ブラウン (Richard C. Brown,
1948–) によれば、観想によって培われる「気づき」は教師の「プレゼン
ス」(存在) を形成するものであり、教師は気づきの質を教室に持ち込む
ことによって、いまここにしっかりと存在し、自分の内側に生じる思考や
感情に気づき、それらにとらわれることなく平静でいることができる。ま
た、教室内で起こっていることや、生徒の内面にも気づくことができる。
教師養成の実習においては、観想を授業のなかでも生かせるような訓練が
行なわれる。教師は「観想的教師」として、教育活動そのものをひとつの
観想実践として経験するようになる。ブラウンはホリスティック教育との
結びつきが深い人物であり、彼の取り組みについては第5章で再度とりあ
げる。

　教育界で名高いコロンビア大学ティーチャーズ・カレッジでは、「社会
における観想的マインド・センター」がスポンサーとなり、2005年に「教
育における観想実践」という会議が開かれ、翌年の『ティーチャーズ・カ
レッジ・レコード』(*Teachers College Record*, Volume 108, Number 9, 2006)
では観想実践の特集が組まれた。この特集号には、コロンビア大学の著名
なチベット仏教学者ロバート・サーマンの論文のほか、観想実践を高等教
育に導入した人たちの取り組み、たとえば、ウェストポイント士官学校で
行なわれたマリリン・ネルソン (Marilyn Nelson, コネチカット大学名誉教
授) の「詩と瞑想」の講義、アマースト大学名誉教授のアーサー・ザイエ
ンス (Arthur Zajonc, 1949–) が行なった「観想的探究」、ブラウン大学の

ハロルド・ロス（Harold D. Roth, 1949– ）が設立した「観想研究」コース、ミシガン大学のエドワード・サラー（Edward W. Sarath）が開始した「創造性と意識研究」プログラム、ロングアイランド大学のキャスリン・ケッソン（Kathleen R. Kesson）等による「記述的探究」、コロンビア大学のクリフォード・ヒル（Clifford Hill）等による「観想実践と教育」コースなどが紹介されている。さらに最近では、カナダのサイモン・フレーザー大学にも、ヒースン・バイ（Heesoon Bai）によって2014年から修士課程「教育における観想的な探究とアプローチ」が開設されている。

　高等教育における観想実践には、どのような意義があるのか。ジュディス・シマー＝ブラウン（Judith Simmer-Brown, ナーローパ大学）とフラン・グレイス（Fran Grace, レッドランズ大学）によれば、観想実践は学生の自己認識の向上に資するものであり、その意味で、リベラルアーツ教育の本来の目的にかなっているという（Simmer-Brown & Grace, 2011）。「社会における観想的マインド・センター」およびマインド・アンド・ライフ研究所の代表をつとめたことのあるアーサー・ザイエンスは、観想実践が知的探究にとって本質的な構成要素になると述べている。つまり、探究は多次元的で上昇と下降という垂直方向の運動をふくんでおり、上昇過程において「焦点化した注意」（focused attention）の実践は、問題に対して持続的に取り組むことを可能にし、さらに「オープン・モニタリング」（open monitoring）の実践は、矛盾にみち混沌とした状況のなかから洞察を得ることを可能にする。また下降過程では、得られた洞察に表現を与え行動に移す際、「ラビングカインドネス」の瞑想が道徳的・利他的な行動を導く助けになる（Zajonc, 2014）。

　「社会における観想的マインド・センター」元代表のダニエル・バルベザット（Daniel P. Barbezat, 1960– , アマースト大学）とミラバイ・ブッシュは観想実践の特徴を以下の四点にまとめている（Barbezat & Bush, 2014, pp. 11–18）。

　1　観想実践は、問題に取り組むのに必要とされる集中した注意力を養

う。

2　観想実践は学習や研究の素材の直接経験をもたらすので、その理解を深める。

3　観想実践は感情面を安定させ、コンパッションを養うので、社会的なつながりを生みだす。

4　観想実践は個人にとって重要なものを明確にするので、人生の意味や目的を見いだすことに役立つ。

ミラバイ・ブッシュ

　観想実践を用いてなされる研究は「一人称の科学」（first-person science）とも呼ばれる。そこでは観想によって開かれる一人称の直接的経験が客観的知識や批判的分析と統合されながら、研究が進められる。また、観想によって高められた気づきのなかでは、固定した見方や態度から離れ、より柔軟で自由になり、ものごとの新しい局面にふれ、その本質を見てとれるようになる。

　バルベザットとブッシュ（chap. 4）は、観想実践を導入する際の注意点として、教育者自身が十分な練習を積んでおくこと、適切なコンテクストを用意し、意図を明確に説明すること、個々の学生の背景を知り、誰もが入り込めるような枠組みを用意すること、観想実践の背景にある宗教的伝統を尊重しつつも、特定の宗教的見方を押し付けないようにすること、用語法にも注意を払うこと、教育者が指導者としてのエゴトリップをしないことなどをあげている。このような倫理基準はいまだ十分に整えられているわけではなく、今後の課題である。

　さらにつけ加えて言えば、観想的教育者は生徒や学生の特性（タイプ）に合わせて、用いる方法の識別ができなくてはならない。観想実践のなかでは、抑圧されていた無意識の内容（影）が表面にあらわれたり、ときにはスピリチュアル・エマージェンス（霊性の発現）のような現象が起こっ

たりすることもあるため、教育者はたんに技法を教えるだけでなく、そうした諸事象に対応するための訓練をしておかなくてはならない。また、そうした事態は教育者の側に生じることもあり、教育者もまた熟練した指導者をもたなくてはならない。観想実践にともなう諸現象への対処方法やガイダンスの確立も観想教育の今後の課題である。

観想教育は近年アジアの各地においても推進されている。香港最大の教育系大学である香港教育大学（The Education University of Hong Kong）のなかに2006年に創設された「宗教教育・スピリチュアリティ教育センター」（Centre for Religious and Spirituality Education）は、著名な禅僧で

上：香港教育大学宗教教育・スピリチュアリティ教育センター
下：同センター内の静室（瞑想室）

あるティク・ナット・ハン（Thich Nhat Hanh, 1926– ）を招聘するなどして、ナット・ハンの僧院「プラムヴィレッジ香港」とも連携し、マインドフルネスを学校に取り入れるために「生命教育」のプログラムづくりを進めてきた。このセンターは2009年に「アジア太平洋地域子どものスピリチュアリティ会議」を開催し、翌年にはアジア圏ではじめて「第10回子どものスピリチュアリティ国際会議」を開催している。

一般市民のあいだでもヴィパッサナー瞑想が普及しているタイでは、学校や教師と、僧侶や僧院とのあいだの結びつきが強く、僧侶が学校にきて生徒に瞑想を教えたり、学生や教師が僧院で瞑想のリトリートに参加したりする。2008年にはタイを代表する大学のひとつマヒドン大学に大学院修士課程でもある「観想教育センター」（Contemplative Education Center）

がつくられ、観想教育の研究、実践、調査、普及のための活動が展開されている。このセンターでは、観想教育をとおして個人の内的変容を外面の発達と結びつけ、それによって個人の幸福の向上と持続可能な社会の構築を目指している。

ブータンでは、1976 年に第四代国王が GNH（Gross National Happiness, 国民総幸福）を提唱して以来、GNH を国づくりの中心理念に掲げている。その四つの柱は、環境保全、公正で持続可能な社会経済発展、伝統文化の継承、良き統治である（熊谷, 2017）。政府の役割は

上：マヒドン大学観想教育センターのある建物
下：大学院の授業風景

GNH の条件づくりをすることであり、2008 年の初の総選挙で発足した政権が最初に手がけた大きな仕事のひとつが教育改革であった。2009 年 12 月に政府主催で、GNH 教育を実現するための大きな会議が首都ティンプーで開かれた。このとき、ヴァンダナ・シヴァ、ジョン・ミラー、リチャード・ブラウン、グレゴリー・カヘーテ、デイヴィッド・

GNH 教育の会議（ブータン）　基調講演中のヴァンダナ・シヴァ

オー、サティシュ・クマールといった人たちを
招いて、ホリスティック教育、観想教育、先住
民教育、エコロジー教育、批判的思考を柱にし
た改革案が話し合われた。その後これらの理念
は全国の学校に伝えられ、カリキュラムの見直
しが進められている。

タクル・ポーデル氏

　この会議にもとづく新しい教育ヴィジョンは
タクル・ポーデル氏（Thakur Singh Powdyel, 当
時の教育大臣、前ロイヤル・ティンプー大学学
長）によって『マイ・グリーンスクール』（Powdyel, 2014）にまとめられ
ている。そこには八つの領域（自然、社会、文化、知、学術、美、スピリ
チュアリティ、道徳）において「グリーンであること」がとりあげられ、
ホリスティック教育のひとつのモデルが示されている。ブータンの学校で
は、いくつかの取り組みが実施されているが、そのなかには全国の学校で
瞑想を行なうことがふくまれている。学校で行なう瞑想プログラムの作成
については、ナーローパ大学のスタッフが協力した。ブータンでは国をあ
げて観想教育に取り組んでいるのである。

5　インテグラル教育

　教育にはスピリチュアリティ（霊性）を核心に置いてきた長い伝統があ
る。古代ギリシアのソクラテスやプラトン、教育思想界の巨人であるコメ
ニウス、ペスタロッチ、フレーベル、そしてモンテッソーリやシュタイ
ナーは、それぞれスピリチュアリティを中心に据えた教育を提唱した。こ
れらの先人たちは、そのヴィジョンの包括性という点においても、ホリス
ティック教育の偉大な先駆者として位置づけることができる。
　さらに、インドのラビンドラナート・タゴール（Rabindranath Tagore,
1861–1941, ノーベル文学賞を 1913 年に受賞）、シュリー・オーロビンド
（Sri Aurobindo, 本名 Aurobindo Akroyd Ghose, 1872–1950）、ハズラット・イ

ナヤート・ハーン（Hazrat Inayat Khan, 1882–1927, スーフィズムを西洋に伝えた最初の一人）、ジッドゥ・クリシュナムルティ（Jiddu Krishnamurti, 1895–1986）といった人たちも、スピリチュアリティにもとづくホリスティックな教育を提唱し、その学校も世界各地につくられている。たとえば、クリシュナムルティがイギリスにつくったブロックウッド・パーク・スクールでは、創立 30 周年を記念して、1999 年にホリスティック教育の会議が開催されている。この学校の元校長スコット・フォーブス（Scott H. Forbes, 1948– ）は、オックスフォード大学に提出した博士論文（のちに『ホリスティック教育』として刊行）のなかで、ルソー、ペスタロッチ、フレーベル、ユング、マズロー、ロジャーズなど、過去にあらわれたホリスティックな思想家たちが教育の目的としたものを「究極性」（Ultimacy）という概念によってとらえているが、それは、人間が望みうる最上の状態を

上：ラビンドラナート・タゴール
下：シュリー・オーロビンド

意味すると同時に、それにいたるプロセスをふくんでいる。フォーブスによれば、究極性は、宗教ではなく宗教性（religiousness）を指し示す概念である（Forbes, 2003）。

　ホリスティック教育と類似する概念として「インテグラル（統合）教育」（integral education）がある。これはホリスティック教育よりも早く、シュリー・オーロビンドと彼の後継者マザー（The Mother, 1878–1973）によって導入された概念である（マザーの本名はミラ・アルファッサ（Mirra Alfassa）といい、1920 年にオーロビンドのもとに移り住む前は一時期日本に滞在していた）。オーロビンドは 20 世紀のインドを代表する思想家

であり、彼のインテグラル哲学は壮大な意識進化論となっている。オーロビンドによれば、進化は物質、生命、精神をへて、より上位の意識の諸段階に進み、最後には究極のリアリティにいたる。上位の意識レベルには四つの段階、すなわち「高次精神」（Higher mind）、「照明された精神」（Illumined mind）、「直観的精神」（Intuitive mind）、そして「上位精神」（Overmind）があり、さらにそれらを超えたところに「超精神」（Supermind）がある。究極的リアリティはブラフマン（プルシャ、スピリット）であり、三つの本質相「存在、意識、至福」（*Sat, Chit, Ananda*, 一語で *Sachchidananda*）によって特徴づけられる。オーロビンドによれば、人間が物質から進化をとげていくのは、上位のレベルがすべて物質に「内化（退縮）」（involution）し、可能性として埋め込まれているからである（Aurobindo, 1990, 2003）。オーロビンドはその思想の実践方法として「インテグラル・ヨーガ」（integral yoga）を提唱した。

インテグラル教育は、人間の多次元性にかかわる意識進化のための教育であり、人間存在の五つの側面——身体的側面、生命的側面、精神的側面、心的側面、霊的側面——をすべてふくんでいる（Aurobindo & The Mother, 1956; The Mother, 1999）。それは人格教育とトランスパーソナル教育に大別され、人格教育には、身体の教育、生命力の教育、精神の教育がふくまれ、トランスパーソナル教育には心的教育と霊的教育がふくまれる。心的教育は、生きる意味や目的にかかわる魂レベルの教育であり、霊的教育は究極的リアリティを認識することにかかわっている（第5章参照）。

インテグラル教育は、オーロビンド・アシュラムのあるポンディチェリー市の「シュリー・オーロビンド国際教育センター」（Sri Aurobindo International Centre of Education）や、その近郊にある世界的に有名なエコヴィレッジ、オーロヴィル（Auroville）の諸学校で取り組まれている。私は2007年にこれらの学校を見学する機会があったので、少しだけ紹介しておく。フランスの植民都市であったポンディチェリー市にはいまも当時の建物が海岸線に沿って残っているが、オーロビンド・アシュラムはその多くを使用している。そのうちのひとつがシュリー・オーロビンド国際教

育センターである。マ
ザーは 1943 年にこの
学校を開き、1952 年
には国際大学センター
を創設し、それらが
1959 年にシュリー・
オーロビンド国際教育
センターと改称された。
この学校は幼稚園から
カレッジ・レベルまで
あり（3 歳から 21 歳

シュリー・オーロビンド国際教育センター（ポンディチェリー）

までの 18 年間）、ここにくる子どもの大半はインド人で、オーロビンドと
マザーの信奉者の子弟が多い。その総数は約 400 人であり、150 人程度は
寄宿生活をする。教師数は 150 人程度であり、ほとんどがこの学校の出身
者である。

　この学校のカリキュラムには、人文学、数学、各種科学、言語、工学、
体育、各種芸術科目がふくまれているが、体育は身体と生命の側面を発達
させ、人文学と理科は精神的側面を育み、学校近辺のスピリチュアルな環
境は心的側面を育み、生徒は人生の目的や役割を自覚するようになるとさ
れている。身体は高次の意識が顕現するところであるため、この学校では
体育が重視され、アシュラムの成人メンバーも参加して、毎日夕方に 1 時
間、体育の時間が組まれている。アシュラムの近くでは夕方になると、白
い体操服に着替えた人が体育館に向かって通りを歩く姿が目につく。言語
については、英語、フランス語、サンスクリット語、生徒の母語をふくむ
最低四つの言語が学ばれる。理科や数学はフランス語で教えられる。各ク
ラスは少人数で、平均 12、3 人であり、数名程度の小さなクラスもある。
授業は教室だけでなく、校庭、パティオ、階段、廊下などでも行なわれる。
重要なのは各生徒の進歩の度合であり、それにあわせて参加するグループ
を選べるようになっている。これは「フリー・プログレス」（Free Prog-

ress）と呼ばれる。高校や大学では個別研究が行なわれる。この学校には通常の試験はなく、修了証もないが、カレッジを出たあとは他大学の修士課程に進学することになる。

　オーロヴィルの建設は 1968 年に開始され、長い年月をかけてポンディチェリー近郊の広大な荒地を緑化して実験都市がつくられた。オーロヴィル内は、産業、居住、国際、文化といったゾーンに分かれており、中央に平和エリアがあり、全体をクリーンベルトが取り囲んでいる。オーロヴィルにある多くの建築は洗練されたデザインで知られている。オーロヴィルでは「シュリー・オーロビンド国際教育研究所」（Sri Aurobindo International Institute of Educational Research）のもとで、4 校の幼稚園、2 校の初等学校（トランジション・スクール、ディーパナム・スクール）、2 校の中等学校（フューチャー・スクール、ラスト・スクール）、教師センター、ラーニング・コミュニティなどが運営されており、さらに近隣の村の子どもたちのための学校や、文化芸術、体育などの教育関連施設が運営されている。オーロヴィルでは 2,500 人ほどのインド人と外国人（50 ヵ国程度）がコミュニティを形成しており、学校に来る子どもも多国籍である。

　オーロヴィルの学校のクラスは 15 人から 18 人程度の少人数で、年齢も混合している。私が見学したフューチャー・スクールは中等学校であったが、そのときは 50 人ほどの生徒に対して八つの言語を教えていた。この学校には 8 名の常勤教師のほかに、オーロヴィルに住む 25 人が非常勤の教師として教えにきていたので、多くの言語に対応することができていた。オーロヴィルの学校にはさまざまな生徒がいるため、学習は各自の進度に合わせて行なわれ、学期中であっても学習グループを自由に変える

フューチャー・スクール（オーロヴィル）

ことができる。ここでもフリー・プログレスの原則が適用されている。カリキュラムは厳密に定められておらず、教師と学習者によってつくりだされる。教師は、経験学習、プロジェクト学習、クリエイティブ・ワーク、グループワーク、個人研究といった方法を用いる。学習活動は創意工夫にみち、「粘土細工、絵画、庭づくり、サイクリング、音楽、文学、劇、自然散策、空の観察、静坐、スポーツ、ゲーム、ヨーガ、瞑想、内省的日記、フィールド・トリップ、コミュニティワーク」（Vengapol & Kumari, 2010, p. 61）といった活動が行なわれる。教師は、子どもの主体性と個性を尊重し、学習のファシリテーターとなる。学習は各自の設定した目標に向けて行なわれるため、生徒間の競争を生む試験や成績評価は行なわれず、各生徒の進度が評価される。各自がつける内省的日記は、生徒の自己認識と自己評価にとって重要なものとみなされている。

　また、オーロヴィルの学校では「身体をとおした気づき」（ATB: Awareness Through the Body）というプログラムが開発され、実施されている。これは、人間のさまざまな次元に対する気づきと、世界とのつながりに対する気づきを高めるためのエクササイズから構成されており、心的次元の気づきの意識を目覚めさせ、拡大するためのプログラムである（Marti & Sala, 2006）。このプログラムの「テーマ」は、注意と集中、呼吸、異なる意識状態（リラクゼーション）、感覚（五感、六識）の覚醒、サトルボディ（微細身、生命エネルギー）の探究、五大元素、身体構造、進化であり、そのための「活動」は五つの部門に分かれ（ストラクチャー・セッティング、プレート、スティック、フォームとスペース、ゲーム）、それぞれ多数のエクササイズをふくんでいる。「身体をとおした気づき」は学校で行なわれるだけでなく、大人を対象としたワークショップでも行なわれる。

　インテグラル教育はインド以外でも広がりをみせている。エサレン研究所（Esalen Institute）はマイケル・マーフィ（Michael Murphy, 1930– ）とリチャード・プライス（Richard "Dick" Price, 1930–1985）によって1962年、太平洋に面したカリフォルニア州ビッグ・サーの地につくられ、東洋の霊

性と西洋の心理学の融合を試みた「ヒューマン・ポテンシャル・ムーブメント」の中心地となり、この運動はのちにホリスティック教育の成立に結びつくことになる。エサレン研究所は、マーフィがまだスタンフォードの学生だった頃、オーロビンドの思想に感化され、着想を得たことから始まっている。マーフィ自身はその後も研究をつづけ、「インテグラル・プラクティス」(integral practice) の体系を提唱するにいたっている。それは「人間の身体的、生命的、感情的、認知的、意志的、そ

カリフォルニア・インテグラル研究所（サンフランシスコ）

してトランスパーソナルな機能を、統合的な仕方で開拓する訓練である」(Murphy, 1992, p. 588)。マーフィは、『教育とエクスタシー』の著者ジョージ・レナード (George Burr Leonard, 1923– 2010) とともに、その実践技法として ITP (Integral Transformative Practice) を開発している (Leonard & Murphy, 1995)。

　エサレン研究所と並んで、もうひとつ重要な展開がある。インド人哲学者ハリダス・チョウドリ (Haridas Chaudhuri, 1913–1975) はオーロビンドのインテグラル思想を受け継ぎ、1968 年に、サンフランシスコにカリフォルニア・アジア研究所を設立し、同研究所は 1980 年にカリフォルニア・インテグラル（統合学）研究所 (CIIS: California Institute of Integral Studies) と改称され、今日にいたっている。この大学院大学ではオーロビンドの思想を核としながら、ホリスティックな内容の学術研究がつづけられている。教育との関連で一例をあげれば、バルセロナ出身の著名なトランスパーソナル心理学者ホルヘ・フェレール (Jorge N. Ferrer, 1968–) は——スペインでホリスティック教育を推進している ESTEL インテグラル

研究学院のマリナ・ロメロ（Marina T. Romero）およびラモン・アルバレダ（Ramón V. Albareda）と共同で——2005 年に彼の「参与的アプローチ」（participatory approach）にもとづくインテグラル教育を提唱している。フェレールのいう「参与的」とは、人間の全次元（身体、生命、心、精神、意識）が学習や探究の過程に共創造的に参与するという意味である。

　　参与的アプローチは、探究と学習のプロセスのすべての段階において、人間のすべての次元が共創造的に参与すること（cocreative participation）を促進しようとする。身体、生命（vital）、心、精神、意識は、知識の探究と洗練のなかで等しく働くパートナーとみなされる。このアプローチは、理想的には教育過程のすべての段階、すなわち、カリキュラムの構築、研究課題の選定、探究過程、探究成果の評価のすべてにおいて、全体的人間の関与を促すのである。（Ferrer, 2017, p. 126）

　フェレールは、従来の教育が著しく「精神中心」（mind-centered）であるのに対して、参与的アプローチでは、すべての次元が等しく探究と学習にかかわるという点を強調する（中川, 松田, 2010）。フェレールのいう参与的なインテグラル教育は、ホリスティック教育と重なり合うものである（第 2 章参照）。フェレールが 2009 年に来日した際にはジョン・ミラーとも交流している。ミラー自身も『智慧と慈悲のための教育』（Miller, 2006）のなかで、フェレールの考えを取り入れている。

　さらにつけ加えれば、インテグラル教育には、ケン・ウィルバー（Ken Wilber, 1949– ）のインテグラル理論にもとづくものも提唱されている（Esbjörn-Hargens, Reams, & Gunnlaugson, 2010）。ウィルバーのインテグラル理論はきわめて包括的なものであるが、それはオーロビンドの思想をふまえているとともに、オーロビンドを高く評価していたスイスの思想家ジャン・ゲプサー（Jean Gebser, 1905–1973）のインテグラル思想（Gebser, 1985）を取り入れている。ウィルバーは彼の仲間たちと「インテグラル・ライフ・プラクティス」という自己成長のためのホリスティックな実践体

系をつくりだしているが、それは、ボディ、マインド、スピリット、シャドーという四つのコア・モジュールと、その他の付属的モジュールとからなり、各種のトレーニングをふくんでいる（Wilber, Patten, Leonard, & Morelli, 2008）。

6　気づきの教育

　ホリスティック教育のなかでは、スピリチュアリティにかかわる取り組みとして観想実践に大きな比重が置かれている。そのさい、観想教育は身心の健康増進のためのスキル学習にとどまらず、人間のスピリチュアルな発達を実現するための主要な実践として位置づけられる。ここで重要な意味をもつのは「気づき」（awareness）の開発である。

　日常生活において人間の行動は、そのほとんどが習慣的なものであり、とくに注意や気づきを要することなく自動的に起こる。そのさい意識はいわば半覚醒状態にあり、ほとんどいつも思考活動に同一化しており、ときおり感情や目立った身体感覚が生じたときには、それらに同一化する。そのような状態では、思考や感情や感覚への無自覚的同一化と、パターン化された反応としての行動が生じる。これに対し、観想的な気づきの実践では、非難や評価をまじえず、自分のなかに生じる感覚、感情、思考に注意を向け、それらを細かく観察する。このような自己観察は、自己を構成するものを明晰に識別して、くわしく知ることに役立つ。気づきのなかでは、感覚、感情、思考から脱同一化することができ、それらに無自覚に支配されることが少なくなる。観想実践で重要なのは、トランスパーソナルな気づきの意識を十分に確立し、気づきにセンタリングする（中心を置く）ことである。

　クリシュナムルティやオルダス・ハクスリーは、このような意味での気づきの教育を提唱していた。クリシュナムルティは、人間の精神が社会や伝統によって条件づけられることによって、恐怖、葛藤、悲しみ、暴力などが生じることを分析し、既知のものによる条件づけから抜けだす道とし

て気づきを強調した。気づきを高めることによって、人間は条件づけを知り、そこから脱同一化し、自由になることができる。また、気づきのなかで精神の思考活動が静まると、現にそこにあるものの直接経験が生まれる。言語的思考による分節化が静まるため、境界意識は消え去り、世界に直接ふれてひとつになることができる。クリシュナムルティはつぎのように述べている。

> 教育とは、ただ試験に合格したり、学位や職を得たり、結婚して落ち着くといったことだけでなく、鳥の鳴き声を聞き、大空を見上げ、えもいわれぬ樹木の美しさや丘の姿を眺め、それらとともに感じ、本当にじかに、それらにふれることができるということです。（Krishna-murti, 1974, p. 14）

クリシュナムルティがこのように述べたとき意味していたのは、高められた気づきのことである（第 5 章参照）。

　クリシュナムルティの畏友であったハクスリーは晩年、ホリスティックな教育として「非言語的ヒューマニティーズ」を提唱していたが、とくに気づきの実践を重視した（第 4 章参照）。気づきは、人間の「究極性」にかかわるホリスティック教育において、そのアルファであり、オメガなのである。

［文献］

以下の文献リストは未邦訳のものを多数ふくんでいるが、本書で扱う領域の広がりを知っていただくために幅広く紹介してある。本書のなかの引用文は、邦訳があるものについては、それを参考にしたうえで、拙訳してある。

ヒューマニスティック／トランスパーソナル教育

Brown, G. I. (1971). *Human teaching for human learning: An introduction to confluent education.* New York: The Viking Press. （ブラウン『人間性を培う教育——合流

教育への入門書』金子孫市監訳, 藤田輝夫, 榎原弘二郎, 宮崎州弘訳, 日本文化
科学社, 1975.）

Hendricks, G. (1981). *The centering teacher: Awareness activities for teachers and their students.* Englewood Cliffs, NJ: Prentice-Hall.

Hendricks, G., & Fadiman, J. (Eds.). (1976). *Transpersonal education: A curriculum for feeling and being.* Englewood Cliffs, NJ: Prentice-Hall.

Hendricks, G., & Roberts, T. B. (1977). *The second centering book: More awareness activities for children, parents, and teachers.* Englewood Cliffs, NJ: Prentice-Hall.

Hendricks, G., & Wills, R. (1975). *The centering book: Awareness activities for children, parents, and teachers.* Englewood Cliffs, NJ: Prentice-Hall.（ヘンドリックス & ウィルズ『センタリング・ブック』手塚郁恵訳, 春秋社, 1990.）

Leonard, G. B. (1968). *Education and ecstasy.* New York: Dell.（レナード『学習とエクスタシー』橋爪貞雄, 大橋勇, 宇佐美道雄訳, 黎明書房, 1970.）

Mann, J. (1972). *Learning to be: The education of human potential.* New York: The Free Press.

Maslow, A. H. (1971). *The farther reaches of human nature.* New York: The Viking Press.（マスロー『人間性の最高価値』上田吉一訳, 誠信書房, 1973.）

Moustakas, C. (1966). *The authentic teacher: Sensitivity and awareness in the classroom.* Cambridge, MA: Howard A. Doyle.（ムスターカス『問題児の成長と人間関係』浪花博訳, 岩崎学術出版社, 1968. 旧版訳）

Moustakas, C. E., & Perry, C. (1973). *Learning to be free.* Englewood Cliffs, NJ: Prentice-Hall.

Ornstein, R. E. (1972). *The psychology of consciousness.* San Francisco: W. H. Freeman.（オーンスタイン『意識の心理――知性と直観の統合』北村晴朗, 加藤孝義訳, 産業能率短期大学出版部, 1976.）

Rogers, C. R. (1969). *Freedom to learn.* Columbus, OH: Charles E. Merrill.（ロージャズ『創造への教育』上下, 友田不二男編, 伊東博, 古屋健治, 吉田笄子, 手塚郁恵訳, 岩崎学術出版社, 1972. 本書には新版および第3版の邦訳もある. ロジャーズ & フライバーグ『学習する自由』第3版, 畠瀬稔, 村田進訳, コスモス・ライブラリー, 2006.）

ホリスティック教育

Cajete, G. A. (2016). *Look to the mountain: An ecology of indigenous education.* Rio Rancho, NM: Kivaki Press.（初版 1994）（カヘーテ『インディアンの環境教育』塚田幸三訳, 日本経済評論社, 2009.）

Clark, E. T., Jr. (1997). *Designing and implementing an integrated curriculum: A student-centered approach.* Brandon, VT: Holistic Education Press.

Crowell, S., & Reid-Marr, D. (2013). *Emergent teaching: A path of creativity, significance, and transformation.* Lanham, MD: Rowman & Littlefield Education.

de Souza Roch, D. L. (2003). *Schools where children matter: Exploring educational alternatives.* Brandon, VT: Foundation for Educational Renewal.

Del Prete, T. (1990). *Thomas Merton and the education of the whole person.* Birmingham, AL: Religious Education Press.

Eppert, C., & Wang, H. (Eds.). (2008). *Cross-cultural studies in curriculum: Eastern thought, educational insights.* New York: Lawrence Erlbaum Associates.

Flake, C. L. (Ed.). (1993). *Holistic education: Principles, perspectives and practices.* Brandon, VT: Holistic Education Press.

Forbes, S. H. (2003). *Holistic education: An analysis of its ideas and nature.* Brandon, VT: Foundation for Educational Renewal.

Four Arrows (aka Donald Trent Jacobs) (2016). *Point of departure: Returning to our more authentic worldview for education and survival.* Charlotte, NC: Information Age Publishing.

Gallegos Nava, R. (2001). *Holistic education: Pedagogy of universal love* (G. S. Miller, Trans.). Brandon, VT: Foundation for Educational Renewal.（原著初版 1999）

Gang, P. S., Lynn, N. M., & Maver, D. J. (1992). *Conscious education: The bridge to freedom.* Atlanta, GA: Dagaz Press.

Griggs, D. E. (2003). *Spirit of learning.* Blairgowrie, Australia: Jubilation Press.

Hart, T. (2001). *From information to transformation: Education for the evolution of consciousness.* New York: Peter Lang.

Hart, T. (2014a). *The four virtues: Presence, heart, wisdom, creation.* New York: Simon & Schuster / Hillsboro, OR: Beyond Words.

Hart, T. (2014b). *The integrative mind: Transformative education for a world on fire.* Lanham, MD: Rowman & Littlefield.

Hutchison, D. (1998). *Growing up green: Education for ecological renewal.* New York: Teachers College Press.

Kane, J. (Ed.). (1999). *Education, information, and transformation: Essays on learning and thinking.* Upper Saddle River, NJ: Prentice-Hall.

Miller, J. P. (1988). *The holistic curriculum.* Toronto: OISE Press.（ミラー『ホリスティック教育——いのちのつながりを求めて』吉田敦彦, 中川吉晴, 手塚郁恵訳, 春秋社, 1994.）

Miller, J. P. (1999). *Education and the soul: Toward a spiritual curriculum.* Albany, NY: State University of New York Press.（ミラー『魂にみちた教育——子どもと教師のスピリチュアリティを育む』中川吉晴監訳, 晃洋書房, 2010.）

Miller, J. P. (2006). *Educating for wisdom and compassion: Creating conditions for time-*

less learning. Thousand Oaks, CA: Corwin Press.

Miller, J. P. (2010). *Whole child education.* Toronto: University of Toronto Press.

Miller, J. P. (2019). *The holistic curriculum* (3rd ed.). Toronto: University of Toronto Press.

Miller, J. P., Irwin, M., & Nigh, K. (Eds.). (2014). *Teaching from the thinking heart: The practice of holistic education.* Charlotte, NC: Information Age Publishing.

Miller, J. P., Karsten, S., Denton, D., Orr, D., & Kates, I. C. (Eds.). (2005). *Holistic learning and spirituality in education: Breaking new ground.* Albany, NY: State University of New York Press.

Miller, J. P., & Nigh, K. (Eds.). (2017). *Holistic education and embodied learning.* Charlotte, NC: Information Age Publishing.

Miller, J. P., Nigh, K., Binder, M., Novak, B., & Crowell, S. (Eds.). (2018). *International handbook of holistic education.* New York: Routledge.

Miller, R. (Ed.). (1991). *New directions in education: Selections from Holistic Education Review.* Brandon, VT: Holistic Education Press.

Miller, R. (Ed.). (1993). *The renewal of meaning in education.* Brandon, VT: Holistic Education Press.

Miller, R. (1997). *What are schools for?: Holistic education in American culture* (3rd Rev. ed.). Brandon, VT: Holistic Education Press.（初版 1990）

Miller, R. (2000). *Caring for new life: Essays on holistic education.* Brandon, VT: Foundation for Educational Renewal.

Nakagawa, Y. (2000). *Education for awakening: An Eastern approach to holistic education.* Brandon, VT: Foundation for Educational Renewal.

中川吉晴（2004）『ホリスティック臨床教育学——教育・心理療法・スピリチュアリティ』せせらぎ出版.

Neville, B. (1989). *Educating psyche: Emotion, imagination and the unconscious in learning.* North Blackburn, Australia: Collins Dove.

日本ホリスティック教育協会（2005）『ホリスティック教育入門』復刻・増補版, せせらぎ出版.（初版 1995）

O'Sullivan, E., Morrell, A., & O'Connor, M. A. (Eds.). (2002). *Expanding the boundaries of transformative learning: Essays on theory and praxis.* New York: Palgrave.

Sloan, D. (1993). *Insight-imagination: The emancipation of thought and the modern world.* Brandon, VT: Resource Center for Redesigning Education.（初版 1983）（スローン『洞察＝想像力——知の解放とポストモダンの教育』市村尚久, 早川操監訳, 東信堂, 2000.）

吉田敦彦（1999）『ホリスティック教育論——日本の動向と思想の地平』日本評論社.

吉田敦彦（2009）『世界のホリスティック教育——もうひとつの持続可能な未来へ』日本評論社.

魂の教育

Kates, I. C., & Harvey, C. L. (Eds.). (2010). *The wheel of soul in education: An inspiring international dynamic.* Rotterdam, The Netherlands: Sense Publishers.

Kessler, R. (2000). *The soul of education: Helping students find connection, compassion, and character at school.* Alexandria, VA: Association for Supervision and Curriculum Development.

教育におけるスピリチュアリティ

Adams, K. (2010). *Unseen worlds: Looking through the lens of childhood.* London: Jessica Kingsley.

Adams, K., Hyde, B., & Woolley, R. (2008). *The spiritual dimension of childhood.* London: Jessica Kingsley.

Armstrong, T. (1985). *The radiant child.* Wheaton, IL: Theosophical Publishing House. （アームストロング『光を放つ子どもたち——トランスパーソナル発達心理学入門』中川吉晴訳, 日本教文社, 1996.）

Astin, A. W., Astin, H. S., & Lindholm, J. A. (2011). *Cultivating the spirit: How college can enhance students' inner lives.* San Francisco: Jossey-Bass.

ベッカー, C., 弓山達也編（2009）『いのち 教育 スピリチュアリティ』大正大学出版会.

Bennett, J. G. et al. (1984). *The spiritual hunger of the modern child: A series of ten lectures.* Charles Town, WV: Claymont Communications.

Canda, E., Furman, L. D. & Canda, H. (2019). *Spiritual diversity in social work practice: The heart of helping* (3rd ed.). New York: Oxford University Press. （初版 1999）（カンダ & ファーマン『ソーシャルワークにおけるスピリチュアリティとは何か——人間の根源性にもとづく援助の核心』木原活信, 中川吉晴, 藤井美和監訳, ミネルヴァ書房, 2014. 第 2 版訳）

Coles, R. (1990). *The spiritual life of children.* New York: Houghton Mifflin. （コールズ『子どもの神秘生活——生と死、神・宇宙をめぐる証言』桜内篤子訳, 工作舎, 1997.）

Dallaire, M. (2001). *Contemplation in liberation: A method for spiritual education in the schools.* Lampeter, UK: The Edwin Mellen Press.

Dallaire, M. (2011). *Teaching with the wind: Spirituality in Canadian education.* Lanham, MD: University Press of America.

de Souza, M. (2016). *Spirituality in education in a global, pluralized world.* London:

Routledge.

de Souza, M., Bone, J., & Watson, J. (Eds.). (2016). *Spirituality across disciplines: Research and practice*. Berlin: Springer.

de Souza, M., Francis, L. J., O'Higgins-Norman, J., & Scott, D. (Eds.). (2009). *International handbook of education for spirituality, care and wellbeing*. Dordrecht, The Netherlands: Springer.

Denton, D., & Ashton, W. (Eds.). (2004). *Spirituality, action, & pedagogy: Teaching from the heart*. New York: Peter Lang.

Erricker, J., Ota, C., & Erricker, C. (Eds.). (2001). *Spiritual education: Culture, religious and social differences*. Brighton, UK: Sussex Academic Press.

Fisher, J. W. (2010a). *Reaching the heart: Assessing and nurturing spiritual well-being via education*. Melbourne: Melbourne University Custom Book Centre.

Fisher, J. W. (2010b). *Spiritual health: Its nature and place in the school curriculum*. Melbourne: Melbourne University Custom Book Centre.

Franklin, J. (2006). *Exploration into spirit: A power greater than…: A history of the Alister Hardy Religious Experience Research Centre and Society: Origins, development and vision*. Lampeter, UK: The Alister Hardy Society, Department of Theology & Religious Studies, University of Wales, Lampeter.

フレーベル（1964）『人間の教育』上下, 荒井武訳, 岩波文庫.

Glazer, S. (Ed.). (1999). *The heart of learning: Spirituality in education*. New York: Jeremy P. Tarcher/Putnam.

Hart, T. (2003). *The secret spiritual world of children*. Makawao, HI: Inner Ocean.

Hay, D., with Nye R. (2006). *The spirit of the child* (Rev. ed.). London: Jessica Kingsley. （初版 1998）

林貴啓（2011）『問いとしてのスピリチュアリティ――「宗教なき時代」に生死を語る』京都大学学術出版会.

Hoffman, E. (1992). *Visions of innocence: Spiritual and inspirational experiences of childhood*. Boston: Shambhala.

Hyde, B. (2008). *Children and spirituality: Searching for meaning and connectedness*. London: Jessica Kingsley.

Johnson, A., & Neagley, M. W. (Eds.). (2011). *Educating from the heart: Theoretical and practical approaches to transforming education*. Lanham, MD: Rowman & Littlefield Education.

鎌田東二編（2015）『スピリチュアリティと教育』講座スピリチュアル学第5巻, ビイング・ネット・プレス.

Kazanjian, V. H., Jr., & Laurence, P. L. (Eds.). (2000). *Education as transformation: Religious pluralism, spirituality, and a new vision for higher education in America*.

New York: Peter Lang.

Lantieri, L. (Ed.). (2001). *Schools with spirit: Nurturing the inner lives of children and teachers.* Boston: Beacon Press.

Lin, J., Oxford, R. L., & Culham, T. (Eds.). (2016). *Toward a spiritual research paradigm: Exploring new ways of knowing, researching, and being.* Charlotte, NC: Information Age Publishing.

Miller, J. P., & Nakagawa, Y. (Eds.). (2002). *Nurturing our wholeness: Perspectives on spirituality in education.* Brandon, VT: Foundation for Educational Renewal.

Miller, L. (2015). *The spiritual child: The new science on parenting for health and lifelong thriving.* New York: St. Martin's Press.

Moffett, J. (1994). *The universal schoolhouse: Spiritual awakening through education.* San Francisco: Jossey-Bass.

Montessori, M. (1967). *The absorbent mind* (C. A. Claremont, Trans.). New York: Dell. (初版 1949)（モンテッソーリ『子どもの心──吸収する心』鼓常良訳, 国土社, 1971, 同『創造する子供』菊野正盛監修, 武田正實訳, エンデルレ書店, 1973.）

村上祐介（2016）『スピリチュアリティ教育への科学的アプローチ──大きな問い・コンパッション・超越性』Ratik.（電子書籍）

西平直（2019）『ライフサイクルの哲学』東京大学出版会.

Noddings, N. (1993). *Educating for intelligent belief or unbelief.* New York: Teachers College Press.（ノディングズ『人生の意味を問う教室──知性的な信仰あるいは不信仰のための教育』井藤元, 小木曽由佳訳, 春風社, 2020.）

Ota, C., & Erricker, C. (Eds.). (2005). *Spiritual education: Literacy, empirical and pedagogical approaches.* Brighton, UK: Sussex Academic Press.

Palmer, P. J. (1983). *To know as we are known: A spirituality of education.* New York: HarperCollins.（パーマー『教育のスピリチュアリティ──知ること・愛すること』小見のぞみ, 原真和訳, 日本キリスト教団出版局, 2008.）

Palmer, P. J. (1998, December–1999, January). Evoking the spirit in public education. *Educational Leadership.* 56 (4), 6–11.

Palmer, P. J. (1998). *The courage to teach: Exploring the inner landscape of a teacher's life.* San Francisco: Jossey-Bass.（パーマー『大学教師の自己改善──教える勇気』吉永契一郎訳, 玉川大学出版部, 2000.）

Palmer, P. J., & Zajonc, A., with Scribner, M. (2010). *The heart of higher education: A call to renewal.* San Francisco: Jossey-Bass.

Robinson, E. (1977). *The original vision: A study of the religious experience of childhood.* Oxford, UK: The Religious Experience Research Unit, Manchester College, Oxford.

Roehlkepartain, E. C., Benson, P. L., Scales, P. C., Kimball, L., & King, P. E. (2008). *With their own voices: A global exploration of how today's young people experience and think about spiritual development.* Minneapolis: Search Institute.

Roehlkepartain, E. C., King, P. E., Wagener, L., & Benson, P. L. (Eds.). (2006). *The handbook of spiritual development in childhood and adolescence.* Thousand Oaks, CA: Sage Pulications.

トルードウ, S. C. M.（1994）『コスミック教育の形成――インドにおけるモンテッソーリ』三宅将之訳, エンデルレ書店.

Watson, J., de Souza, M., & Trousdale, A. (Eds.). (2014). *Global perspectives on spirituality and education.* New York: Routledge.

Wolf, A. D. (1996). *Nurturing the spirit in non-sectarian classrooms.* Hollidaysburg, PA: Parent Child Press.

Yust, K. M., Johnson, A. N., Sasso, S. E., & Roehlkepartain, E. C. (Eds.). (2006). *Nurturing child and adolescent spirituality: Perspectives from the world's religious traditions.* Lanham, ML: Rowman & Littlefield.

観想教育

Barbezat, D. P., & Bush, M. (2014). *Contemplative practices in higher education: Powerful methods to transform teaching and learning.* San Francisco: Jossey-Bass.

Bush, M. (Ed.). (2011). *Contemplation nation: How ancient practices are changing the way we live.* Kalamazoo, MI: Fetzer Institute.

Carrington, P. (1998). *The book of meditation: The complete guide to modern meditation.* Shaftesbury, UK: Element Books.（初版 1977）

Cohen, A. (2015). *Becoming fully human within educational environments: Inner life, relationship, and learning.* Burnaby, Canada: The Write Room Press.

Ergas, O. (2017). *Reconstructing 'education' through mindful attention: Positioning the mind at the center of curriculum and pedagogy.* London: Palgrave Macmillan.

Ergas, O., & Todd, S. (Eds.). (2016). *Philosophy East/West: Exploring intersections between educational and contemplative practices.* Chichester, UK: Wiley Blackwell.

Fontana, D., & Slack, I. (2007). *Teaching meditation to children: The practical guide to the use and benefits of meditation techniques.* London: Watkins.（初版 1997）

Greenland, S. K. (2010). *The mindful child: How to help your kid manage stress and become happier, kinder, and more compassionate.* New York: Free Press.

Greenland, S. K. (2016). *Mindful games: Sharing mindfulness and meditation with children, teens, and families.* Boulder, CO: Shambhala.（グリーンランド『マインドフル・ゲーム―― 60 のゲームで子どもと学ぶマインドフルネス』大谷彰監訳, 浅田仁子訳, 金剛出版, 2018.）

Gunnlaugson, O., Sarath, E., Scott, C., & Bai, H. (Eds.). (2014). *Contemplative learning and inquiry across disciplines.* Albany, NY: State University of New York Press.

Hassed, C., & Chambers, R. (2015). *Mindful learning: Reduce stress and improve brain performance for effective learning.* Boston: Shambhala.

Hills, C., & Rozman, D. (1978). *Exploring inner space: Awareness games for all ages.* Boulder Creek, CA: University of the Tree Press.

Jennings, P. A. (2015). *Mindfulness for teachers: Simple skills for peace and productivity in the classroom.* New York: W. W. Norton.

Kabat-Zinn, M., & Kabat-Zinn, J. (1997). *Everyday blessings: The inner work of mindful parenting.* New York: Hyperion.（カバット・ジン & カバット・ジン『エブリデイ・ブレッシングズ——マインドフルネスの子育て, 気づきと内なる成長の舞台』大屋幸子訳, サンガ, 2017.）

熊谷誠慈編著（2017）『ブータン——国民の幸せをめざす王国』創元社.

Lichtmann, M. (2005). *The teacher's way: Teaching and the contemplative life.* Mahwah, NJ: Paulist Press.

Lin, J., Culham, T., & Edwards, S. (Eds.). (2019). *Contemplative pedagogies for transformative teaching, learning, and being.* Charlotte, NC: Information Age Publishing.

Nhat Hanh, T., & The Plum Village Community (2011). *Planting seeds: Practicing mindfulness with children.* Berkeley, CA: Parallax Press.（ティク・ナット・ハン『ブッダが教える「生きる力」の育て方——子どもとできるマインドフルネス瞑想』磯崎ひとみ訳, KADOKAWA, 2015.）

Powdyel, T. S. (2014). *My green school: An outline: Supporting the educating for Gross National Happiness initiative.* Thimphu, Bhutan: Kuensel Corporation.（ポーデル『マイ・グリーンスクール——幸せを目指すブータンの学校』細田満和子訳, 星槎大学出版会, 2018.）

Ragoonaden, K. (Ed.). (2015). *Mindful teaching and learning: Developing a pedagogy of well-being.* Lanham, MD: Lexington Books.

Rechtschaffen, D. J. (2014). *The way of mindful education: Cultivating well-being in teachers and students.* New York: W. W. Norton.

Rechtschaffen, D. J. (2016). *The mindful education workbook: Lessons for teaching mindfulness to students.* New York: W. W. Norton.

Rozman, D. (2002). *Meditating with children: The art of concentration and centering.* Buckingham, VA: Integral Yoga Publications.（初版 1975）

Rozman, D. (2007). *Meditation for children: Pathways to happiness, harmony, creativity & fun for the family.* Buckingham, VA: Integral Yoga Publications.（初版 1976）

Saltzman, A. (2014). *A still quiet place: A mindfulness program for teaching children and adolescents to ease stress and difficult emotions.* Oakland, CA: New Harbinger

Publications.

Schoeberlein, D., with Sheth, S. (2009). *Mindful teaching and teaching mindfulness: A guide for anyone who teaches anything.* Boston: Wisdom Publications.

Schonert-Reichl, K. A., & Roeser, R. W. (Eds.). (2016). *Handbook of mindfulness in education: Integrating theory and research into practice.* New York: Springer.

Shirley, D., & MacDonald, E. (2016). *The mindful teacher* (2nd ed.). New York: Teachers College Press.

Simmer-Brown, J., & Grace, F. (Eds.). (2011). *Meditation and the classroom: Contemplative pedagogy for religious studies.* Albany, NY: State University of New York Press.

Teachers College Record, Volume 108, Number 9, September 2006.

Willard, C. (2010). *Child's mind: Mindfulness practices to help our children be more focused, calm, and relaxed.* Berkeley, CA: Parallax Press.

Willard, C. (2016). *Growing up mindful: Essential practices to help children, teens, and families find balance, calm, and resilience.* Boulder, CO: Sounds True.

Willard, C. & Salzman, A. (Eds.). (2015). *Teaching mindfulness skills to kids and teens.* New York: The Guilford Press.

Wood Vallely, S. (2008). *Sensational meditation for children: A complete guide to child-friendly meditation based on the five senses.* Asheville, NC: Satya International.

Zajonc, A. (2009). *Meditation as contemplative inquiry: When knowing becomes love.* Great Barrington, MA: Lindisfarne Books.

Zajonc, A. (2014). Contemplative pedagogy in higher education: Toward a more reflective academy. In O. Gunnlaugson et al. (Eds.), *Contemplative learning and inquiry across disciplines* (pp. 15–29). Albany, NY: State University of New York Press.

インテグラル教育

Aurobindo, S. (1990). *The life divine* (2nd American ed.). Twin Lakes, WI: Lotus Press. (最初 1914–1919 年にかけて機関誌『アーリヤ』に発表)（抄訳, オーロビンド『神の生命』山口泰司訳, 文化書房博文社, 2009, 同『スピリチュアル・エボリューション』澤西康史訳, アルテ, 2011.）

Aurobindo, S. (2003). *The future evolution of man: The divine life upon earth* (P. B. Saint-Hilaire, Comp.). Twin Lakes, WI: Lotus Press.

Aurobindo, S., & The Mother (1956). *Sri Aurobindo and The Mother on education.* Pondicherry, India: Sri Aurobindo Ashram.

Aurobindo, S., & The Mother (1995). *A new education for a new consciousness* (2nd ed.). Pondicherry, India: Sri Aurobindo International Centre of Education.

Aurobindo, S., & The Mother (1998). *A divine life manifesto: An integral education for a divine life* (2nd ed.). Jhunjhunu, India: Sri Aurobindo Divine Life Education Centre.

Esbjörn-Hargens, S., Reams, J., & Gunnlaugson, O. (Eds.). (2010). *Integral education: New directions for higher education.* Albany, NY: State University of New York Press.

Ferrer, J. N. (2017). *Participation and the mystery: Transpersonal essays in psychology, education, and religion.* Albany, NY: State University of New York Press.

フェレール, J., ロメロ, M. T., & アルバレダ, R. V.（2010）「統合と変容のための教育──参与的アプローチの提案」中川吉晴監訳, 白居弘佳訳,『ホリスティック教育研究』No. 13（pp. 116–138）．Ferrer（2017, chap. 5）に原著論文再録．

Gebser, J. (1985). *The ever-present origin* (N. Barstad with A. Mickunas, Trans.). Athens, OH: Ohio University Press.（原著初版 1949）

Gupta, M. (2014). *Sri Aurobindo's vision of integral human development: Designing a future discipline of study.* New Delhi: Springer.

ヒース, P.（2011）『評伝オーロビンド』柄谷凜訳, インスクリプト．

Inayat Khan, H. (1989). *Education from before birth to maturity.* Claremont, CA: Hunter House.（初版 1962）

神尾学編, 岩間浩, 今井重孝, 金田卓也（2005）『未来を開く教育者たち──シュタイナー・クリシュナムルティ・モンテッソーリ…』コスモス・ライブラリー．

Leonard, G. B., & Murphy, M. (1995). *The life we are given: A long-term program for realizing the potential of body, mind, heart, and soul.* New York: G. P. Putnam's Sons.

Marshak, D. (1997). *The common vision: Parenting and educating for wholeness.* New York: Peter Lang.

Marti, A., & Sala, J. (2006). *Awareness through the body: A way to enhance concentration, relaxation and self-knowledge in children and adults.* Auroville, India: Sri Aurobindo International Institute of Educational Research.

Mukherjee, J. K. (2005). *Principles and goals of integral education.* Pondicherry, India: Sri Aurobindo Ashram.

Murphy, M. (1992). *The future of the body: Explorations into the further evolution of human nature.* New York: Jeremy P. Tarcher.

中川吉晴, 松田佳子編（2010）『インテグラル・アプローチ──統合的・変容的探究』ヒューマンサービス・リサーチ 18, 立命館大学人間科学研究所．

Partho (2007). *Integral education: A foundation for the future.* Pondicherry, India: Sri Aurobindo Society.

Pavitra (P. B. Saint-Hilaire) (1991). *Education and the aim of human life* (5th ed.).

Pondicherry, India: Sri Aurobindo International Centre of Education.

Sri Aurobindo Education Society (2001). *Psychic education: A workbook.* New Delhi: Sri Aurobindo Education Society.

Tagore, R., & Elmhirst, L. K. (1961). *Rabindranath Tagore: Pioneer in education.* London: John Murray.

The Mother (1999). *On education* (2nd ed.). Pondicherry, India: Sri Aurobindo Ashram. （初版 1976）

Vengapol, K., & Kumari, P. (2010). Auroville school and holistic education. *Encounter*, 23 (3), 59–63.

Wilber, K., Patten, T., Leonard, A., & Morelli, M. (2008). *Integral life practice: A 21st-century blueprint for physical health, emotional balance, mental clarity, and spiritual awakening.* Boston: Integral Books. （ウィルバーほか『インテグラル・ライフ――自己成長の設計図』鈴木規夫訳, 春秋社, 2010.）

山口泰司 （2012）『「哲学的人間学」への七つの視角』文化書房博文社.

Zweers, P. (2005). *Spiritual education* (2nd ed.). Varanasi, India: Indica Books.

気づきの教育

Huxley, A. (1972). *Island.* London: Chatto & Windus. （初版 1962）（ハクスレー『島』片桐ユズル訳, 人文書院, 1980.）

Huxley, A. (1975). *Adonis and the alphabet.* London: Chatto & Windus. （初版 1956）（抄訳, ハクスリー『多次元に生きる――人間の可能性を求めて』片桐ユズル編訳, コスモス・ライブラリー, 2010.）

Krishnamurti, J. (1954). *The first and last freedom.* New York: Harper & Row. （クリシュナムーティ『自我の終焉――絶対自由への道』根木宏, 山口圭三郎訳, 篠原書林, 1980, クリシュナムルティ『最初で最後の自由』飯尾順生訳, ナチュラルスピリット, 2015.）

Krishnamurti, J. (1974). *Krishnamurti on education.* New York: Harper & Row. （クリシュナムルティ『英知の教育』大野純一訳, 春秋社, 1988.）

中川吉晴 （2007）『気づきのホリスティック・アプローチ』駿河台出版社.

第2章　ジョン・ミラーの「つながりの教育」

1　つながりの回復

　ジョン・ミラー（通称ジャック・ミラー、トロント大学オンタリオ教育研究所教授）の抱いている基本的な考えは、あらゆるものがつながりあっている（interconnectedness）というリアリティ観である。人びとが教育をつうじて、根源的なつながりに目覚め、つながりを実現し、回復していくことがホリスティック教育の目指すものである。ミラーは『ホリスティック・カリキュラム』（第3版）の冒頭で、つぎのように述べている。

ジョン・ミラー（2015年、同志社大学）

　　ホリスティック教育で試みられるのは、教育が自然の根源的リアリティに一致するようにしていくことである。自然はその核心において相互に関連しあい、ダイナミックである。この力動性やつながりは、原子のなかに、有機的システムのなかに、生命圏のなかに、そして宇宙そのもののなかに見られる（カプラ『生命の織物』）。不幸にも、人間の世界では産業革命以降、分割することや標準化することに力が注がれてきた。その結果生じたのが断片化（fragmentation）である。（Miller, 2019, p. 5）

断片化された世界

　現代は、つながりが分断され、断片化が社会の隅々にまで及んでいる時

代であり、ミラーはこれを社会および教育における最大の問題とみなしている。たとえば、人間の経済活動と自然が切り離された結果、環境破壊は深刻なものになっている。人びとのあいだの葛藤や対立は絶えることなく、暴力や争いが生みだされている。世界は「私」と「それ」に分裂し、「われわれ」と「彼ら」が対立している。全体を部分へと還元する機械論的世界観はほとんどすべての領域において優勢である。

　こうした状況下で教育も、つながりを分断し、断片化された世界を生みだすことに深くかかわってきた。そもそも教育の営みが生活の全体から切り離され、学校という空間のなかに囲い込まれており、そこで学ばれる知識は教科や単元へと細分化されている。教科のあいだの関連性は見失われ、知識が生活のなかで占める意味も希薄なものになっている。また、教育的人間観においても、精神（マインド）の合理的な思考力が支配的位置にあり、感情や身体といったものは、より下位の層に置かれている。

　このような教育世界のなかに身を置くことで、子どもの存在は断片化されていく。思考活動と身体的活動が別々のものとみなされ、精神と身体が切り離される。感情は思考に制御され、その多くが潜在意識や無意識のなかへと押しやられる。スピリチュアルな洞察や感覚は受け入れられることなく、無視され忘れ去られる。つまり、子どもが学校で学ぶのは、断片的な知識や技術だけでなく、断片化の構造であり、みずからの存在そのものが断片化されてしまうのである。そして多くの場合、知識や技能にはすぐれていようと、身体が硬直し、感情に乏しく、洞察力や創造性の枯渇した「正常」な人間へと条件づけられてしまう。

　断片化のもたらす弊害は、これまでにも早くから指摘されてきた。たとえば、エマソンは1837年の「アメリカの学者」と題する講演のなかで、人間の全体性の分割について、つぎのように述べている。

　　人間とは、農民ではなく、教授ではなく、技術者ではなく、そのすべてである。人間は聖職者であり、学者であり、政治家であり、生産者であり、軍人である。分割された社会的状態のなかでは、これらの機

能は個人に分配され、その一人ひとりは、たがいに結びついた仕事の
なかで自分の持ち分を果たそうとし、ほかの人も自分の職分を果たす
のである。……不幸なことに、この本来の統一、この力の源泉は多数
のものに分配されてしまい、細分化されつづけ、拡散してしまったた
めに、滴のしたたりのようになり、元にもどすことができない。社会
の状態とは、その成員が胴体から切断され、生ける怪物が闊歩してい
るような状態である——すばらしい指、首、胃、肘ではあっても、決
して人間ではない。(Emerson, 1968, p. 46)

　エマソンによれば、人間は本来すべてをふくみ統一された「全体的人
間」(the whole man) であるが、それが社会のなかに立ちあらわれるとき
には、多くの役割存在に分かれる。しかし、細分化の結果、往々にして
「全体的人間」は忘れ去られ、全体から切り離された個々の役割存在のみ
が残されるのである。
　ある部分のみが異様に発達をとげた人間、それをニーチェは『ツァラ
トゥストラはこう言った』(1883–1885 年) のなかで「逆向きの不具者」
と呼ぶ。

　　まことに、わが友人たちよ、わたしは人間たちのあいだを歩いてい
　ると、まるで人間たちの断片、そのばらばらに切られた手足のあいだ
　を歩いているような気がする！
　　人間が寸断されて、それが戦場か屠殺場のように、いちめんに散
　らばっているのを見るのは、わたしの眼にはおそろしいことだ。
　　わたしの眼が、現在から過去へのがれても、その見るものは同じで
　ある。断片とばらばらになった手足、そして残酷な偶然、——だが人
　間のすがたはない！ (ニーチェ, 1967, pp. 240–241)

　そしてニーチェはツァラトゥストラをして、こう語らしめる。「こうし
た断片であり、謎であり、残酷な偶然であるところのものを、ひとつのも

のに凝集し、総合すること、これこそわたしの努力の一切なのだ」（p. 242）。
　クリシュナムルティも生の分断を問題にしている。

　　私たちの現在の文明のなかで、私たちは生を非常に多くの部門に分け
　てしまったので、特定の技術や専門技能を学ぶことを除いては、教育
　はほとんど意味をもたない。個人の統合された知性を目覚めさせるか
　わりに、教育は個人をパターンに順応するように促し、そうすること
　によって、個人が自分自身をひとつの全体的な過程として理解するこ
　とを妨げている。さまざまなカテゴリーに分けられているため、生存
　にかかわる多くの問題を個々のレベルで解決しようと試みることは、
　理解の完全な欠如を示すことになる。（Krishnamurti, 1953, pp. 11–12）

これに対して、クリシュナムルティは「教育の目的」を、つぎのように述
べている。

　　教育はたんに知識を獲得したり、事実をかき集め、関連づけたりす
　ることではない。それは全体としての生の意味を洞察するということ
　である。しかし、全体というものは部分からは得られない——にもか
　かわらず、政府や組織宗教や権威主義的な党派はそれをしようとして
　いる。
　　教育の機能とは、統合され、それゆえに知性のある人間を生みだす
　ことである。（p. 14）

　クリシュナムルティは教育者に向けて「あなた方の関心、教育者の関心
は、全体の一部分ではなく、人間存在の全体を理解することであり、そう
でなくてはならない」（Krishnamurti, 2006, p. 123）という。教育とは「生
の全体性」（wholeness of life）を実現し、回復することである。生徒たち
に向かっては、つぎのように語りかけている。

　あなたたちの先生の仕事は、部分的な精神ではなく、精神の全体を教育することです。あなたたちが生存の小さな渦に巻き込まれず、生の大河のなかで生きていくように教育することです。これが教育の仕事のすべてです。正しい教育は、あなたたちの全存在を、あなたたちの精神の全体を開発するものです。それは、あなたたちの精神と心に深みを与え、美の理解をもたらします。（Krishnamurti, 1974, p. 46）

　それでは、なぜ生の断片化が起こるのであろうか。クリシュナムルティと対話を重ねたことで知られる高名な理論物理学者デイヴィッド・ボーム（David Bohm, 1917–1992）は、つぎのように言う。

　思考様式、ものの見方、行動様式の断片化は、明らかに人間生活のあらゆる面に影響をおよぼしている。すなわち、まことに皮肉なことだが、断片化は、私たちの生活のなかで普遍的なものとなり、境界や限界なしに全体を貫いて作用するただひとつのものになっているように見える。こうしたことが生じるのは、断片化の根が非常に深く広いからである。（Bohm, 1995, p. 16）

　ボームは、断片化の根が私たちの思考そのものにあり、それを原子論的な科学理論（科学的思考様式）が背後から後押ししていると指摘する。

　……断片化がたえずもたらされるのは、私たちの思考内容を「ありのままの世界の記述」と取り違えるという、ほとんど普遍的に見られる習慣によるものである。……私たちの思考は差異や区別にみちているため、そのような習慣によって、これらが本当にある区分だとみなされるようになる。その結果、世界は実際に諸断片に分割されたものとして見られ、経験されるのである。（p. 3）

　一般意味論（General Semantics）で言われるように、「地図は現地では

ない」（The map is not the territory.）にもかかわらず（Korzybski, 1958）、地図と現地が混同され、実際には思考のなかにしかない区別が実在的な区分とみなされてしまうのである。これを強力に後押しするのが科学的な世界観である。ボームはつぎのように述べている。

> 科学研究における［断片的な］思考様式や、ものの見方は、断片的なアプローチ全般を非常に強めることになる。なぜなら、それは、世界全体がバラバラに存在している「原子的な建築ブロック」の集合によってのみ構成されているという姿を人びとに与え、実験的証拠を提供して、このような見方が必然的で不可避であるという結論を引き出すからである。このようにして人びとは、断片化が「あらゆるものの実際のあり方」を表現したものにほかならず、それ以外にはありえないと感じるようになる。（Bohm, 1995, p. 15）

原子論的な科学的世界観は教育をとおして浸透していく。「現在の社会の状態のなかで、そして、その社会状態のあらわれである科学教育の現状のなかで、自己と世界の断片的な見方を助長するような偏見が（ある程度は顕在的、意識的だが、大部分は暗黙のうちに無意識的に）促進され、伝達されると言っても過言ではない」（p. 15）。断片的な世界観を身につけると、人はそのとおりに世界をとらえ行動するようになる。「自己と世界の断片的な見方に導かれる人は、とどのつまり、その行為のなかで、みずからの思考様式に応じて、自分自身と世界を断片へと分裂させることしかできない」（p. 15）。そして、ほかならぬ自分自身が断片化をもたらしているということを見落としてしまう。

ボームによれば、現代の諸科学は、分割不可能な全体性をとらえる相対性理論や量子論の見方にもとづくというより、むしろいまだに原子論的な見方に支配されており、大半の人は原子論的見方を「リアリティについての真なる知識」と思い込んでいるのである。こうした断片化に対して、ボームはつぎのように言う。

むしろ言われなくてはならないのは、全体性が現実であるということ、断片化とは、断片的思考によって形成された幻影的な知覚に導かれることによって、この全体が人間の行為に対して示す反応である、ということである。言いかえると、リアリティが全体であるがゆえに、断片的なアプローチをとる人は、それに呼応する断片的な反応をいやおうなく受け取ることになるのである。それゆえ必要なことは、人が自分の断片的思考という習慣に注意を払い、それに気づき、それを終わらせることである。そうすれば、リアリティへのアプローチは全体的になり、反応も全体的になるであろう。(p. 7)

　ここでボームは、断片化を生みだす断片的思考そのものに注意を向け、それに気づく必要性を述べているが、これはクリシュナムルティと同じ論点である。ボームの指摘のなかで重要なのは、科学的な思考や理論だけが問題なのではなく、人間の思考そのもののなかに断片化を生みだす性向がふくまれているということである。したがって、それは近代科学とともに始まったことではなく、むしろ非常に古くから存在していたものだと言える。
　たとえば『荘子』のなかの一節（内篇「応帝王篇」第七章）に、つぎのような話がある。

　南海の帝を儵といい、北海の帝を忽といい、中央の帝を渾沌といった。儵と忽とはときどき渾沌の土地で出あったが、渾沌はとても手厚く彼らをもてなした。儵と忽とはその渾沌の恩に報いようと相談し、「人間にはだれにでも〔目と耳と鼻と口との〕七つの穴があって、それで見たり聞いたり食べたり息をしたりしているが、この渾沌だけはそれがない。ためしにその穴をあけてあげよう」ということになった。そこで一日に一つずつ穴をあけていったが、七日たつと渾沌は死んでしまった。（金谷, 1971, pp. 235–236）

この寓話的な一節では、「渾沌」という生きた全体に穴を穿ち、断片化することの破壊的作用が物語られている。

　認識における断片化は、言語的な意味分節化作用によって生じるものである。唐代の禅僧、臨済禅師は、弟子に向けた法話のなかで、言語的分節化が現実から乖離していることを以下のように述べている。

　　諸君、勘ちがいしてはいけない。世間のものも超世間のものも、すべて実体はなく、また生起するはずのものでもない。ただ仮の名があるだけだ。しかもその仮の名も空である。ところが君たちはひたすらその無意味な空名を実在と思いこむ。大間違いだ。（入矢, 1989, p. 84）

　言語哲学者の丸山圭三郎（1984）は言語的分節化を「言分け構造」と呼び、同様に井筒俊彦も、表層意識における言語的意味分節化の働きを、つぎのようにとらえている。

　　言語は、意味論的には、一つの「現実」分節のシステムである。生の存在カオスの上に投げ掛けられた言語記号の網状の枠組み。個別言語（ソシュールのいわゆる langue）を構成する記号単位としての語の表わす意味の指示する範例的な線に沿って、生の存在カオスが様々に分割、分節され、秩序づけられる。そこに文化が成立し、「世界」が現出する。「世界」は、言語記号の介入によって、有意味的に構造化された「自然」の変様であり、有意味的に分節された事物・事象の全体である。（井筒, 1985, p. 55）。

　世界は言語的意味分節化のシステムに従って断片化されているため、ものごとを不可分の全体として見るために、洋の東西を問わず古くから、日常的な認識の習性を変容するような観想実践が取り入れられてきた。観想技法の多くは、断片的な見方を超えて全体をとらえることを可能にするためのものであり、それゆえホリスティック教育においても基本的な実践と

なるものである。

つながりの回復を求めて

　生の断片化が問題の根本にあるにもかかわらず、それは学校教育のなか
でたえず再生産されつづけている。その意味で教育は根底から変革される
必要があり、断片化をのり越えて、つながりの回復を求めなくてはならな
い。ミラーのホリスティック教育はそうした問題意識から提起されたもの
である。

　　自然がダイナミックで相互につながりあっているのに対して、私たち
　の教育システムが固定的で断片的であるなら、私たちが推し進めてい
　るのは疎外と苦しみでしかない。しかし、私たちが教育制度を、そう
　した相互のつながりやダイナミックな動きに一致させることができる
　なら、人間の自己実現の可能性は非常に高まる。（Miller, 2019, p. 7）

そこでミラーはホリスティック教育を、つぎのように定義する。

　　ホリスティック教育は、断片化から離れ、つながりへと向かうこと
　を試みるなかで、つながりを探究し、つくりだしていくものである。
　　ホリスティック教育の焦点は関係性にある。すなわち、直線的思考
　と直観のあいだの関係性、精神と身体のあいだの関係性、知識のさま
　ざまな領域のあいだの関係性、個人とコミュニティのあいだの関係性、
　地球への関係性、そして魂への関係性である。ホリスティックなカリ
　キュラムのなかで、生徒はこれらの関係性を調べることによって、関
　係性に気づき、そうするのが適切なところでは、関係性を変容するた
　めに必要とされる技能を身につける。（p. 16）

　ホリスティック教育の実践では、たがいに切り離されていた領域をふた
たび結び合わせることが求められる。ここであげられている六つの関係性

は教育において探究されなくてはならない領域としてとりあげられており、ミラーはそれらの各々について実践的カリキュラムを提示している。もちろんこれらの領域は個別に探究されうるとしても、実際には相互に関連しあっており、明確に区別されるようなものではない。これらはあくまでも根源的なつながりへと入っていくための入口として理解されるべきである。

　つながりを回復するカリキュラムの内容はのちほど見ることにし、ミラーの教育論のなかで中心的な位置を占めている教育観の三類型をつぎに考察する。それをつうじてホリスティック教育の立場をさらに明確にとらえることができる。

2　教育の「立場」

教育観の類型化

　ミラーは教育的相互作用（教育的関係）に着目して、三つの基本的な「立場」（position）を区別している。それは「トランスミッション」（伝達）、「トランスアクション」（交流）、「トランスフォーメーション」（変容）である。ホリスティック教育を特徴づけるのは、とくに三番目の変容の立場である。ここでいう「立場」は複合的な概念であり、教育の見方、考え方、目標、行動様式などがひとまとめにされて、この概念のなかに集約されている。「立場」は個々の教育理論の根底にある基本的な見方であり、教師の信念体系として教育実践を導くものである。このような立場が問題にされる必然性は、ロン・ミラーに従って言えば、つぎのようになる。

　　［ジョン・］ミラーの——そして私自身の——観点は、教育の理論や
　　実践はすべて、教育者や政策立案者の抱く方向性や世界観を反映して
　　いるということである。世界観はふつう無意識のうちに抱かれている
　　ので、ホリスティックな批判の主要部分は、そうした世界観を明るみ
　　にだすということである。（Miller, 1997, p. 87）

　教育の立場は基底的な世界観や信念体系であり、それは実践に反映されているにもかかわらず、意識的に自覚されることは少ない。言いかえると、それが意識的に自覚されないがゆえに、むしろ強力に作用しているのである。それゆえ教育を深くとらえようとするときには、この根底的な立場にまで遡る必要がある。

　ミラーは三つの立場を確定するまでに考察を重ね、教育の根底にあるものを探りだそうとしてきた。そうした一連の考察を簡潔にふり返っておく。ミラーは『教育のスペクトル』（Miller, 1983）のなかでカリキュラムの「方向性」（orientation）という概念を導入している。方向性はいくつかの要因から構成されており、「教育の基本的な目的」「学習者のとらえ方」「学習過程のとらえ方」「教授過程のとらえ方」「学習環境のとらえ方」「教師の役割」「評価のとらえ方」という七つの面をふくんでいる。ミラーは「方向性」をこのように規定したうえで、カリキュラムのさまざまな理論や方法を七つの方向性に分類している。教育という現象は決してひとつの体系をなすものではなく、いくつかの方向に枝分かれしており、類型的に把握することができるのである。七つの方向性とは以下のとおりである。

1　「行動主義的方向性」——行動主義心理学の方法に則（のっと）ったもので、特定の行動や技能の習得にかかわり、課題をいくつもの段階に分け、順次習得していくというもの。

2　「教科・学問の方向性」——教科や学問の習得を中心とするもの。

3　「社会的方向性」——社会性の形成を重視するもので、社会への順応や適応、文化伝達、民主的な市民の形成、社会批判力の育成、社会変革教育など、いくつかのバリエーションがある。

4　「認知過程の方向性」——認知能力の形成を重視するもので、とくに問題解決学習による思考力の形成が代表的なものである。

5　「発達論的方向性」——心理学的発達段階論に即した教育のあり方を重視するもの。

6　「ヒューマニスティックな方向性」——ヒューマニスティック心理

学の提唱する自己実現を目的とした教育。

7 「トランスパーソナル／ホリスティックな方向性」——自己実現の段階をさらに超える自己超越にかかわる教育。

ミラーは七つの方向性を検討したうえで、さらに「メタ方向性」（meta-orientation）という概念を導入する。メタ方向性とは、いくつかの方向性を包括する上位概念であり、これら七つの方向性は最終的に以下の三つのメタ方向性に収斂（しゅうれん）する。

1 「伝統主義のメタ方向性」——ここには教科教育や文化伝達や能力主義教育などにかかわる方向性がふくまれる。この教育観では、基本的な知識や技能、社会の価値観などの伝達が重視される。行動主義心理学はその方法論を提供する。

2 「探究・決断型のメタ方向性」——ここには認知過程、民主的な市民育成、発達論、学問研究などにかかわる方向性がふくまれる。とくに知的探究や決断力の発達にかかわる面が重視される。

3 「変容型のメタ方向性」——ここには社会変革教育、ヒューマニスティックな方向性、トランスパーソナルな方向性がふくまれる。このメタ方向性では、個人および社会の変容が目指される。教育方法としては、内面を見つめる瞑想やイメージワークが重視される。またエコロジカルな社会への指向性がふくまれる。

このようにミラーは三つのメタ方向性を明確にするが、それはセラーとの共著『カリキュラム』（Miller & Seller, 1985）のなかで「伝達」「交流」「変容」の三つにまとまってくる。『カリキュラム』（とくに第 1 部）は三つの立場を詳細に考察したものだが、そこにおいて特徴的なのは、三つの立場をとりあげる際、それぞれ「哲学的背景」「心理学的背景」「経済的・社会的背景」という角度から光があてられていることである。教育の立場はたんに教育の世界にのみ限られることではなく、根底的な世界観によっ

て、そのほかの領域とも結びついているのである。

『カリキュラム』における議論はそのまま『ホリスティック・カリキュラム』（Miller, 1988）のなかに受けつがれているが、『カリキュラム』のなかで人物や学説が列挙されていたのに対して、『ホリスティック・カリキュラム』では、より構造化され、各立場の哲学的世界観がアトミズム、プラグマティズム、ホーリズムというように整理されている。なおミラーの主著である『ホリスティック・カリキュラム』は 1988 年の初版につづき、1996 年に改訂

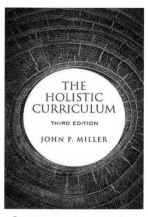

『ホリスティック・カリキュラム』第 3 版（2019 年）

版、2007 年に第 2 版、2019 年に第 3 版が刊行されている。以下では「伝達」「交流」「変容」という三つの立場について見ていく。

伝達／トランスミッション

「伝達の立場」（transmission position）とは、学問中心、教師中心の立場であり、細分化された知識や技能を一方向的に伝達し、学習者がそれを獲得していくというものである。伝統的な教育はほとんどがこの立場に集約され、現行の学校教育も大半はこの形態をとっている。ミラーはこの立場の哲学的世界観を「アトミズム」（原子論）とし、その特徴を以下の五点にまとめている（Miller, 1996, p. 12）。

1　リアリティ（現実）は基本的に物質からできている。
2　リアリティは論理単位や原子に還元することができる。
3　私たちは感覚器官をとおして知る。
4　経験科学の発見を用いて技術が発達することで、物質的世界を制御することができる。
5　価値中立的な観点から調査研究をすることができる。

この哲学的文脈と呼応している心理学的文脈は行動主義心理学であり、経済的文脈は、個人の自由競争に基礎をおく自由放任主義の経済である。伝達の立場は、教育内容を細分化し、それらを系統的に学習していくことによって一定の目標に到達することができるというものであり、ヘルバルト学派の教授論はこの立場を代表するものである。行動主義のいう条件づけによる学習や行動修正もこの立場に入る。

交流／トランスアクション

　「交流の立場」（transaction position）は問題解決や知的探究を中心とするものであり、学習形態としては、教師と学習者のあいだの対話や、学習者間の協同作業が中心となる。その特徴は、相互交流が主として認知レベルでなされ、思考力が訓練されるということである。ミラーはこの立場の哲学的世界観を「プラグマティズム」とし、その特徴を以下の五点にまとめている（p. 17）。

1　宇宙はプロセスのなかにあり、あらゆるものは変化していく。
2　実験科学は、経験を解釈し、経験に働きかけるうえで最良のモデルである。
3　経験によって検証された仮説が最高の知識を生みだす。
4　科学的方法は社会問題や社会経験にも適用することができる。
5　価値観は特定の文脈や結果から生じる。

　交流の立場は、プラグマティズムの哲学者・教育学者であったジョン・デューイ（John Dewey, 1859–1952）によって確立されたものである。デューイは、社会生活と学校教育を結びつけ、学問中心の方法にかわる問題解決学習を提唱し、子どもの活動的な経験を重視した。交流の立場では、反省的思考、すなわち科学的な探究方法による問題解決が促進され、それが社会的な経験にも活かされることになる。生徒は社会の諸問題に取り組むなかで知的探究心を発達させ、社会的知性を向上させるのである。

図 1　三つの立場

（Taylor's 7th Teaching and Learning Conference 2014　ミラーの基調講演資料より）

　プラグマティズムに呼応している心理学的文脈は、ピアジェやコール
バーグなどの認知心理学であり、経済的文脈は合理的な社会計画や社会工
学である。コールバーグ（Lawrence Kohlberg, 1927–1987）は道徳的判断の
発達段階を明らかにしたことで知られているが、その教育方法には、道徳
的ジレンマをめぐる対話や討議が取り入れられている。なお、日本の学校
教育に導入がはかられているアクティブ・ラーニングも、この交流の立場
にもとづくものである。

変容／トランスフォーメーション

「変容の立場」（transformation position）は、人間の自己探究、自己実現、自己超越、および社会変容にかかわるものである。ミラーはこの立場の哲学的世界観を当初は「ホーリズム」（全体論）と呼んでいたが、『ホリスティック・カリキュラム』の第2版以降では「永遠の哲学」と呼び変えている。永遠の哲学の五つの特徴は以下のとおりである（Miller, 2019, p. 22）。

1　リアリティは相互につながりあっており、宇宙には神秘的統一（mysterious unity）がある。
2　個人の内的自己（inner self）、すなわち魂と、この神秘的統一とのあいだには密接なつながりがある。
3　この神秘的統一についての知は、さまざまな観想実践をとおして発達させることができる。
4　価値観は、リアリティのつながりを理解し実現するなかで生まれてくる。
5　つながりの実現は、不正や人間の苦しみに立ち向かう社会活動に結びつく。

永遠の哲学に呼応している心理学的文脈はトランスパーソナル心理学であり、経済的文脈はエコロジカルな相互依存社会である。ミラーはヒューマニスティック教育に深くかかわり、トランスパーソナル教育にはその草創期からかかわっている。たとえば『教室を人間化する』（Miller, 1976）という最初期の著作は、ヒューマニスティック教育における「情動教育」を扱ったものであり、『共感する教師』（Miller, 1981）はトランスパーソナル教育の一書として著されている。『教育のスペクトル』では、ヒューマニスティックとトランスパーソナルの両方向が取り入れられている。

変容の立場では「つながり」や全体性の思想にもとづき、統合的なアプローチがとられる。ここでは直観や想像力のような非線型的な知、身体性、感情、スピリチュアリティなどが重視され、教育方法も観想実践を多く取

り入れたものになる。

伝達・交流・変容の関係

　伝達、交流、変容という三つの立場のうち、ホリスティック教育がとく
に依拠しているのは変容の立場である。アトミズムにもとづく伝達の教育
は、教育における断片化の傾向をあらわしている。こうした伝達の教育に
対して、交流の教育は進歩主義や経験主義の教育をつうじて変革を促して
きた。それは教育内容の細分化を排し、学校と社会のあいだの境界をとり
払い、教科学習と社会生活を結びつけることを試みた。しかし、デューイ
は反省的思考をとりあげたため、人間の認知的側面を強調することにも
なった。これに対して、変容の立場では、より包括的な観点が取り入れら
れる。ミラーはつぎのように述べている。

　　　ほかの二つの立場からホリスティック教育を区別するものは、子ども
　　の全体性を受け入れ、環境との関係のなかで子どもを見るという点で
　　ある。能力主義の教育は行動に焦点を合わせ、探究型のアプローチは
　　認知的プロセスを強調するきらいがある。ホリスティック・カリキュ
　　ラムもこれらの要素を認めるが、それと同時に、これらの要素がその
　　一部となっている根本的な存在基盤を認めている。ホリスティック・
　　カリキュラムにおいては、生徒は「行使」されるべき諸能力の束に還
　　元されることもなく、また抽象的な精神過程に還元されることもなく、
　　人間の豊かな経験の全体が受け入れられる。(Miller, 1996, p. 30)

　ホリスティック教育では、学習者は知識を伝達されるだけの受動的存在
でもなく、探究心を発揮するだけの問題解決者でもない。人間は、精神^{マインド}だ
けでなく、身体、感情、魂、スピリットをふくみ、それらが有機的に統合
された多次元的な存在である。認識の面にかぎってみても、ホリスティッ
ク教育では、論理的で批判的な思考だけでなく、直観、洞察、想像力、注
意、気づきといった知の様式が重視される。

ホリスティック教育が変容の立場に依拠しているとしても、それは決して伝達や交流の立場を排除するものではなく、むしろこれら三つの立場を包摂するものである。ホリスティック教育では、それぞれの立場に有効で適切な領域があることを認め、適切な関係をとろうとする。ミラーはそれら三つの立場が相互に包含関係にあることを指摘している（Miller, 1993b）。

　さらに、交流と変容の立場の違いについてふれておくと、デューイは個人と社会的環境のあいだの不可分な交流を認めたが、そのつながりは主として自然的・社会的な次元に限られていた（Dewey, 1966）。この点について、ロン・ミラーはつぎのように指摘している。

　　個人を自然および社会環境のなかに完全に統合しようとするあまり、デューイは人間の経験のうちスピリチュアルな要素を一貫して縮小させた。生物次元や社会や文化を超えた超越的でスピリチュアルな源があるという永遠の哲学の見方を、彼は徹底して退けた。しかし、そうした源が人間の人格の発達を導いているのである。（Miller, 1997, p. 132）

　このように社会生活をつうじた知性の発達を重視し、スピリチュアリティを取り入れていないという点で、デューイはホリスティック教育とは異なるところに位置している。ロン・ミラーはデューイの立場を詳細に検討したうえで「ホリスティックなポストモダンの見地から、私たちは、デューイの世界観の認識論的限界を理解する必要がある。このような議論をとおして、ジョン・ミラーがなぜデューイを〈変容〉の思想家ではなく〈交流〉の思想家とみなしているのかが明らかになる」（p. 136）と述べている。ただしデューイには、教育論とは別に、自然主義の立場からではあるが、「宗教的なもの」（the religious）を論じた『共同の信仰』（Dewey, 1934）という宗教論が残されていることも見落とされてはならないであろう。

　ここで少しトビン・ハートの見解をとりあげておく。ハートは、ホリスティック教育、トランスパーソナル心理学、スピリチュアリティ研究の分

野で世界的に知られており、とくに人間の知
(knowing) の様式に関する研究を行なってきた。
ハートは『情報から変容へ』(Hart, 2001) のな
かで、それが六つのレベルをふくむことを明ら
かにしている。もっとも表層レベルにあるのが
断片的な「情報」(information) の授受である。
つぎに情報を組み立て体系化することによって
「知識」(knowledge) が獲得され、対象を制御
する技術知が身につく。第三に、分析と直観の

トビン・ハート

結合をとおして批判的で創造的な思考である「知性」(intelligence) が開
発される。第四に、共感をとおして他者を親密に知る「理解」(under-
standing) がある。ハートは、理解のつぎに「智慧」(wisdom) を置く。
智慧は、あいまいな状況のなかにあっても洞察をもとに特定の行為を選び
とることができる。智慧は観想をとおして開かれ、深層の「自己」とつな
がっている。最後に「変容」(transformation) は、文化的、社会的な条件
づけを超える意識の目覚めと拡大である。変容のなかで人は自分自身を見
いだすと同時に、宇宙との統一にいたり、自己実現と自己超越が同じひと
つのプロセスになる。こうして「教育の目的は、情報のやりとりを超えて、
変容へと到達する」(p. 171)。六つの様式をとおして意識はより深まって
いく。ハートによれば、教育はそのような意識の進化にかかわるものであ
る。ハートのモデルをミラーのいう三つの立場にあてはめると、「情報」
と「知識」は伝達に、「知性」と「理解」は交流に、「智慧」と「変容」は
変容に対応している。

　また、伝達、交流、変容の教育方法について補足しておくと、伝達の方
法として講義が、交流の方法として対話が、そして変容の方法として観想
実践があげられるが、これらの方法によっておおむね各立場の目的が達せ
られるとしても、必ずしもそうならない場合がある。講義や対話、あるい
は書物の一節が人を変容へと誘うことは起こりうることである。さらに言
えば、芸道や霊性修行において、教えは師から弟子へと伝達（伝授）され

るものである。また、型や形による稽古（訓練）はたんなる外的条件づけではなく、それをとおして内的変容を引き起こすものである（鎌田, 2016; 西平, 2019）。逆に瞑想のような方法でも、クリシュナムルティがたえず批判しているように、それを「方式」としてとらえてしまうと、新たな条件づけを生みだすことになる。どんな教育方法であっても、それが自己存在の深みにふれるものであれば変容的作用をもつと言える。

　つぎに、ホリスティック教育の哲学的基盤をなす「永遠の哲学」と、ミラーのあげる五つの特徴について、あらためてくわしく見ていきたい。

3　永遠の哲学

「永遠の哲学」の特徴

　「永遠の哲学」はオルダス・ハクスリーの同名の著作『永遠の哲学』（1945 年）をつうじて現代に甦り、流布するようになった。ハクスリーはその書の冒頭で、以下のように述べている。

> 「永遠の哲学」（*philosophia perennis*）は、ライプニッツによって造語されたものであるが、永遠の哲学そのものは——事物と生命と精神とからなる世界の本質をなす神聖な「リアリティ」を認識する形而上学にせよ、神聖な「リアリティ」と同様か、ひいてはそれと同一の何かを魂のなかに見いだす心理学にせよ、全存在に内在し、かつそれを超越している「基盤」（Ground）を知ることを人間の最終目的とする倫理学にせよ——記憶の及ばぬ昔からあった普遍的なものである。「永遠の哲学」の萌芽は、世界各地の原始民族の伝承のなかに見られ、さらに完全に発達した形の永遠の哲学は、あらゆる高次宗教のなかに場所を占めている。ライプニッツ以前と以後のあらゆる神学に共通する「最大公約数」とも言える永遠の哲学がはじめて文字として書かれたのは二十五世紀以上前のことであり、それ以降、この究め尽くすことのできないテーマは、アジアならびにヨーロッパのあらゆる宗教的伝

統の立場から、すべての主要言語のなかで、くり返し取り扱われてきた。（Huxley, 1974, p. 1）

　永遠の哲学は人類の歴史とともに古くからある普遍的な思想であり、世界中のさまざまな叡智の伝統の中核をなす世界観や人間観として存在してきた。永遠の哲学の特徴は、人間存在と世界を多次元的にとらえるとともに、究極のリアリティにまで言及することである。これまで多くの思想家が永遠の哲学を論じているが、ハクスリーの著作以外では、ヒューストン・スミスの『忘れられた真理』（アルテ）や、ケン・ウィルバーの一連の著作『意識のスペクトル』『アートマン・プロジェクト』『万物の歴史』『統合心理学への道』（いずれも春秋社）を、永遠の哲学の入門書としてあげておきたい。

　ミラーのいう変容の立場の五原則は永遠の哲学を要約したものである。第一則では「リアリティは相互につながりあっており、宇宙には神秘的統一がある」と言われている。宇宙の神秘的統一は、部分や変化の根底にある究極的リアリティである。それは言語的分節化や対象的認識からは隠された次元であり、ミラーの別の著作では「不可視の世界」（the invisible world）と呼ばれている（Miller, 2014, pp. 100–121）。

　神智学（theosophy）の観点から永遠の哲学を論じ、トロントのホリスティック・ラーニング国際会議にも参加していたアンナ・レムコウ（Anna Freifeld Lemkow, 1917– ）によれば、「あらゆる存在は、かぎりない言表化しえない〈一なるもの〉（Oneness）、神性、リアリティ、絶対者に根ざし、浸透され、超越されている」（Lemkow, 1990, p. 38）という。こうした究極的リアリティは、さまざまな叡智の伝統のなかで、ブラフマン、タオ、無、空、真如、無極＝太極、理気、エーン・ソフ、ワカン・タンカ（グレート・スピリット）、絶対無、ゼロ・ポイントなどと呼称されてきた。究極的リアリティはあらゆる存在の根源であり、究極的リアリティが階層的に分化して顕現したものが現象世界である。そこには、物質、生命、精神といった階層がある。ここで重要なのは、これらの層は下から上へと積み上

げられるのではなく、反対に上位の層が下位の
層を包摂し規定するように組織化されていると
いうことである。レムコウはつぎのように述べ
ている。

アンナ・レムコウ

　宇宙について言えば、それは、言い表しえ
　ない「一なるもの」から生じ、それに浸透
　され、また超越されている。したがって、
　宇宙はひとつの統一体であるにちがいない。
しかし、それはまた多次元的であり、存在の各次元、各レベルは、
もっとも統一的なものから、もっとも個別的なものにいたるまで、内
包度のより低いレベルを順次生みだすように組織化されている。それ
ゆえ、宇宙は力動的な生きた全体であり、そのなかでは意識が第一次
的な所与であり、形あるものは二次的なものである。(p. 38)

　究極的リアリティはあらゆるものに浸透しているので内在的であり、同
時に、あらゆるものを超えているので超越的である。「リアリティはすべて
の存在の内在的かつ超越的な〈基盤〉(immanent and transcendent Ground)
である」(p. 26)。存在世界の階層性は、上位レベルから下位レベルへと
下降していくものとみなされる。究極的リアリティは最上位の絶対的意識
であり、意識レベルが下降していくなかで下位の諸階層が生まれるのであ
る（最下位のレベルが物質である）。
　永遠の哲学では人間存在についても同じように階層モデルがとられる。
人間も、身体、生命、感情、精神、魂、スピリットなどの次元が力動的に
統合された多次元的存在である。こうした人間の階層性は宇宙の階層に相
即しているとみなされる。レムコウはつぎのように述べている。

　……人間はマクロコスモスのミクロコスモスである。つまり、人間と
　宇宙はたがいに照らし合っている。それらは同じように構成され、同

じ原理を宿している。それらは有機的につながっている。宇宙が階層的な存在次元から成り立っているのと同じように人間もつくられている。人間は本質的に宇宙とひとつである。（p. 36）

人間と宇宙の相即関係については、コメニウス（Johannes Amos Comenius, 1592–1670,『世界図絵』や『大教授学』で知られる）やシュタイナーもとりあげているが、レムコウが言うように、「私たちが世界のミクロコスモスであるので、自分自身を理解することによって私たちは世界を理解する。さらに言うと、ミクロコスモス的特質があるからこそ、そのような理解が可能になるのである」（p. 37）。

ミラーのあげる第二則では「個人の内的自己、すなわち魂と、この神秘的統一とのあいだには密接なつながりがある」と言われている。ここでいう内的自己や魂は、個人の表層的自我によって隠された深層の存在次元である。人間は通常、自我に同一化しているため内的自己に気づくことはほとんどない。自我には境界があり、世界は自我に対立する対象界として立ちあらわれる。それに対し、内的自己はその根底において無境界であるため、内的自己の深みへ入っていくことによって、究極的リアリティとのつながりが自覚される。それゆえ、究極的リアリティを知るには、内的自己の深みを知ることが必要になる。そのような目的のために、シャーマニズムの時代から今日にいたるまで、観想実践が数多く開発されてきた。それゆえここに「この神秘的統一についての知は、さまざまな観想実践をとおして発達させることができる」という第三則がつけ加わる。ホリスティック教育では観想実践が重要な位置を占めているが、それは自己を探究し、神秘的統一に目覚めていくための変容技法である。

井筒俊彦（1914–1993）がさまざまな東洋哲学の共時的構造化によって明らかにした存在と意識の重層的構造は、それ自体が永遠の哲学のひとつのモデルであると言えるものだが、井筒によると、表層意識は存在世界を分節化（断片化）してとらえるのに対して、深層意識が開かれていくにつれ、世界の境界は流動性を帯びてきて、最深層の「意識と存在のゼロ・ポ

イント」では非二元的な「絶対無分節」となる。ここでは一切の断片化が消失し、意識と存在がその全体性を回復して完全にひとつになる。そして井筒はゼロ・ポイントからの「帰還」についても言及する。意識の探究には「往相」と「還相」、「向上道」と「向下道」がともにふくまれている。向上と向下について井筒は、つぎのように述べている。

> さてここで向上とは、簡単に言えば、人間の意識が日常触目の事物の世界、存在の現象的差別相の次元を離脱して、次第に存在の無差別平等相に近づいてゆく過程である。この道の果てるところ、多は一となり、有は無となる。識別的意識は完全に消滅して、実在は絶対無差別的真相を露呈する。向下とはこの向上の上り道の頂点に立って差別の世界を再認知し、新しい視野の下に新しく見直された差別の現実の中に出てゆき、そこで無礙自在に行動することである。すなわち向下とは実在の形而上的起動であると共に、無的主体としての人の倫理的、行為的起動でもある。（井筒, 1978, p. 427）

　向下道において、絶対無にもとづく根源的な自由のなかで、価値観と行為へのかかわりが新たに生まれてくる。それゆえミラーの第四則では「価値観は、リアリティのつながりを理解し、実現するなかで生まれてくる」と言われ、第五則では「つながりの実現は、不正や人間の苦しみに立ち向かう社会活動に結びつく」と述べられている。人が根源的つながりに目覚めることによって、それを基盤として、社会的次元における行動が生まれてくる。それは自由と内なるヴィジョンに根ざしたものであり、それが想像力や合理的・客観的判断と結びつくとき、個々の状況にふさわしい創造的な行動が導きだされる。ミラーのホリスティック教育論では、内的自己へといたる自己変容が重要な位置を占めているが、深層における神秘的統一は表層レベルとつながり、日常世界や社会生活に変容をもたらす。この意味で変容は、自己変容だけでなく、それをつうじた社会変容を伴っている。

　ここで個人と社会の関係について、クリシュナムルティの考えを少しとりあげておく。クリシュナムルティはくり返し「あなたは世界である」（You are the world.）と語っていた。「心理学的には、あなたは世界である。あなたは、分離した人間としてのあなた自身にではなく、人類の全体に責任を負っている。分離した人間というのは心理的な幻想である」（Krishnamurti, 2006, p. 19）。人間の外部と内部が分離することは決してない。アラン・アンダーソンとの対話のなかで、クリシュナムルティはこう述べている。

　　外部は内部であり、内部は外部であることを明確にしておかなくてはならない。社会と個人、集合的人間と個別的人間、両者のあいだに区別はなく、むしろ人間は全体であり、人間は社会であり、人間は個別の個人である。人間はこうした混沌とした状況をもたらす要因である。（Krishnamurti, 1991, p. 12）

　世界が私という存在を生みだし、その私が世界をつくっている。私は、自分のなかに世界があるという仕方で世界に属している。

　　それゆえ、世界はあなたであり、あなたは世界であり、ほかには何もない。あなたがそれを受け入れ、それを見てとり、知的にではなく自分の心、精神、血のなかでそれを感じとるなら、問題はこうである。人間が内面的に、それゆえ外面的に自分自身を変容させることは可能だろうか。（p. 12）

　クリシュナムルティが言うように、社会の問題解決や変革は自己変容と不可分に結びついている。「［個人に］そういう変化があるとき、個人は自然に社会に変化を起こす。社会が最初とか、個人が最初というのではない。人間の変化が社会を変えるのである。それらは二つの別々のものではない」（p. 11）。社会変革は、個人のなかに内在化され、個人を内側から条

件づけている社会の変革、すなわち、内なる社会からの脱条件づけ（unconditioning）をとおして生じるのである。社会活動が外的次元だけで起こるなら、それは自己から離れた断片的なアプローチに終わってしまうことになる。

エマソンの教育論

　ミラーの教育思想の背景には永遠の哲学があるが、ミラーとエマソンの関係についてはふれておく必要がある。エマソンもまた永遠の哲学を説いた一人であり、ミラーにはとくに大きな影響を与えている。アメリカで生まれ育ち、同じハーバードで学んだこともあるミラーはつねにエマソンに言及し、エマソンの教育理念をホリスティック教育という形で現代に甦らせたのである。この意味でミラーのホリスティック教育論はアメリカの教育思想の源流と深く結びついている。

　ラルフ・ウォルドー・エマソン（Ralph Waldo Emerson, 1803–1882）は19世紀のアメリカにおける超越主義（Transcendentalism）を代表する思想家である。エマソンはインド思想や神秘思想に傾倒し、彼自身による永遠の哲学を、著述と講演活動をつうじて人びとに伝えようとした。リチャード・ジェルダードによると、「エマソンは偉大で献身的な教師だった。彼はあまり知られていない古代の知識の本質的精神を、彼の時代と文化の言葉で伝達するという課題を引き受けたのである」（Geldard, 1993, p. 25）。ジェルダードは、1838年にハーバード大学で行なわれた「神学部講演」以降のエマソンについて、こうまとめている。「彼のその後の人生は、個人の無限性を解明することに捧げられた。彼のとった手法は講演とエッセイであり、彼の主題は、直接顕現するスピリチュアルなリアリティであり、それを伝える媒介として彼が選んだのは、自然と人間の文化である」（p. 28）。

　エマソンは「教育」（1876年）というエッセイを残しているが、その他のエッセイもふくめて、その全体が一種の教育論をなしており、その思想はきわめてホリスティックなものである。「教育」のなかでは、「教育は人

エマソン

間と同じように広大であるべきである。人間の内にある要素はどんなものでも育まれ、具現されなくてはならない」（Emerson, 1909, pp. 9–10）と述べられている。エマソンによれば、教育は人間の崇高なる本性を育むものであり、人間を矮小化し、断片化するような教育のあり方を、彼は「絶望の制度」と呼び、きびしく批判した。

　エマソンにとってスピリチュアルな次元は人間の本質であり、生の目的は霊的源泉へと帰一することにある。したがって、教育においても「もし広大にしてスピリチュアルなものが無視されるなら、人間の実践面や道徳面も無視される。それは人間を決して勇敢にも自由にもしないのである」（p. 10）。教育の目的とは「そのなかで人間が生きる〈偉大なる精神〉（Grand Mind）に対する崇敬の念を燃え立たせることである」（p. 11）。この「偉大なる精神」は人間の本質的自己であると同時に、存在の無限な深みをあらわしている。

　エマソンの教育論において特徴的なのは、人間の人生経験、世界や自然の直接体験がすべて教師となり、スピリチュアリティを解き明かすという見方である。「世界は人間の唯一の教師であり、太陽や月、植物や動物からなる自然は、人間の内的活動を喚起する唯一の手段である」（p. 3）。高次のスピリットは自然のなかに顕現しており、人は自然から学ぶことによってスピリットを想起することができる。「ミクロコスモスである人間は、マクロコスモスである自然を観察し、より大きな実体と調和してくるにつれ、全体的なものになる」（Geldard, 1993, p. 71）。エマソンの教えでは、人間は自然と自己の内奥を深く見つめることによって、両者に通底している深層（スピリット）にふれることができるのである。

変容とは何か

　ミラーにかぎらず、ホリスティック教育では「変容」という概念がしば

しば用いられる。ホリスティック教育に隣接する「トランスフォーマティブ・エデュケーション」（transformative education）という領域もあり、変容はいまやひとつのキーワードになっている。以前から成人の「変容的学習」をとりあげてきたジャック・メジロー（Jack Mezirow, 1923–2014）によれば、変容とは基本的に人びとの「意味パースペクティブ」（meaning perspectives）の変更を意味している（Mezirow, 1991）。つまり、経験を解釈して意味を生成するときの準拠枠の変化が変容ということである。しかし、今日の議論をふまえると、変容は決してパースペクティブの変化だけに限られるものではない。

　ケン・ウィルバーは変容に関して重要な議論をしている。ウィルバーは「変換」（translation）と「変容」のあいだに基本的な区別を導入する。変換というのは信念体系の変更にあたるものである。

　　変換によって、自己にはたんにリアリティについての新しい考え方や感じ方が与えられるだけである。自己には新しい信念が与えられる——おそらくは、アトミズムにかわるホリスティックな信念、非難にかわる赦し、分析にかわる関係論的な信念が与えられる。自己はその世界と存在を、この新しい信念、新しい言語、新しいパラダイムに沿って変換するようになる。（Wilber, 1999, pp. 27–28）

　この定義に従えば、世界観の変容はむしろ変換にふくまれるものである。ウィルバーによれば、世界観が変わるだけでは変容とはみなされない。ホリスティック教育においても、ホリスティックな見方や世界観を学ぶことができるが、それだけでは変容とは言えない。ウィルバーの理論では、意識の階層構造が前提になっているので、階層間の移行があるとき、それが変容とみなされ、ひとつの階層内の変化は変換とみなされる。つまり、変換は「水平的な動き」であり、自己に新しい意味を与えるが、変容は「垂直的な動き」であり、当の自己を超越していくものである。変容では世界観が変わるのではなく、世界観そのものが超越される。

　　変容によって、変換のプロセスそのものが挑戦を受け、目撃され、覆
　　され、最終的にはぎ取られる。典型的な変換では、自己（主体）に世
　　界（客体）についての新しい考え方が与えられるが、根本的な変容で
　　は、自己自身が問われ、くまなく見られ、喉元をつかまれ、文字どお
　　り窒息させられる。（p. 28）

　変容においては、自己の意味づけが更新されるのではなく、自己が端的
に超えられる。

　　というのも、真の変容は信念の問題ではなく、信念をもつ者の死の問
　　題であり、世界を変換するという問題ではなく、世界を変容するとい
　　う問題であり、慰めを見いだすという問題ではなく、死の向こう側に
　　無限を見つけだすという問題である。自己は満足させられるのではな
　　い。自己は終わりにさせられるのである。（p. 28）

　しかし、ウィルバーはたんに変換を非難しているわけではなく、こうし
た区別を明確にしたうえで、変換と変容を結び合わせた「インテグラル・
アプローチ」の必要性を説いている。変容を求めているときにも、有効な
変換から始めるべきなのである。

　　……私たちが最初にしなくてはならないことの多くは、多くの人に彼
　　らの状況を変換するための、より適切な方法を提供することである。
　　私たちは、真の変容を効果的に提供することができるようになる前に、
　　役に立つ変換から始めなくてはならない。（pp. 31–32）

　なぜなら、文脈を理解していないままで自己がなくなると、自己超越では
なく「スピリチュアル・エマージェンシー」（spiritual emergency）のよう
な霊的危機に陥るおそれがあるからである。変換と変容のインテグラル・
アプローチはホリスティック教育の方法論を検討する際にも考慮すべき点

である。

　もうひとつ、トランスパーソナル心理学者のラルフ・メツナー（Ralph Metzner, 1936–2019）によって示されている変容のとらえ方をあげておく。メツナーは、神話、物語、シャーマニズム、宗教思想、神秘思想、心理学理論などにおよぶ広範な研究をもとに、変容の類型論を導きだしている。変容はひとつの方向性しかもたないものではなく、いくつかの基本的類型（元型）に分けられるのである。そのさいメツナーは、変容を描くメタファーとシンボルの働きに注目する。「実際、人間の変容にかかわるすべての伝統的体系のなかで、シンボル、メタファー、アナロジー、寓話、神話、アレゴリーは中心的な役割を果たしている」（Metzner, 1986, p. 4）。一例をあげれば、何らかの心理的ないしスピリチュアルな発達が起こるとき、人はそれを「上昇」と関係したシンボルやメタファー（山、樹木、天空など）によって表現する傾向がある。メツナーはつぎのように述べている。

　　シンボルやメタファーは、心のなかで、意識の諸状態と諸水準のあいだをつなぐリンクとして働き、リアリティの諸領域のあいだを橋渡しする。それらは、私たちが日常的および非日常的な変容をへているとき、意識の構造と機能を明らかにするのに役立つ。（p. 7）

　メツナーは十種類の変容のメタファーをとりあげる。すなわち「夢見からの目覚め（覚醒）」「幻想の覆いを取り去る」「囚われからの解放」「内なる火による浄化」「闇から光へ」「断片から全体へ」「ヴィジョンと力の場所へと到達する旅」「根源への回帰」「死と再生」「生命の樹の成長」である。さらに、シンボルやメタファーには変容を促す働きがある。「シンボルのもっとも重要な機能は、それが私たちの知覚や感情や思考に変化を引き起こしたり、変化の触媒になったりするということである」（p. 7）。それゆえ、キリスト教、仏教、禅、スーフィズムなどでは、さまざまなストーリーが教導物語として用いられ、また、さまざまなシンボル（数、図形、ヤントラ、マンダラ、マントラなど）が意識変容を助ける媒体として

利用されてきた。

4　つながりのカリキュラム

　ミラーのいうホリスティック教育は、失われたつながりを回復し、ある
いはまた、新しいつながりをつくりだし、教育のなかに全体性を取りもど
していく営みである。ミラーはホリスティック・カリキュラム論において
六つの領域をとりあげ、その方法論にも具体的に言及している。もちろん、
つながりは六領域に限定されるわけではないが、これらは伝達や交流の教
育のなかで見落とされてきた領域である。

（1）直観とのつながり（Intuitive Connections）

　論理的で明晰な直線的思考の訓練は重要であるが、知性はたんに直線的
なプロセスだけから成り立っているのではなく、そこには非直線的な直観
知もふくまれる。ミラーは長年にわたって「直観」（intuition）の重要性を
唱えつづけてきた。直観は瞬時にして、ものごとの全体をとらえ、本質へ
の洞察を与え、理解を深めてくれる。したがって、直観は創造的なプロセ
スにおいて不可欠の要因である。ここで重要なのは、直観と論理的思考を
結びつけることである。どちらか一方のみでは、創造的で生産的な展開は
生まれない。直観は着想を与えるが、それを具体的な形にするのは論理的
思考である。直観は非連続的な出来事であるのに対して、論理的思考は連
続的な形成にかかわる。両者は補完関係にあり、適切に統合されなくては
ならない。

　ミラーはその例として、創造的思考プロセスを「準備」「熟成」「閃<ruby>閃<rt>ひらめ</rt></ruby>き」
「検証」という四段階にまとめたウォーラス（Graham Wallas, 1858–1932）
のモデルをとりあげる。また、シュタイナー教育では算数の授業に見られ
るように、部分から全体へと進むのではなく、全体から出発して部分へと
進んでいく教え方がある（Steiner, 1990, pp. 84–90）。たとえば、足し算で
は、数を足して合計を出すのではなく、最初に合計の数があり、その数に

ホルヘ・フェレール

なる足し算を考えるのである。この場合、足し算の仕方は幾通りも考えられる。このように全体から始める場合には、全体直観に部分の分節化が結びつけられる。シュタイナーは、全体から出発することによって、概念を生きたものにすることができるという。

ミラーは直観力を養う方法として、リラクゼーション、イメージワーク、メタファー、詩作、ジャーナル・ライティングなどをあげているが、ほかにも観想実践のほとんどを利用することができる。これらの方法は、固定した思考パターンからの脱同一化を促し、直観の働きを高めるものである。

第1章で紹介したホルヘ・フェレール等（2010）の参与的インテグラル教育は、思考と直観のつながりの包括的な取り組みとみなすことができる。参与的アプローチとは、探究と学習のあらゆる段階に人間のすべての次元、すなわち身体、生命、心、精神、意識が共創造的に参与するというものである。フェレール等は「四季」のメタファーを用い、秋から夏にいたる季節のサイクルに合わせて、学術活動における創造的プロセスを描きだしている。このモデルでは、秋は「活動」、冬は「発芽／懐胎」、春は「開花」、そして夏は「収穫」の時期とされる（図2）。

まず秋は土壌をととのえ、準備をするときであり、身体次元の活動が行なわれる。土壌に種を播く活動とは、学術活動においては新しい講義や資料に接し、それらを受容するということである。「秋は、身体を信頼し、現実の構造的次元をととのえ、活動の力に頼る季節である」（Ferrer, 2017, p. 129）。

冬は、秋に播かれた種が大地のなかで発芽するのを忍耐強く待つ時期である。表面的には何も起こっていないように見えても、地中深くでは力強い創造的過程が進行する。冬は生命次元が参与する時期であり、元型的な無意識の源にまで降りていき、そこで創造へと向かう懐胎が起こる。

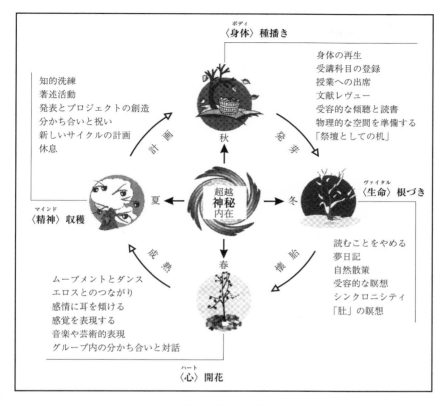

図 2　インテグラル教育の四季

（Ferrer, 2017, p. 128）

　人間において、活動を始めた生命力のある種は、個人的および集合的
な無意識の深層へと伸びていく。森の木々の根のように、人間の生命
の深層は無意識のなかで相互につながっている。そこでは、人類の遺
産である集合的な叡智だけでなく、「神秘」（the mystery）の生成的で
内在的な次元からも栄養が与えられる。生命世界と内在的な神秘との
結びつきがあるため、冬という季節は、それにふさわしく尊ばれるべ
き神聖な季節である。（p. 129）

　冬は読書や情報収集をやめるときである。「冬のあいだ創造の母胎のな

かで起こる自然のプロセスを信頼する感覚を育むことがきわめて重要である」（p. 130）。むしろ、この時期には、夢日記、自然散策、瞑想、イメージワーク、生命センターである肚とのつながりをつくることなどが勧められる。「冬は、未知のものへの忍耐強い受容性を養い、人間の精神や意識の意図を超えた、生命の様相や段階を信頼する季節である」（p. 131）。

　春は開花の時期である。「創造的プロセスのなかで、春は心を開き、深く広い呼吸をし、自分の感情世界に耳を傾ける季節である。それは、懐胎の過程から湧き起こる創造的エネルギーと結びついた生々しい感覚が、情動や感情となって有機的に流れ込んでくる場所をつくる季節である。これは、冬に懐胎された創造的衝動との最初の接触——そして具体化——の段階である」（p. 131）。この時期はエロスやセクシュアリティがかかわるときであり、身体表現、感情の言語化、感情や情感に耳を傾けることを促進する身体的プラクティス、芸術表現（音楽、絵画、彫刻、造形芸術、詩、歌など）、仲間同士のグループワークなどが起こるときである。「春は精神の季節ではなく、心を信頼し、そのプロセスを無条件に支えていくときである」（p. 132）。

　夏は果実を収穫するときであり、ここで精神がはじめて積極的に参与し、知的洗練にかかわる。「学術のシステムのなかで、夏は、明晰さ、美しさ、優雅さ、正確さ、洗練さをもって考えを表現することに集中する季節である。また、自分の考えについて、ほかの人たちと対話をし、その内容と言語的・非言語的表現の両方に磨きをかけるときである」（p. 132）。夏は発表をとおして創造的プロジェクトを分かち合うときである。

　このように学術的な探究活動のなかでも、身体、生命、心、精神がそれぞれ対等に参与し、統合的に活動が展開されていく。フェレール等は「探究のプロセスに人間のすべての属性をはっきりとふくめると、教育はごく自然に、その本来の意味—— *edu-care* ＝〈内なる全体性を引きだす〉（ロン・ミラー）——にふたたび結びつくことになるだろう」（p. 142）と述べている。

　また、参与的アプローチには、身体、生命、心、精神、意識からなる人

間の諸次元に加えて、超越的かつ内在的な「神秘」とのかかわりもふくまれる。

　　人間がそのすべての属性の認識力に対して徐々に開かれていくにつれ、
　　人間は自分の創造的な能力を用いることをとおして、「神秘」の無限
　　な生成力がこの世界のなかに展開するのを促進していることに気づく
　　ことができる。人間の多次元的な認識は、孤立した知性にくらべて、
　　より忠実かつ完全な形で、この物理的現実の平面に「神秘」から新し
　　い意味が流れ込むようにする。そうして流れ込んだ意味は、世界認識
　　だけでなく、世界そのものを根底から変革するものとなる。世界はそ
　　のとき、独立した客観的性質をもつものとは感じられなくなり、関係
　　的で相互主観的なリアリティとなる。このリアリティは、認識行為に
　　ふくまれる人間の側の知のアプローチや様式に部分的に左右され、多
　　様な概念的および超概念的な仕方で立ちあらわれる。世界はいまや
　　「ヒエロファニー」（神聖顕現、エリアーデ）——霊的自己開示の神聖
　　なプロセス——として認識されるのである。それは歴史全体をつうじ
　　て起こっていることであり、そのなかで、身体をもつ人間は「神秘」
　　との密接な相互関係のなかに創造的に参与することができる。インテ
　　グラル教育に対する参与的アプローチの開発がもっとも重要な意味を
　　もつのは、このより広いスピリチュアルな文脈においてであり、この
　　文脈は新しい千年紀の教育の未来にとって決定的に重要なものになる
　　と、私たちは信じている。（p. 142）

人間の生はたえず、究極的リアリティである「神秘」に根ざしているので
あり、「神秘」が意識をはじめ、人間のさまざまな次元をとおして流入し
てくることによって真に創造的な過程が生じるのである。

（2）身心のつながり（Body-Mind Connections）

　教育の歴史をとおして、精神や理性や知性には最高の価値づけがなされ、

それに対して身体は劣位に置かれてきた。それは学校のカリキュラム編成にもあらわれている。論理数学的教科を頂点とするヒエラルキーのなかで、身体にかかわる体育やスポーツには必ずしも同等の位置が与えられているとは言えない。健全な身体が強調される場合でも、それは健全な精神を支えるためのものである。しかも、体育やスポーツは機械論的な身体観にもとづいて組み立てられている。しかし、生きた有機体において精神と身体は決して分離されえない。それは統合された全体である。ミラーは精神と身体のつながりを回復する「身体化」（embodiment）の取り組みとして、ボディワーク（ソマティクス）、マインドフルネス、ヨーガ、ムーブメント、ダンス、シュタイナー教育のオイリュトミー、ジャック＝ダルクローズのリトミック、ドラマ教育などをあげている（Hocking, Haskell, & Linds, 2001）。

　ボディワークのなかには、アレクサンダー・テクニークやフェルデンクライス・メソッド、センサリー・アウェアネスのようなものがふくまれるが、これらは治療的というよりも、むしろ教育的な技法である。トーマス・ハンナ（Thomas Louis Hanna, 1928–1990）はそれらを「ソマティック教育」（somatic education）と呼んでいる（Hanna, 1980）。各種のボディワークは今日では、身体心理学の諸方法を意味する「ソマティクス」（somatics）のなかに統合されている（久保, 2011; 久保, 日本ソマティック心理学協会, 2015; Marlock & Weiss, 2015）。ソマティクスとは、身体哲学者のハンナやドン・ハンロン・ジョンソン（Don Hanlon Johnson, 1934– ）によって提唱されたものである（Johnson, 1992, 1995）。ソマティクスにふくまれる方法の多くは、ヒューマニスティック心理学の実践のなかから生まれてきたものであり、ホリスティック教育と同じルーツをもっている。それゆえ、それらはホリスティック教育の中心的な方法としても用いることができる。ソマティクスは身心の結びつきをふまえ、とくに身体面への働きかけを中心に身心有機体の可能性を実現しようとする。

　さらに身体については、精神だけでなくスピリチュアリティとのつながりも重要である。フェレール（2012）はそれを「身体化されたスピリチュ

アリティ」（embodied spirituality）と呼んでいる。フェレールによれば、身体や生命エネルギー（本能）は決してスピリチュアリティの実現の妨げになるものではなく、「内在的な霊的生命」（immanent spiritual life）と結びついているのである。

　　精神と意識は超越的な霊的状態への自然な橋渡しになるのに対して、
　　身体とその原初的エネルギーは内在的な霊的生命への自然な橋渡しに
　　なる。内在的な生命は霊的な「プリマ・マテリア」（一次物質）であ
　　る。すなわち、そこではスピリチュアルなエネルギーが変容状態にあ
　　り、いまだ現実化しておらず、潜在性と可能性にあふれ、すべてのレ
　　ベルにわたる真の革新と創造性の源となっているのである。（Ferrer,
　　2017, p. 83）

　フェレールは、身体と生命エネルギーのなかに内在的なスピリチュアリティがあらわれるという。「生命的・原初的世界につながることによって、私たちは内在的な霊的生命の生成力により多くふれるようになる。簡潔に言えば、人間のすべての次元が霊的認識に積極的に参与すればするほど、スピリチュアルな生はいっそう創造的なものになる」（p. 85）。フェレールによれば、身体はそれ自体がスピリットのあらわれである。「身体化されたスピリチュアリティでは、人間の身体はスピリットが創造的に顕現した頂点であり、したがって、それに固有な霊的意味が流れだしているとみなされる」（p. 81）。重要なのは、物質的なものとスピリチュアルなものを対立的にとらえるのではなく、身体や生命次元をふくめた人間のすべての次元が、内在的および超越的な霊的源泉と共創造的に相互作用することである。フェレールはスピリチュアリティの多次元性について、つぎのように述べている。

　　究極的には、身体化されたスピリチュアリティが触媒的に作用して、
　　より完全な人間存在が立ちあらわれる——このような存在は、自分の

身体、大地、内在的な霊的生命に根ざしたまま、その属性のすべてが超越的な霊的エネルギーにつうじている。そして他者と連帯して、自己、共同体、世界の霊的変容にかかわる。要するに、完全な人間存在は「内なるスピリット」（spirit-within）にしっかりと根ざし、「超越的なスピリット」（spirit-beyond）に完全に開かれており、「あいだのスピリット」（spirit in-between）と交わり、変容をもたらすのである。（p. 89）

(3) 教科のつながり（Subject Connections）

　教科中心あるいは学問中心のカリキュラムでは、教科や学問の内容が細分化され、系統的に伝達される。これに対してホリスティック教育では、さまざまな形の教科統合カリキュラムが考えられる。ミラーはそれを「自己と教科のつながり」「教科間のつながり」「教科とコミュニティのつながり」という点からとらえている。

　「自己と教科のつながり」では、ホールランゲージの先駆者であるアシュトン・ワーナー（Sylvia Ashton-Warner, 1908–1984）の例をあげ、子どもの内的生活と結びついた「有機的な読み書き」の教育をとりあげている（Ashton-Warner, 1986）。子どもの内的生活と教科学習が結びつくとき、教科は無味乾燥なものではなく、より多くの意味をもつものになる。

　「教科間のつながり」には三つの段階が区別される。まず「多教科」（multidisciplinary）段階では、個々の教科の枠組みは残したまま、単元の内容にもとづいて教科横断的な取り組みがなされる。つぎに「相互教科」（interdisciplinary）段階では、特定のテーマを軸に複数の教科が統合される。これは総合学習や探究活動にあたるものである。最後に「超教科」（transdisciplinary）段階では、広範なテーマのもとに、ほとんどのすべての教科が統合される。ミラーはその例としてシュタイナー教育のエポック授業、スーザン・ドレイク（Susan M. Drake, 1944– ）が開発した「ストーリーモデル」をあげている（Drake, 1998）。

　「教科とコミュニティのつながり」は、教科学習が地域とのかかわりの

なかで展開されるような場合であり、つぎの
「コミュニティとのつながり」と重なる。

　ミラーはとくに言及していないが、ドラマ教
育は自己と教科のつながりをつくりだすことや、
教科間のつながりを生みだすこと、さらにはコ
ミュニティ形成に大いに役立つものである。ト
ロント大学オンタリオ教育研究所のデイヴィッ
ド・ブース（David Booth, 1938–2018）はドラ
マ教育の第一人者であり、ドラマ教育の観点か

デイヴィッド・ブース

らホリスティック教育にかかわってきた。ブースの仕事のなかで日本に紹
介されているのは『ストーリードラマ』（Booth, 1994, 邦訳, 新評論）のみ
であるが、そこにはホリスティック教育のすぐれた実践例がふくまれてい
る。ドラマ教育は、さまざまなドラマ的アクティビティを各教科の授業の
なかに適宜組み入れるものであり、アクティブ・ラーニングにおいて最適
なアプローチのひとつである。

(4) コミュニティとのつながり（Community Connections）

　コミュニティには以下の四つのレベルが区別される。学級、学校、地域、
そしてグローバル社会である。学級レベルでは、安心できる空間のなかで
グループ活動や協同学習をつうじて、クラスがひとつのコミュニティとな
る。ミラーはアメリカ先住民に伝わる、サークル（輪）になって話し合う
「カウンシル」（council）の方法を紹介している（Zimmerman & Coyle,
1996）。またカウンシルとの関連で、ミラーは、グループによる対立解決
法である「修復的司法」（restorative justice）をとりあげている。

　よく知られているように、心理学者のアルフレート・アドラー（Alfred
Adler, 1870–1937）は「共同体感覚」（Gemeinschaftsgefühl）を人間の健全
な発達の基本とみなし、子どもの不適切なライフスタイルを修正すること
のできる場所として学校を重視しているが、クラスは、子どもが共同体感
覚を育む場所として重要である。

学校もまたひとつのコミュニティであり、ミラーはランス・セクレタン（Lance H. K. Secretan, 1939– ）のいう三つの組織、すなわち機械的組織、カオス的組織、聖域的組織のうち、学校を「聖域」（sanctuary）とすることを提案している。

　　聖域では、人びとの思考だけでなく、感情が認められる。教師も生徒も、その環境によって魂が豊かに育まれているように感じるので、学校にいることを楽しみにする。この環境は、尊重、いたわり、敬意にみちたものである。人びとは人間として認められていると感じ、心の底から真剣に話すことができる。恐怖よりも愛が支配的である。何よりも、深いコミュニティの感覚がある。実際、聖域では、人びとはただ考えを伝えたり交換したりするだけでなく、たがいのあいだでコミュニオンを経験する。コミュニオンのなかでは、魂が魂にふれるのである。（Miller, 2019, p. 161）

　聖域は、愛とケアによって人びとが深く結びつく場所である。聖域はまた創造性を育む場所でもある。聖域をつくりだす処方箋はないとしながらも、ミラーはいくつかの条件をあげている。すなわち、言語化されない部分の重要性を認めること、学校や教室の美的環境に注意を払うこと、学校にまつわる物語を語ること、祝祭や儀式を取り入れること、真実と真正さを重視すること、人を育む声を表に出すことである。
　地域とのつながりには、地域におけるボランティア活動や奉仕活動など、さまざまなものがあり、サービス・ラーニングのように社会活動を学習と結びつけたものがある。そのなかで生徒のコミュニケーション能力、問題解決力、市民性などが養われる。
　グローバル教育は、生徒や学生がグローバル社会の一員であることの意識を高め、さまざまな活動にかかわる力を養うものである。ホリスティック教育はもともとグローバル教育と近い関係にある（浅野、セルビー、2002）。ミラーはトロント大学の同僚であったグローバル教育の第一人者

デイヴィッド・セルビー（David Selby, 1945–　）に言及して、つぎのように述べている。

> デイヴィッド・セルビーは、ホリスティック教育とグローバル教育が「根本的なつながり」（radical interconnectedness）の原理にもとづいていると述べている。根本的なつながりのなかでは、あらゆるものがたえず変化している。彼はデイヴィッド・ボームのいう「ホロムーブメント」（holomovement）という概念にふれ、それが、静的な事物や自己よりも、プロセスという点から生と世界を見る仕方であるとみなしている。セルビーによれば、ホリスティック教育とグローバル教育は、内面の旅（inner journey）の重要性を認めているという点で結びついており、彼はこの旅が外側の世界と密接に結びついていると考えている。（Miller, 2019, p. 166）

（5）地球とのつながり（Earth Connections）

　世界的に知られた神話学者のジョーゼフ・キャンベル（Joseph Campbell, 1904–1987）は、生前最後の仕事となったビル・モイヤーズとの対話『神話の力』のなかで、モイヤーズの問いかけに答えて、「今日有効な唯一の神話は、地 球に関する神話です――ですが、私たちはそのような神話をもっていません」（Campbell, 1991, p. 28）と述べ、「私たちが必要としている神話は、個人をローカルな集団ではなく、地球と同一化させるような神話です」（p. 30）と話している。それと同じように、ミラーによると「必要とされるのは、私たちがいかに深く地球の自然なプロセスに埋め込まれているかをめぐってなされるような環境教育である」（Miller, 2019, p. 175）。ミラーはつぎのように述べている。

> 地球とのつながりに取り組むとき目指されるべきは、シュヴァイツァーが「生命への畏敬」と呼んだものを浸透させていくことである。そうすると、私たちは次第に、あらゆるものが神聖であると気づくよ

うになる。地球とそこに住まうものたちを、新鮮な喜びとともに見はじめる。幼い子どもたちには、彼らの自然なセンス・オブ・ワンダーを刺激し育てるだけでよい。年長の生徒や大人には、私たちの機械的な世界のなかで失ってきた畏敬の念を呼び覚ますことである。(p. 187)

　自然とのつながりは、子どもの健康と成長にとって、その基盤となるものである。ミラーはリチャード・ルーヴ（Richard Louv）のいう「自然欠乏症」（nature-deficit disorder）にふれ、自然とのふれあいの必要性を強調している。ミラーは自然環境についての教育的な取り組みとして、デイヴィッド・オー（Orr, 1992, 1994）の提唱する環境教育、学校の庭づくり、環境志向の学校の取り組み、先住民文学などの環境文学の活用をあげている。

　さらにホリスティック教育にかかわりのあるものをあげれば、グレゴリー・カヘーテ（Gregory A. Cajete, 1952– ）の先住民教育論（Cajete, 2016）や、ホリスティックな環境思想家、教育家として知られるサティシュ・クマール（Satish Kumar, 1936– ）がイギリスに創設したシューマッハー・カレッジ（Schumacher College）のカリキュラム（辻, 2013）、環境思想家のトマス・ベリー（Thomas Berry, 1914–2009）が提唱したエコロジーと意識進化（宇宙の物語）にもとづく教育（Berry, 1988; ベリー, 2010）、さらにジョアンナ・メイシー（Joanna Rogers Macy, 1929– ）やショーン・ケリー（Sean M. Kelly, 1957– , カリフォルニア・インテグラル研究

上から、グレゴリー・カヘーテ、トマス・ベリー、ショーン・ケリー

所）たちが取り組んでいるインテグラル・エコ
ロジー（integral ecology）などがある（Kelly,
2010; メイシー & ジョンストン, 2015; Mickey,
Kelly, & Robbert, 2017）。

　ミラーは日本の元小学校校長、山之内義一郎
氏（1930– ）の教育実践を、環境志向の学校の
すぐれた実践例として、さまざまな著書のなか
でくり返しとりあげている。それは学校のなか
に森をつくり、子どもが「学校の森」をとおし
て自然にふれ、さまざまな学習を展開し、さら
に森が中心となり、学校と地域がつながるとい
う取り組みである（山之内, 2001; 日本ホリス
ティック教育協会, 今井, 佐川, 2007）。学校の森
は自然体験学習や環境教育に役立ち、子どもの
好奇心や探究心を学習に活かすことができる。
学校の森は気づきのレッスンを行なうには最適
の空間であり、ネイチャーゲームをはじめ、セ

上：サティシュ・クマール
下：山之内義一郎氏

ンサリー・アウェアネスやマインドフルネスなどを行なうことができる。
森のなかにいると、感覚の気づきが増し、いまここでの直接経験が生じる。
また自然体験を、絵、コラージュ、詩、散文、ムーブメント、ドラマ、音
楽といった媒体をとおして表現することによって創造性を高めることがで
きる。森をコミュニティ活動に生かし、祝祭や儀式と結びつけ、聖域とし
ての学校をつくりだすことができる。さらに森はケアや癒しの空間になる。
森は庇護する空間であり、そのなかに入ると、やすらぐことができ、スト
レス低減につながり、レジリエンスが高まる。森のなかで独りになり、何
もしない時間をもつと、他者の期待に応える必要がないため、ありのまま
の自分に立ち返ることができる。

　なお、わが国では、アメリカ先住民に学んだ松木正氏（1962– ）による
「マザーアース・エデュケーション」の取り組みが、地球だけでなくコ

ミュニティや魂とのつながりを実現するものとして注目される。

　地球とのつながりにおいても観想実践が重要な働きをする。サティシュ・クマールは「三つのS」、すなわち、土（Soil）、魂（Soul）、社会（Society）をすべて育むことの必要性を強調している（Kumar, 2017）。土（自然）や社会の問題解決には、自然や社会だけでなく自己への取り組みもまた必要なのである。クマールは『バガヴァッド・ギーター』のなかにある三つの概念、土を育てることを意味するヤグナ、社会を育てることを意味するダーナ、自己を育てることを意味するタパスから、三つのSを導きだしている。

　　　自然と社会と自己を育むというこの三位一体は、大いに私の思索の糧になった。それ以来、それは私のなかにとどまり、私の思想と行動の土台になっている。私はこの三位一体を「土、魂、社会」（Soil, Soul and Society）と名づけた。……私が「エコロジーの時代」と呼ぶ時代において「土、魂、社会」は、真にホリスティックな考え方を鼓舞することができる。それは、自然と人間とスピリチュアリティを結びつけることができる。（Kumar, 2002, p. 75）

　クマールが言うように、自然と自己と社会の問題は不可分に結びついている。自然をたんなる資源として搾取する資本主義的な体制は、個人のなかに自我の欲望として内面化されており、欲望への取り組みを欠いては、消費社会の生活様式や価値観の変革をふくむ持続可能な社会の実現にはいたらない。したがって、観想実践をとおした個人の内的変容は、個人の内面で社会変革に取り組んでいるということであり、こうした内的変容が社会の変革と結びつけられなくてはならない。

　私たちには過剰な所有や消費に向けられた自我の欲望に気づき、欲望への執着を手放すことが求められる。ここでは、欲望を抱かないように抑圧することではなく、自分に生じた欲望をよく観察し、それに無自覚に同一化しないことが重要である。無自覚に同一化するなら、欲望に支配される

ことになるが、欲望を見ることができれば、欲望を手放すことがしやすくなる。熊倉敬聡氏はこうした文脈における瞑想の働きについて、つぎのように述べている。

> 瞑想は、何よりも、脱―執着の技術である。心を、「今ここ」から逸らす記号や情報、渇望や嫌悪への執着から、解き放ち、「ありのまま」に生きる幸福の追求へと導く行である。それは、資本主義という文脈にあって、とりわけ"脱"資本主義的な実践・思想たりうる。（熊倉, 2012, p. 10）

　マインドフルネスは自我の欲望を見つめる訓練になる。欲望に気づくことによって、欲望から距離を置き、欲望を抑圧することなく、それが流れゆくままに手放すことができるなら、結果的に欲望を減少させることができる。

　ミラーがホリスティック教育の基本原則で述べているように、今日の環境教育や「持続可能な開発のための教育」（ESD: Education for Sustainable Development）は、マインドフルネスをはじめとする観想実践を取り入れ、リアリティのつながりや宇宙の神秘的統一を実感し、それにもとづいて地球にかかわる価値観や社会行動が生まれてくるようなものでなくてはならない（秋田市立商業高等学校ビジネス実践・ユネスコスクール班, 2013）。たしかに地球とのつながりは、エコロジーの学習をとおして知的に理解することができるが、それはいまだ自然環境を対象化したものであり、それによってリアリティのつながりや、ティク・ナット・ハンのいう「相互存在」（interbeing）が実現されるわけではない（Nhat Hanh, 1988）。しかし、観想をつうじてなら、自然との神秘的統一というスピリチュアルな認識が生じ、そのような自覚のもとで、地球に対してコンパッションを伴った行動を起こすことが可能になる。マインドフルネスは決して自己の内側に閉ざされたナルシシズム的行為ではなく、反対に自己を透明にし、より完全に世界に開かれた存在にするものである。

これに関連してふれておくと、地球とのつながりは、人間の内なる自然、すなわち身体や感情とのつながりを映し出している。地球の抑圧や搾取は、私たちの内なる自然である身体や感情の抑圧と結びついており、身体や感情を解放していくことが地球へのかかわり方にも影響する。身体心理療法^{ボディサイコセラピー}の大家であるアレクサンダー・ローエン（Alexander Lowen, 1910–2008）は（彼の開発したバイオエナジェティックスという療法をとおして）身体や感情エネルギーの流れを回復すると、人は「身体とひとつになり、その身体をとおして全生命、宇宙とひとつになる」（Lowen, 1973, p. 318）と述べている。

　また、さきにあげた「身体化されたスピリチュアリティ」の議論は、自然をふくめた世界全体とのかかわりにおいても重要な意味をもっている。フェレールはつぎのように述べている。

　　身体が自分の家として感じられるとき、自然界も自分の故郷として回復される。このように身体と自然へ二重に根づくと、その根本において、現代的自己における自然からの疎外が癒されるだけでなく、霊性面の疎外が克服される。こうした疎外は――しばしば「漂う不安」としてあらわれるものだが――阻止された不完全な身体化（受肉）という、今日広く見られる人間の状況にとって固有なものである。言いかえると、物理的世界を現実として認識し、そして内在的な霊的生命にふれることによって、完全な人間は自然を「神秘」の有機的具体化として見てとるのである。物理的環境を「神秘」の身体として感じることは、生態系に根ざしたスピリチュアルな生にとって重要な資源となる。（Ferrer, 2017, p. 87）

自然は、スピリットが具体化した現実、すなわち「神秘」の身体にほかならないのである。

（6）魂とのつながり（Soul Connections）

　イエスの言葉にもあるように、たとえ世界のすべてを得たとしても自己
の魂を見失うなら、いったい何を得たと言えるのか（「人は、たとえ全世
界を手に入れても、自分の命を失ったら、何の得があろうか。」新共同訳
「マタイによる福音書」16.26）。20 世紀に発見されたナグ・ハマディ文書
にふくまれている『トマスによる福音書』（古代グノーシス主義による語
録とみなされている）には、同様の意味で、つぎのような一節がある。

　　　イエスが言った、「あなたがたがあなたがたの中にそれを生み出すな
　　　らば、あなたがたの持っているものが、あなたがたを救うであろう。
　　　あなたがたがあなたがたの中にそれを持たないならば、あなたがたが
　　　あなたがたの中に持っていないものが、あなたがたを殺す〔であろ
　　　う〕。（荒井, 1994, p. 233）

　ホリスティック教育を一言で言うとすれば、古い格言にあるように「汝
自身を知れ」ということにつきる。しかし、キルケゴールが『死にいたる
病』（1849 年）のなかで述べているように、日常の世界では自己とのつな
がりが重視されるというようなことはほとんどない。

　　　世間の人は、自己というようなもので大騒ぎなどしない、なぜかと
　　　いって、自己などというものは、世間ではいちばん問題にされないも
　　　のであり、それをもっていることに気づかされることが何よりも危険
　　　なことであるようなものなのだからである。自己自身を失うという最
　　　大の危険が、世間では、まるで何でもないことのように、いとも平静
　　　におこなわれているのである。（キルケゴール, 1996, pp. 63–64）

　これを教育の文脈で言いかえるなら、たとえ人がさまざまな能力を獲得
し、知識と経験をたくわえ、すぐれた社会性を身につけたとしても、それ
らはすべて表層的な人格次元（外なる人）にとどまっていると言える。教

育は才能や能力の全面発達や人格形成を重視しがちだが、重要なのは、人格面が深層の魂（内なる人）と結びついて発達することである。もし魂との結びつきが欠けるなら、いくら才能が発揮されようと、それは断片的なままである。ホリスティック教育では人間の多次元性が重視されるが、それはつねに魂の探究と結びつけられなくてはならない。

　ミラーは魂を「人生に意味と目的を与える生命的で神秘的なエネルギー」（Miller, 2019, p. 191）と定義している。ミラーは『教育と魂』（Miller, 1999）のなかで、魂に根ざした教育の全体像を描きだしている。そのうち「内面のためのカリキュラム」には、ストーリーテリング、瞑想、ドリームワークがふくまれており、ほかにも文学やジャーナル・ライティングが魂とのつながりを深めるものとしてあげられている。瞑想は古代から伝わる自己探究の技法であり、ミラー以前にも教育に瞑想を取り入れようとする動きはあったが、ミラーほどその多面的な意義をとらえ、カリキュラムのなかに体系的に導入しようとした人はほかにあまり見当たらない。

　なお、魂とのつながりに関しては、『神秘主義の人間学』（法藏館）をはじめ、稀有な神秘思想家である可藤豊文氏（1944– ）の一連の著作（1995, 2001 ほか）が参考になる。

　以上、ミラーが提唱しているホリスティック教育のカリキュラムを概観したが、そこには広がりと深みの両方がある。こうしたカリキュラム論はすぐれた地図として利用することができ、個別の実践を全体のなかに位置づけたり、他の実践と組み合わせたりすることができる。ミラーは教育にとって重要とみなされる六つのつながりをとりあげているが、これらは有機的に結びつくものである。それぞれのつながりは、つながりあうリアリティの一面をあらわしており、私たちはそれぞれの領域をとおして、より根源的なつながりにいたることができる。

5　エクイノックスの取り組み

　トロントの教育委員会はこれまでオルタナティブ校を公立学校としてい

くつも開設しているが、2009年に公立初となるホリスティック教育校として「ホール・チャイルド・スクール」——のちに「エクイノックス・ホリスティック・オルタナティブ・スクール」（Equinox Holistic Alternative School）と改称——が開校された。2013年にエクイノックスが発表した資料によると、教師は12名、児童は210名であり、入学待機者が出るほど人気が高いという（Equinox Holistic Public School, 2013）。

　この学校の開校に合わせて、ミラーは2010年に『ホール・チャイルド教育』（Miller, 2010）を刊行し、この学校のための基本的な枠組みを描いている。「ホール・チャイルド」とは、身体、感情、精神、魂をふくむ子どもの全体、すなわち、身体的・感情的・認知的な面に加え、スピリチュアルな面をふくむ全体を指している。また人間は多様なつながりのなかに生きており、つながりの形成がカリキュラムの原理になる。ここでも六つのつながり、すなわち、直観とのつながり、身心のつながり、教科のつながり、コミュニティとのつながり、地球とのつながり、魂とのつながりが「ホール・カリキュラム」を構成する。「ホール・ティーチング」は、伝達、交流、変容の三様式をふくんでいる。さらに学校は「愛にみちたコミュニティ」（beloved community, キング牧師）としての「ホール・スクール」であり、教師は、子どもがホール・チャイルドであるのと同様に、身体、感情、精神、魂を備えた「ホール・ティーチャー」である。

　エクイノックスは実際にはシュタイナー学校の要素を多く取り入れている。時間割を見ても、一時間目には「モーニング・セッション」というエポック授業に相当する時間が毎日1時間とられている。エクイノックスの最大の特色は、毎日のようにアウトドア

ローデン・パブリック・スクール（トロント）エクイノックスはこの公立小学校内に併設されている

で活動する時間をとり、毎週のように校外に出かけ、市内の各所を自然観察などの教材として活用していることである。モーニング・セッションも戸外で行なわれ、みんなで輪になるオープニング・サークルの場で、歌、詩の朗詠、物語、ダンス、ヨーガ、瞑想などが行なわれる。

戸外で行なわれるモーニング・セッションの様子

　エクイノックスでは、教育実践を構成する「基本要素」として以下のものがあげられている。アカデミック・スキルを現実生活に結びつけること、野外・環境教育、自然学習や野外学習をとおした科学的探究、探究による活動プロジェクト、教科統合、アート（芸術）の統合、語りやストーリーテリング、学習の統合的文脈としての環境、活動的市民を育成するための変容的教育、マインドフルネス、ヨーガ、気功、イメージワーク、子どもを支援するメンター制度、レイチェル・ケスラーが提唱した「魂の教育」（第1章参照）、子どもの発達に即したアプローチ、コミュニティ形成（四季をとおした多くの儀式や催しなど）。そして学習活動の中心には、テーマ学習である「ホリスティックな統合的プロジェクト」が置かれている。

　授業のなかでよく用いられる方法としては、つぎのような「コア・ルーティーン」と呼ばれるものがある。アクション・サービス・ラーニング（地域の問題をとりあげる）、修復的司法（対立解決法）、サークル（輪になって話す）、ジャーナル・ライティング、PINE（環境教育団体による授業）、坐る所を見つける（一人になって静かにすごす）、レジリエンス、サバイバル・リビング、ボディマインド・プラクティス（フォーカシング、瞑想、イメージワーク、気功、ヨーガ、ブレインジム）、マッピング（地域、場所を知る）、知識形成サークル（子ども同士による知識収集）、オーセンティック・アセスメント（ポートフォリオ、自己評価、相互評価）、

教師のための学びの共同体、ピア・メンターシップ（異学年の生徒の共同作業）、子どものパッションとゲーム（子どもが情熱をもつものを探す）、ハンドワーク（クラフト）、毎週のように市内全域で行なわれるフィールド・トリップ、毎月のように行なわれる儀式や通過儀礼。

「ホール・ティーチング」は伝達、交流、変容の三つのレベルからなるが、エクイノックスでは環境学習を中心とする探究活動を重視しており、交流レベルの学習が多く行なわれている。さらに変容レベルの活動として、魂の教育、マインドフルネス、坐る場所、ボディマインド・プラクティス、儀式や通過儀礼、ジャーナル・ライティング、アートなどの観想実践が取り入れられており、スピリチュアリティを育む活動が教育実践のなかに埋め込まれている。

エクイノックスは、ミラーが提唱した六つのつながりを「ホール・カリキュラム」の柱としているが、直観とのつながりは探究活動のなかで養われている。身心のつながりでは、ヨーガやマインドフルネスが導入されている。芸術をとおして教科をつなぐ統合学習が行なわれる。コミュニティとのつながりについては、いろいろな儀式が行なわれる。たとえば、メキシコの風習にならって「死者の日」には、子どもは家族の伝記を書いて持ち寄り、メキシコの食べ物と音楽を楽しみ、伝記がみんなの前で読まれる。エクイノックスでは毎朝、戸外でサークルがもたれ、瞑想、ヨーガ、気功といった活動が行なわれ、きずなづくりに役立てられる。コミュニティとのつながりは、この学校におけるホリスティック教育の成功に大きく寄与している。またエクイノックスは、野外学習をつうじて地球とのつながりに関する取り組みに力を入れている。そして魂とのつながりは観想実践によって培われる。なお、ミラーは『ホリスティック・カリキュラム』第3版のなかで、六つのつながりに関するエクイノックスの取り組みをとりあげて論じている。

エクイノックスでは「ホリスティックな統合的プロジェクト・アプローチ」というテーマ学習が行なわれる。これまでテーマとして選ばれたのは、1–2年生では「ポンド・プロジェクト」（池、湿地）、「世界の物語」（1年

生、民話、おとぎ話、2年生、賢者、トリックスター）、「地域マッピング」（花、木、ランドマーク）、「算数の旅」、「真夏の夜の夢プロジェクト」（演劇）、3年生では「初期定住者プロジェクト」（先住民、初期の移民）、「世界の創世神話」、「庭づくり、畑づくりプロジェクト」、「建物プロジェクト」、4年生では「サケに敬意を」、5年生では「計測オリンピック」、6年生では「生態系マッピング」、「学年末トリップ」である。これらのテーマの一部はシュタイナー教育からとられていることがわかる。このようにテーマに即した探究学習（inquiry-based learning）が中心になり、それを補うように、さまざまな教科学習が配置されている。自分からものごとを調べ、自由な発想をし、解決法を見つけだすことのできる創造的人間の育成がはかられているのである。

　ミラーは、この学校の教師、親、児童（各9人）にインタビュー調査を行ない、2015年時点での調査結果を、2016年に「エクイノックス──ホリスティック・スクールのポートレート」として公表している。この調査報告は最初『子どものスピリチュアリティ国際ジャーナル』に発表されたのち、『ホリスティック教育と身体化された学習』（Miller & Nigh, 2017）などに再録されている。調査で問われたのは、ホリスティック教育のヴィジョンがこの学校でどの程度実現されているのか、どのような取り組みがなされているのか、どのような課題があるのかといった点である。調査の結果、ホリスティック教育の概念については大まかなコンセンサスが見られ、ホリスティック教育のヴィジョンの実現については、親たちが期待以上のものだと称賛し、教師もその実感を得ていることがうかがわれる。

　ミラーがまとめたインタビュー報告を見ると、エクイノックスでは、子どもが個人として尊重され、一人ひとりの子どもにきめ細やかなケアがなされていることがわかる。教師にも大きな自由が与えられている。子ども、親、教師のあいだで、たがいへの尊敬の気持ちが見られ、教師たちはこの学校にいることに深く感謝している。エクイノックスの成功によって、すでに他の学校でも、サークル、瞑想、自然学習、芸術活動、家庭的な環境などが採用されているという。

　エクイノックスが抱える課題としては、ホリスティック教育に理解のない教師や新しい教師がくると、ホリスティック教育について学んでもらう必要があり、その時間が足りないということ、ホリスティック教育を支援しない校長がやってくるとどうなるかわからないということ（リーダーシップの問題）である。その他の課題は、戸外の活動を重視しているにもかかわらず、窓も開かないようなコンクリートの校舎に入っていること、ひときわ要求の多い親がいること、児童がいまだ白人に偏っていることである。最後にミラーがエクイノックスは他校のモデルになるかと尋ねたところ、親たちは全員それに確信をもって同意している。ミラーは、エクイノックスが身心にしみ込むホール・チャイルド教育を行なっており、子どもだけでなく、親も教師も幸せに感じていると述べ、最後に「究極的に教育は、全体的な人間が発達することにかかわる必要がある。エクイノックスは、このような教育をなしとげることに向けて大きな一歩を踏みだした」（Miller, 2017, p. 148）と述べ、この報告を締めくくっている。これまでホリスティック教育を推し進めてきたミラーにとって、そのヴィジョンにもとづく学校が登場したということは計り知れない意味をもつと言えよう。

6　教師のプレゼンス

　ミラーにとってホリスティック・カリキュラムはホリスティック教育のひとつの柱であるが、それと並んで重要なのは、教育者や教師のあり方であり、教師の自己変容である。

ホリスティックな教師
　ミラーは教師論の分野でも、『共感する教師』（Miller, 1981）、『ホリスティックな教師』（Miller, 1993a）、『観想的実践者』（Miller, 1994, 2014）といった著書をあらわしている。『ホリスティックな教師』の序文では、こう述べられている。

……エマソンが「プレゼンス」（presence）と呼んだものがホリス
ティック教育にとってきわめて重要である。究極的には、ホリス
ティック教育は政策提言や教授技法から生まれるものではなく、エマ
ソンが私たちの「深み」や「プレゼンス」と呼んでいるものから生ま
れる。このとらえどころのない「深み」という言葉は、私たちの中心、
心〔ハート〕、存在、「自己」、魂とも呼ばれてきた。（Miller, 1993a, pp. vii–viii）

また、つぎのようにも述べている。

　もちろん教育省の政策提言がホリスティック教育の実現を確かなもの
にするのではない。最終的に、ホリスティック教育は、教師がホリス
ティックなあり方（holism）を個人的に身につけることから生まれる。
「私たち自身（what we are）を、私たちは教えている」というエマソ
ンの見解がホリスティック教育の根本にある。（pp. 3–4）

　ホリスティック教育は、ホリスティックな教育思想や教育方法によって、
そのすべてが語られるようなものではなく、また教師が理論や方法に精通
しているからといって実現されるものでもない。そこには一人ひとりの教
師のプレゼンス、すなわち存在のあり方が深くかかわっている。言いかえ
ると、教師が深層の「自己」にふれ、より全体的な存在となり、自己にも
とづいて教えられるようになることが求められる。

　再度、強調しておきたいが、手法や技術が役立つとはいえ、ホリス
ティック教育は一定の技法やカリキュラム案に還元されるものではな
い。何よりも教師が教育活動のなかにもち込む意識が決定的に重要で
ある。くり返しになるが、最終的には「自己」にもとづいて教えるこ
とが、どんな方策を用いるかよりも重要である。（p. 95）

「自己」にもとづく教師

　ミラーは教師のあり方を二つのレベルでとらえている。ひとつは表層的な自我にもとづくもので、もうひとつは深層の自己（魂）にもとづくあり方である。自我にもとづく教師というのは、教師という社会的役割を果たし、児童生徒や学生に知識や規範を教える存在である。通常の教育の大半はこの自我レベルで行なわれている。しかし、それは自己のレベルから見れば、教師と生徒が表層で交流していることにほかならない。これに対し自己は人間存在の深みをあらわしている。自己にもとづく教師は、一人ひとりの生徒や学生と深いレベルで出会い、つながることになる。

　　　私たちの自我は、自分をほかの人から分離した存在として見ていて、しばしば他者と果てしなく競いあう。しかし、「自己」には争いはない。というのも、他者やあらゆる生命との深いつながりを感じとっているからである。分離というものが、根底にある一体性からすれば幻想にすぎないということに「自己」は気づいている。(p. 16)

　教師が自己にふれ、他者と深いつながりがあるとき、思いやり（コンパッション）が生まれてくる。自我にもとづいていると、教育的関係が自我の演ずるゲームになるのに対して、自己と自己のあいだに深いつながりが生まれると、相手に波長を合わせ、共感することができるようになる。ミラーはホリスティックな教師の特質として、本来の自己に根ざした「本来性」（authenticity）と「コンパッション」をあげている。「私たちが共感的で、本来的であるとき、他者の核心である〈自己〉を見ることができる。このとき私たちは、核心と核心で他者にかかわることができる」(p. 40)。

　しかし、教師はまず「自己」を知らなくてはならない。その意味でホリスティック教育は、一人ひとりの教師の内なる変容から始まるものである。

　　　ホリスティック教育の源は古代ギリシアの格言「汝自身を知れ」にまで遡る。これは外から自分を眺めることではなく、自分の信念や行動

様式に気づくということである。そしてさらに内面へと旅をすすめ、「自己」を見いだすということである。(p. 22)

　ミラーは、教師が自己変容をはかるのに役立つ方法として、瞑想、イメージワーク、ソマティクスなどの観想実践をあげている。教師が自己探究を心がけ、その存在に深みがましてくるにつれ、教師に出会う生徒や学生も自分の深みに気づいていくことができる。このようにして教師のプレゼンスが教育に深みと全体性をもたらすのである。

観想的実践家としての教師

　ミラーの「ホリスティックな教師」という考えは、その後、ほかの分野の実践家もふくめて「観想的実践家」(contemplative practitioner) という概念のなかで深められ、『観想的実践家』(Miller, 1994, 2014) のなかでくわしく論じられた。観想的実践家は、ドナルド・ショーン (Donald Alan Schön, 1930–1997) が提唱した「内省的実践家」(reflective practitioner) という概念を深化させたものである。「ショーンの研究はきわめて価値のあるものだが、内省的実践家を超えた別のレベル、人がそこで自分の実践を〈生きる〉ことのできるレベルがあると思われる。それは観想的実践家というレベルである」(Miller, 2014, p. 19)。

　ショーンによれば、現代の専門的職業は実証主義にもとづく「技術的合理性」(technical rationality) に席巻されているという。「〈技術的合理性〉のモデルに従えば……専門的な活動は、科学理論や技術を適用することによって厳密になされる道具的問題解決ということになる」(Schön, 1983, p. 21)。しかしながら、実際にはこうした科学的手法は実践のなかで厳密に機能することはない。実践は複雑な様相を呈しており、しばしば不安定で、混乱した状況に見舞われる。そうした不透明な状況においては科学的手法を厳密に適用することは困難であり、むしろ個々の実践家たちは自分たちの技 (art) をとおして問題に対処する。そこでショーンは実践のなかで働いている二つの思考形態に注目する。ひとつは「活動のなかの知」

（knowing-in-action）であり、もうひとつは「活動のなかの内省」（reflec-
tion-in-action）である。「活動のなかの知」は、実践家たちが長年の経験か
ら体得した実践知であり、暗黙のうちに働き、的確な判断や技能遂行を導
いて実践を可能にしているものである。これに対して「活動のなかの内
省」は、活動の進行を妨げるような問題が生じ、実践家が自分の理解や見
方に内省を迫られるときに起こる創造的思考である。内省は既存の理解を
更新することによって、新しい見方や理論や方法を創造的に生みだし、困
難をのり越えていく実践的能力である。
　ミラーはショーンのいう内省を高く評価しつつも、内省とは別次元の経
験が必要であるという。

　　明らかに私たちは、感覚的経験や内省すらも超えた別のレベルの経験
　　について語っている。このレベルでは、私たちはより大きなリアリ
　　ティ（たとえば、タオ、ユングのいう集合無意識、ボームのいう内蔵
　　秩序）とつながる。それは、経験論者のいう客観的現実という考え方
　　や、関与や内省を要する個人的意味構成にもとづく個人的知識という
　　考え方とは大きく異なっている。このレベル、すなわち観想的実践家
　　はさまざまな形の観想をとおして実現される。（Miller, 2014, p. 23）

　人間の経験には三つのレベルがあり、第一に、感覚器官によって知覚さ
れる客観的現実（物質的世界）のレベル、すなわち技術的合理性のレベル、
第二に、個人的知識によって構成される意味的世界のレベル、すなわち内
省的実践のレベルがあり、これらに加えて、第三に観想実践のレベルがあ
る。内省と観想について、ミラーはつぎのように述べている。

　　観想とは、私たちが観察しているものと私たちがひとつになる非二元
　　的経験（non-dualistic experience）と考えられる。たとえば、内省のな
　　かで私たちは何かについて考えるが、観想のなかでは、対象と溶け合
　　う。（p. 5）

内省は精神（マインド）による思考活動であるのに対して、ミラーのいう観想は、精神が静まるときに生じる純粋な気づき（観照）である。しかし、これは内省を軽視してよいということではない。

> 私たちは内省と観想を両方とも必要としている。二つのプロセスは相補的である。観想は直接的で無媒介的な経験を開くが、内省は経験の分析と理解をふくむ。観想的実践家は内省と観想の両方を行ない、適宜、一方から他方へと移動する。(p. 28)

ミラーは観想実践を教師の自己教育に取り入れる理由として以下の三点をあげている。まず、ホリスティック教育では教師のプレゼンスが教育理論や方法よりも重要であり、観想実践はプレゼンスを高めることにかかわる。第二に、観想実践は、自分自身に学ぶという自己学習であり、自分の直観をより信頼できるようになる。第三に、観想実践は日常のストレスに対処するのに有効な方法である（pp. 139–141）。

ミラーは 1988 年以降、講義のなかに観想実践を取り入れている。彼の講義では八種類の瞑想（呼吸の観察、数息観、ボディスキャン、マントラ、イメージワーク、歩く瞑想、詩や原典の一節についての観想、ラビングカインドネス）が紹介され、大学院生（大半は現職教師）はどれかひとつを選んで、6 週間それをつづけ、ジャーナルに書いて提出することになっている。ミラーはとくにラビングカインドネスを好み、この瞑想は毎回授業のなかで行なわれる。学生のジャーナルに書かれているのは、自分独りになることを楽しめること、聴く力が増すこと、エネルギーが高まること、状況に反応しなくなり、静けさや明晰さを経験することなどである。ミラーは野沢綾子氏とともに、過去の受講者を対象にして追跡調査を行なっている（Miller, 2012, 2014; Miller & Nozawa, 2005; Nozawa, 2009）。その結果、彼らが職場でも私生活でも穏やかになり、すぐに反応しなくなり、関係性が改善されたことがわかり、観想実践の長期的な効果が確認された。

ミラーはみずからの授業について、つぎのように述べている。彼はまず

学生が観想実践に近づきやすいように、それを取り入れる理由を説明し、みずからの実践についても紹介する。学生は自分が取り組む方法を自分なりにアレンジしてもよいが、実践結果に対して過度な期待をもつことなく、毎回そこで起こることを探究するようにと励まされる。学生は、実践が正しくできているかどうかと批判的に見ることを手放し、頭に浮かんでくる想念をやりすごし、気づきの瞬間が訪れることを喜ぶようにする。教師は忍耐が求められる仕事であるが、観想実践をつづけると、自動的に反応することが減り、より多くの忍耐が可能になる。というのも、さまざまな感情や思考が起こっても、それらを変えようとすることなく、それらとともにあることができるようになるからである。

　観想実践の中心は注意力（気づき）の訓練であり、最初は特定の対象への注意から始まり、つぎに日常生活へと注意を広げ、最後には注意が持続的な状態となるところまで進んでいく。注意することができるようになると、教師はいまここに存在することができるようになる。教師の注意や気づきが増すと、生徒への共感も高まる。人類や地球環境や宇宙との強いつながりが感じられることもある。そして観想実践をつうじて、生の本質に対する智慧を深めることができる。ミラーはつぎのように述べている。

　　私が確信しているのは、智慧はさまざまな身心の実践に取り組んでいる教師から生まれるということである。こうした実践をすると、教師はただ頭だけで教えることから離れ、その全存在によって教えることへと移っていく。この全体性をとおして智慧は学校や教室のなかにあらわれてくる。（Miller, 2014, p. 156）

7　2000 年以降のミラーの著作活動

『ホリスティック教育』（春秋社）、『ホリスティックな教師たち』（学研）につづき、2010 年に刊行された『魂にみちた教育』（晃洋書房）を最

後に、ミラーの著作はそれ以降ひとつも日本に紹介されていない。『魂にみちた教育』は魂を中心概念とし、スピリチュアリティの観点からホリスティック教育を論じたものである。この本はジェイムズ・ヒルマンやトマス・ムーアの「魂の心理学」に触発されながら、魂の教育を描きだしている。この本では、生に意味と活力をもたらす深層次元として魂をとらえ、魂を教育のなかに呼びもどす方策が述べられている。授業に魂を取り入れるためのカリキュラム、シュタイナー教育をモデルにした芸術活動、アメリカ先住民の知恵に根ざす地球教育などがとりあげられているほか、魂にみちた学校組織や教師のあり方が論じられている。魂に焦点を合わせることによって、スピリチュアリティを超越的で宗教的なものとしてではなく、むしろ生きる意味や活力に直接かかわる実存の核心としてとらえることができるようになる。また、魂は日常の仕事や愛にみちた関係のなかにあらわれてくる。

　『魂にみちた教育』の原著『教育と魂』は1999年刊であるが、その後もミラーは数多くの著作を出し、ホリスティック教育の理論を更新しつづけ、ホリスティック教育の発展に大きく貢献している。ミラーの主たる関心は、世界の叡智の伝統（永遠の哲学）に見られる瞑想と愛の教えを教育に導入することである。『智慧と慈悲のための教育』（Miller, 2006）は智慧と慈悲という仏教的概念をタイトルにしているが、これは瞑想と愛の道をふまえたものである。この本のなかでは、永遠の哲学にもとづく「永遠の学び」（timeless learning）が提唱されており、具体例としてシュタイナーやモンテッソーリに加えて、クリシュナムルティの教育がとりあげられている。

　2007年には『ホリスティック・カリキュラム』の第2版が出され、初版および改訂版の内容が拡大されている。すでに述べたように2010年刊の『ホール・チャイルド教育』には、エクイノックス校で用いられているホリスティック教育の原理が示されている。『超越主義の学び』（Miller, 2011）では、オルコット（Amos Bronson Alcott, 1799–1888）、エマソン、ピーボディー（Elizabeth Palmer Peabody, 1804–1894）、フラー（Margaret Fuller, 1810–1850）、ソロー（Henry David Thoreau, 1817–1862）といったア

メリカの超越主義者たちのなかに、ホリスティック教育のルーツが求められている。ミラーは序文のなかで「教育家として私が、ソロー、エマソン、オルコット、フラー、ピーボディーについて読み、学んでいくにつれ、彼らが今日〈ホリスティック〉と呼ばれる教育のヴィジョンを抱いていたことがわかった」(p. xi)と述べている。ミラーはさまざまな思想を統合してホリスティック教育をつくりあげたが、彼のなかでアメリカの先人たちは大きな位置を占めていると言える。

　観想に関しては 2014 年に『観想的実践家』の第 2 版が刊行されたが、1994 年の初版以降に起こったマインドフルネスや観想教育の急速な発展をふまえて大幅な改訂がなされている。この第 2 版では、観想の説明、観想実践の紹介、ブッダからアウンサン・スーチーにいたる観想家たちの評伝に加えて、エックハルト・トール（Eckhart Tolle）のような最近の論者への言及があり、「社会における観想的マインド・センター」やギャリソン研究所の活動、ブータンでの取り組みなどが紹介されている。さらに、ビジネス、司法、スポーツ、教育における動向がとりあげられ、最後にミラー自身のこれまでの取り組みが述べられている。

　そして 2018 年には愛をテーマとする『愛と慈悲』(Miller, 2018) が刊行されている。『愛と慈悲』は、ミラーが長年あたためてきたテーマをとりあげたものである。ミラーは「私の領域はホリスティック教育であり、慈悲は、智慧、幸福（ウェルビーイング）、全体性、生きる目的の感覚と並んで、その中心的目標のひとつである」(p. 5) と述べている。この本のなかでは、さまざまな形の愛がとりあげられる。すなわち、自分への愛、個人的な愛、公正無私な愛（慈悲）、学びへの愛、美の愛、非暴力的行為としての愛、プレゼンスとしての愛、エロスあるいは普遍的な愛である。愛は多次元的であり、さまざまな形がある。少しだけ説明しておくと、「自分への愛」は、自分の身体、直観、経験を信頼するということであり、自分への疑いを超えて、身体と自分の全存在にふたたび住まうということである。「個人的な愛」はロマンスや友情のことである。ミラーはここに日本の「縁」の話を入れている。「公正無私な愛」（慈悲、コンパッショ

107

ン）では、トロントから広まったメアリー・ゴードンの「ルーツ・オブ・エンパシー」の運動、ラビングカインドネス瞑想、カレン・アームストロングによる「慈悲の憲章」などがとりあげられている。「学びへの愛」では好奇心の大切さが論じられている。「美の愛」は芸術に見られるが、自然のなかで美の愛が育まれるという点が指摘され、さらにシュタイナー教育がとりあげられている。「非暴力的行為としての愛」はガンディーやキング牧師に代表されるものだが、ミラーは歴史のなかからさまざまな例をあげ、非暴力が未来に向けて重要であることを強調している。

　プレゼンスとは、人がいまここで真に全体としてあるということである。「プレゼンスとしての愛」は他者の癒しにもなり、教育のなかで重要なものである。「プレゼンスは、教えることのなかで決定的に重要である。生徒に対してプレゼンスをもって接することのできる教師は、本当の学びが生まれる環境をつくりだす」（p. 86）とミラーは述べ、プレゼンスを高める実践としてマインドフルネスをあげている。「エロス」は、宇宙を調和に導く力である。ミラーは臨死体験者における愛への目覚めや、ティヤール・ド・シャルダンの愛の思想に言及している。最後に付録「ジャックの旅」では、70代半ばをむかえたミラーがこれまでの人生をふり返っている。ミラーはその最後の一文を「若い人たちに教え、かかわることは私の人生にたえず大きな喜びをもたらしてくれる。これがつづくかぎり、退職する理由などどこにもない」（p. 133）と締めくくり、今後の活動にも意欲をみせている。そして2019年には主著『ホリスティック・カリキュラム』の第3版が刊行されている。

　以下の編著は1冊を除いて、いずれもミラーが中心となって編纂されたものである。『ホリスティック・ラーニングと教育におけるスピリチュアリティ』（Miller, Karsten, Denton, Orr, & Kates, 2005）は、ミラーがトロント大学で行なってきた国際会議の集大成である。「ホリスティック・ラーニング」はこの国際会議の名称である。この論集には会議に参加した基調講演者や発表者が寄稿している。また「教育におけるスピリチュアリティ」は、ホリスティック教育の関係者が中核となり発展してきた大きな

運動である。ミラーが編者に名を連ねる『スピリチュアリティ・宗教・平和教育』（Brantmeier, Lin, & Miller, 2010）では、儒教、スーフィズム、ユダヤ教、キリスト教、クェーカー、ヒンドゥー教、チベット仏教、アメリカ先住民といったさまざまな宗教的観点から平和教育が論じられ、実践的な取り組みについても紹介されている。『考える心から教える』（Miller, Irwin, & Nigh, 2014）はトロント大学のミラーのもとで学んだ教師たちの論集である。『ホリスティック教育と身体化された学習』（Miller & Nigh,

『ホリスティック教育インターナショナル・ハンドブック』

2017）は、ミラー監修の新シリーズ（Current Perspectives in Holistic Education）の最初の1冊として刊行されたものである。そして前章でもとりあげたが、2018年には、ミラーが編集代表をつとめ、『ホリスティック教育インターナショナル・ハンドブック』（Miller, Nigh, Binder, Novak, & Crowell, 2018）という、ホリスティック教育の発展にとってきわめて重要な論集が刊行された。これは長年にわたるミラーの努力の賜物にほかならない。

［文献］

秋田市立商業高等学校ビジネス実践・ユネスコスクール班編（2013）『ユネスコスクールによる ESD の実践——教育の新たな可能性を探る』アルテ.

荒井献（1994）『トマスによる福音書』講談社学術文庫.

浅野誠, セルビー, D. 編（2002）『グローバル教育からの提案——生活指導・総合学習の創造』日本評論社.

Ashton-Warner, S. (1986). *Teacher*. New York: Simon & Schuster.（初版 1963）

Berry, T. (1988). *The dream of the earth*. San Francisco: Sierra Club Books.

ベリー, T.（2010）『パクス・ガイアへの道——地球と人間の新たな物語』浅田仁子訳, 日本教文社.

Bohm, D. (1995). *Wholeness and the implicate order*. London: Routledge.（初版 1980）（ボーム『全体性と内蔵秩序』井上忠, 伊藤笏康, 佐野正博訳, 青土社, 1986.）

Booth, D. (1994). *Story drama: Reading, writing and roleplaying across the curriculum.* Markham, Canada: Pembroke Publishers.（ブース『ストーリードラマ——教室で使えるドラマ教育実践ガイド』中川吉晴, 浅野恵美子, 橋本由佳, 五味幸子, 松田佳子訳, 新評論, 2006.）

Brantmeier, E., Lin, J., & Miller, J. P. (Eds.). (2010). *Spirituality, religion, and peace education.* Charlotte, NC: Information Age Publishing.

Cajete, G. A. (2016). *Look to the mountain: An ecology of indigenous education.* Rio Rancho, NM: Kivaki Press.（初版 1994）（カヘーテ『インディアンの環境教育』塚田幸三訳, 日本経済評論社, 2009.）

Campbell, J., with Moyers, B. (1991). *The power of myth.* New York: Anchor Books, Doubleday.（キャンベル & モイヤーズ『神話の力』飛田茂雄訳, 早川書房, 1992.）

Dewey, J. (1934). *A common faith.* New Haven, CT: Yale University Press.（デューイ『人類共通の信仰』栗田修訳, 晃洋書房, 2011.）

Dewey, J. (1966). *Democracy and education: An introduction to the philosophy of education.* New York: The Macmillan Company.（初版 1916）（デューイ『民主主義と教育』上下, 松野安男訳, 岩波文庫, 1975.）

Drake, S. M. (1998). *Creating integrated curriculum: Proven ways to increase student learning.* Thousand Oaks, CA: Corwin Press.

Emerson, R. W. (1909). *Education: An essay and other selections.* New York: Houghton Mifflin.（初版 1883）（エマソン「教育論」『人間教育論』市村尚久訳, 明治図書, 1971.）

Emerson, R. W. (1968). *The selected writings of Ralph Waldo Emerson* (B. Atkinson, Ed.). New York: Random House.（初版 1940）（『エマソン論文集』上下, 酒本雅之訳, 岩波文庫, 1972, 1973.）

Equinox Holistic Public School (2013). *Equinox Holistic Public School: More to explore: Our school and practice.* Toronto: Equinox Holistic Public School.

フェレール, J.（2012）「完全に身体化された霊的生を生きるとは、どのようなことなのか」中川吉晴, 吉嶋かおり訳,『トランスパーソナル心理学/精神医学』Vol. 12, No. 1（pp. 73–89）. Ferrer（2017, chap. 3）に原著論文再録.

Ferrer, J. N. (2017). *Participation and the mystery: Transpersonal essays in psychology, education, and religion.* Albany, NY: State University of New York Press.

フェレール, J., ロメロ, M. T., & アルバレダ, R. V.（2010）「統合と変容のための教育——参与的アプローチの提案」中川吉晴監訳, 白居弘佳訳,『ホリスティック教育研究』No. 13（pp. 116–138）. Ferrer（2017, chap. 5）に原著論文再録.

Geldard, R. G. (1993). *The esoteric Emerson: The spiritual teachings of Ralph Waldo Emerson.* Hudson, NY: Lindisfarne Press.（ジェルダード『エマソン——魂の探

求』澤西康史訳, 日本教文社, 1996.）

Hanna, T. (1980). *The body of life.* New York: Alfred A. Knopf.

Hart, T. (2001). *From information to transformation: Education for the evolution of consciousness.* New York: Peter Lang.

Hocking, B., Haskell, J., & Linds, W. (Eds.). (2001). *Unfolding bodymind: Exploring possibility through education.* Brandon, VT: Foundation for Educational Renewal.

Huxley, A. (1974). *The perennial philosophy.* London: Chatto & Windus.（初版 1945）（ハクスレー『永遠の哲学――究極のリアリティ』中村保男訳, 平河出版社, 1988.）

入矢義高訳注（1989）『臨済録』岩波文庫.

井筒俊彦（1978）「解説」『ルーミー語録』岩波書店.

井筒俊彦（1985）『意味の深みへ――東洋哲学の水位』岩波書店.

Johnson, D. (1992). *Body: Recovering our sensual wisdom.* Berkeley, CA: North Atlantic Books & Somatic Resources.（初版 1983）

Johnson, D. H. (Ed.). (1995). *Bone, breath & gesture: Practices of embodiment.* Berkeley, CA: North Atlantic Books / San Francisco: California Institute of Integral Studies.

鎌田東二（2016）『世阿弥――身心変容技法の思想』青土社.

金谷治訳注（1971）『荘子 第一冊（内篇）』岩波文庫.

可藤豊文（1995）『神秘主義の人間学――我が魂のすさびに』法藏館.

可藤豊文（2001）『自己認識の道――禅とキリスト教』法藏館.

Kelly, S. M. (2010). *Coming home: The birth & transformation of the planetary era.* Great Barrington, MA: Lindisfarne Books.

キルケゴール, S.（1996）『死にいたる病』桝田啓三郎訳, ちくま学芸文庫.

Korzybski, A. (1958). *Science and sanity: An introduction to non-Aristotelian systems and general semantics* (4th ed.). Lakeville, CT: The International Non-Aristotelian Library.（初版 1933）

Krishnamurti, J. (1953). *Education and the significance of life.* New York: Harper & Row.（クリシュナムルティ『クリシュナムルティの教育原論――心の砂漠化を防ぐために』大野純一訳, コスモス・ライブラリー, 2007.）

Krishnamurti, J. (1974). *Krishnamurti on education.* New York: Harper & Row.（クリシュナムルティ『英知の教育』大野純一訳, 春秋社, 1988.）

Krishnamurti, J. (1991). *A wholly different way of living.* London: Victor Gollancz.（クリシュナムルティ & アンダーソン『生の全変容』大野純一訳, 春秋社, 1992.）

Krishnamurti, J. (2006). *The whole movement of life is learning: J. Krishnamurti's letters to his schools.* Bramdean, UK: Krishnamurti Foundation Trust.（クリシュナムルティ『学校への手紙』古庄高訳, UNIO, 1997, 同『アートとしての教育――ク

リシュナムルティ書簡集』小林真行訳, コスモス・ライブラリー, 2010.)

久保隆司（2011）『ソマティック心理学』春秋社.

久保隆司, 日本ソマティック心理学協会編（2015）『ソマティック心理学への招待——身体と心のリベラルアーツを求めて』コスモス・ライブラリー.

熊倉敬聡（2012）『汎瞑想——もう一つの生活、もう一つの文明へ』慶應義塾大学出版会.

Kumar, S. (2002). *You are therefore I am: A declaration of dependence.* Totnes, UK: Green Books.（クマール『君あり、故に我あり——依存の宣言』尾関修, 尾関沢人訳, 講談社学術文庫, 2005.）

Kumar, S. (2017). *Soil, soul, society: A new trinity for our time.* Brighton, UK: Leaping Hare Press.（クマール『人類はどこへいくのか——ほんとうの転換のための3つのS〈土・魂・社会〉』田中万里訳, ぷねうま舎, 2017.）

Lemkow, A. F. (1990). *The wholeness principle: Dynamics of unity within science, religion & society.* Wheaton, IL: Theosophical Publishing House.

Lowen, A. (1973). *Depression and the body: The biological basis of faith and reality.* Harmondsworth, UK: Penguin Books.（ローエン『うつと身体——〈からだ〉の声を聴け』中川吉晴, 国永史子訳, 春秋社, 2009.）

メイシー, J., & ジョンストン, C.（2015）『アクティブ・ホープ』三木直子訳, 春秋社.

Marlock, G., & Weiss, H., with Young, C., & Soth, M. (Eds.). (2015). *The handbook of body psychotherapy & somatic psychology.* Berkeley, CA: North Atlantic Books.

丸山圭三郎（1984）『文化のフェティシズム』勁草書房.

Metzner, R. (1986). *Opening to inner light: The transformation of human nature and consciousness.* Los Angeles: Jeremy P. Tarcher.

Mezirow, J. (1991). *Transformative dimensions of adult learning.* San Francisco: Jossey-Bass.（メジロー『おとなの学びと変容——変容的学習とは何か』金澤睦, 三輪建二監訳, 鳳書房, 2012.）

Mickey, S., Kelly, S., & Robbert, A. (Eds.). (2017). *The variety of integral ecologies: Nature, culture, and knowledge in the planetary era.* Albany, NY: State University of New York Press.

Miller, J. P. (1976). *Humanizing the classroom: Models of teaching in affective education.* New York: Praeger Publishers.

Miller, J. P. (1981). *The compassionate teacher: How to teach and learn with your whole self.* Englewood Cliffs, NJ: Prentice-Hall.

Miller, J. P. (1983). *The educational spectrum: Orientations to curriculum.* New York: Longman.

Miller, J. P. (1988). *The holistic curriculum.* Toronto: OISE Press.（ミラー『ホリス

ティック教育――いのちのつながりを求めて』吉田敦彦, 中川吉晴, 手塚郁恵訳, 春秋社, 1994.）

Miller, J. P. (1993a). *The holistic teacher.* Toronto: OISE Press.（ミラー『ホリスティックな教師たち――いかにして真の人間を育てるか？』中川吉晴, 吉田敦彦, 桜井みどり訳, 学研, 1997.）

Miller, J. P. (1993b). Worldviews, educational orientations, and holistic education. In R. Miller (Ed.), *The renewal of meaning in education* (pp. 53–67). Brandon, VT: Holistic Education Press.

Miller, J. P. (1994). *The contemplative practitioner: Meditation in education and the professions.* Toronto: OISE Press.

Miller, J. P. (1996). *The holistic curriculum* (Rev. ed.). Toronto: OISE Press.

Miller, J. P. (1999). *Education and the soul: Toward a spiritual curriculum.* Albany, NY: State University of New York Press.（ミラー『魂にみちた教育――子どもと教師のスピリチュアリティを育む』中川吉晴監訳, 晃洋書房, 2010.）

Miller, J. P. (2006). *Educating for wisdom and compassion: Creating conditions for timeless learning.* Thousand Oaks, CA: Corwin Press.

Miller, J. P. (2007). *The holistic curriculum* (2nd ed.). Toronto: University of Toronto Press.

Miller, J. P. (2010). *Whole child education.* Toronto: University of Toronto Press.

Miller, J. P. (2011). *Transcendental learning: The educational legacy of Alcott, Emerson, Fuller, Peabody, and Thoreau.* Charlotte, NC: Information Age Publishing.

Miller, J. P. (2012). Contemplative practices in teacher education: What I have learned. In J. Groen, D. Coholic, & J. R. Graham (Eds.), *Spirituality in social work and education: Theory, practice, and pedagogies* (pp. 187–204). Waterloo, Canada: Wilfrid Laurier University Press.

Miller, J. P. (2014). *The contemplative practitioner: Meditation in education and the workplace* (2nd ed.). Toronto: University of Toronto Press.

Miller, J. P. (2017). Equinox: Portrait of a holistic school. In J. P. Miller & K. Nigh (Eds.), *Holistic education and embodied learning* (pp. 125–149). Charlotte, NC: Information Age Publishing.

Miller, J. P. (2018). *Love and compassion: Exploring their role in education.* Toronto: University of Toronto Press.

Miller, J. P. (2019). *The holistic curriculum* (3rd ed.). Toronto: University of Toronto Press.

Miller, J., Drake, S., & Bruce Cassie, J. R. (1990). *Holistic learning: A teacher's guide to integrated studies.* Toronto: OISE Press.

Miller, J. P., Irwin, M., & Nigh, K. (Eds.). (2014). *Teaching from the thinking heart: The practice of holistic education.* Charlotte, NC: Information Age Publishing.

Miller, J. P., Karsten, S., Denton, D., Orr, D., & Kates, I. C. (Eds.). (2005). *Holistic learning and spirituality in education: Breaking new ground.* Albany, NY: State University of New York Press.

Miller, J. P., & Nakagawa, Y. (Eds.). (2002). *Nurturing our wholeness: Perspectives on spirituality in education.* Brandon, VT: Foundation for Educational Renewal.

Miller, J. P., & Nigh, K. (Eds.). (2017). *Holistic education and embodied learning.* Charlotte, NC: Information Age Publishing.

Miller, J. P., Nigh, K., Binder, M., Novak, B., & Crowell, S. (Eds.). (2018). *International handbook of holistic education.* New York: Routledge.

Miller, J. P. & Nozawa, A. (2005). Contemplative practices in teacher education. *Encounter,* 18 (1), 42–48.

Miller, J. P., & Seller, W. (1985). *Curriculum: Perspectives and practice.* New York: Longman.

Miller, R. (1997). *What are schools for?: Holistic education in American culture* (3rd Rev. ed.). Brandon, VT: Holistic Education Press.

Nhat Hanh, T. (1988). *The heart of understanding: Commentaries on* the Prajñaparamita Heart Sutra (P. Levitt, Ed.). Berkeley, CA: Parallax Press.（ティク・ナット・ハン『ティク・ナット・ハンの般若心経』棚橋一晃訳, 壮神社, 1995.）

ニーチェ, F.（1967）『ツァラトゥストラはこう言った』上, 氷上英廣訳, 岩波文庫.

日本ホリスティック教育協会, 今井重孝, 佐川通編（2007）『学校に森をつくろう――子どもと地域と地球をつなぐホリスティック教育』せせらぎ出版.

西平直（2019）『稽古の思想』春秋社.

Nozawa, A. (2009). *The power of contemplative practices: Their impact in educators' personal and professional lives.* Saarbrücken, Germany: Lambert Academic Publishing.

Orr, D. W. (1992). *Ecological literacy: Education and the transition to a postmodern world.* Albany, NY: State University of New York Press.

Orr, D. W. (1994). *Earth in mind: On education, environment, and the human prospect.* Washington, DC: Island Press.

Schön, D. A. (1983). *The reflective practitioner: How professionals thinks in action.* New York: Basic Books.（ショーン『省察的実践とは何か――プロフェッショナルの行為と思考』柳沢昌一, 三輪建二監訳, 鳳書房, 2007.）

曽我幸代（2018）『社会変容をめざすESD――ケアを通した自己変容をもとに』学文社.

Steiner, R. (1990). *Die Kunst des Erziehens aus dem Erfassen der Menschenwesenheit.*

Dornach, Switzerland: Rudolf Steiner Verlag.（1924 年の講義録）（シュタイナー『人間理解からの教育』西川隆範訳, ちくま学芸文庫, 2013.）

辻信一（2013）『英国シューマッハー校 サティシュ先生の最高の人生をつくる授業』講談社.

Wilber, K. (1999). *One taste: The journals of Ken Wilber.* Boston: Shambhala.（ウィルバー『ワン・テイスト──ケン・ウィルバーの日記』上下, 青木聡訳, コスモス・ライブラリー, 2002.）

山之内義一郎（2001）『森をつくった校長』春秋社.

Zimmerman, J. M., & Coyle, V. (1996). *The way of council.* Las Vegas: Bramble Books.

第3章　ルンアルンにおける「仏教にもとづく教育」

は　じ　め　に

　ルンアルン・スクール（Roong Aroon School）は、バンコクの中心部から少し離れた郊外に位置するオルタナティブ教育校である。「ルンアルン」とは「夜明け」や「暁」という意味であり、この校名には、この学校が未来を照らす光になるという願いが込められている。タイではオルタナティブ教育が発達しているが、そのなかでもルンアルンは代表的な学校のひとつである（永田, 2005; Niyom, 2018c）。とくにルンアルンは、仏教を基盤としたホリスティック教育に取り組んでおり、さまざまな試みや挑戦をとおして、タイの教育のみならず、世界のホリスティック教育の発展に寄与している。

　しかしながら、学校創設20周年が経過しているにもかかわらず、ルンアルンについて第三者による記述はほとんど存在していない。そこで本章では、第Ⅰ部で、この学校の教育実践について概要を述べ、そこでいかなる形のホリスティック教育が行なわれているのかを見ていく。そのさい前章で述べたジョン・ミラーの理論的枠組みを用いて、ルンアルンの実践を分析する。第Ⅱ部では、ルンアルンの仏教教育哲学をとりあげる。

　私がルンアルンをとりあげるにいたった経緯について一言ふれておきたい。ルンアルンの創設者はプラパーパット・ニヨム氏（Prapapat Niyom, 1951– ）である。2009年12月にブータンの首都ティンプーで開催

創立者のプラパーパット・ニヨム氏

ルンアルン・スクールの景観　中央にある人工池

された GNH 教育の会議の席上で、私はニヨム氏にはじめて出会った（ニ
ヨム氏も私も国際アドバイザーとして会議に出席していた）。そのさいニ
ヨム氏からバンコクで学校をつくっていることをうかがい、翌 2010 年 3
月にこの学校を訪れてみた。

　この最初の訪問は、私には予期せぬ驚きであった。まずそのキャンパス
に驚かされた。20 エーカーの広い敷地の真ん中には大きな人工の池があり、
その周囲に学校の校舎が点在していた。大木が生い茂り、ほとんどの建物

池をめぐる回廊

が木の下に隠れていて、森のなかにい
るような感じがし、心地よい空間が広
がっていた。ルンアルンでは緑豊かな
自然環境が重視されており、授業のな
かでも自然へのかかわりが多くとりあ
げられる。建物はタイの伝統様式を取
り入れてデザインされ、モダンであり
ながらも伝統美を表現していた。建物

各段左から　上段：幼稚園、初等学校　中段：中等学校、芸術棟　下段：図書館、体育館

の屋根は高く、教室はさまざまな作業がしやすいように開放的なつくりに
なっており、一階の屋外部分には広いバルコニーがあった。

　ルンアルンは、幼稚園、初等学校（Primary School, 小学校）、中等学校
（Secondary School, 中学・高校）の三校からなるが、それぞれの校舎群が
まとまって配置されている。ほかに芸術棟、体育館、図書館、本部棟など
が点在している。学校の景観や建築様式には、建築家であるニヨム氏の意
識の高さがうかがわれた。そして教育内容も非常に興味を抱かせるもので

あった。多くの授業が体験や活動を重視しており、低学年では活動中心の
カリキュラム、高学年では高度なプロジェクト中心のカリキュラムが組ま
れ、それが教育活動の中心に置かれていた。私は2010年以降も、この学
校をたびたび訪れることになったが、以下の考察は、私がルンアルンを訪
問したときの観察記録、ニヨム氏や教職員への聞き取り、さらに学校が出
している英文刊行物にもとづくものである。

I　ルンアルンの教育

1　学校創設の背景

　ルンアルンは1997年、政府の認可を得て、ルンアルン・ファウンデー
ションによってNPO法人として設立された。創設者ニヨム氏の子どもに
は障がいがあり、障がいのある子どもがよりよい教育を受けられるように
したいという彼女の個人的な思いから、この学校は始まった。しかし、た
んに個人的な思いだけでなく、ニヨム氏はタイの教育状況を批判的にとら
え返し、旧来の知識を教え込むだけの教育にかわる新しい教育の必要性を
強く感じていた。ニヨム氏によれば、21世紀の教育は、読み書きを教え、
試験に合格させるだけではまったく不十分であり、現実生活の諸問題に取
り組める能力を高めるものでなくてはならないという。ルンアルンは、未
来に生きる人のための教育を求めて誕生したのである。
　プラパーパット・ニヨム氏はチュラロンコン大学で建築学を学び、米国
ペンシルベニア大学で建築学の修士号を取得し、その後オランダで学んで
いる（彼女の夫もタイを代表する建築家である）。彼女はチュラロンコン
大学の建築学准教授を1998年までつとめている。1996年から1998年に
かけてはバンコクの副知事もつとめ、都市計画、建築とインフラ、清掃、
コミュニティ開発などを担当している。この間1997年にルンアルンを設
立している。2006年からは、みずからが創設した大学院大学アソムシン

（Arsom Silp Institute of the Arts）の副学長、2013 年以降は学長になっている。また 2014 年から 1 年間、教育大臣顧問と国家改革会議のメンバーになっている。

　ルンアルン創設の際、ニヨム氏は世界のいろいろな学校（シュタイナー学校やモンテッソーリ学校などをふくむ）を視察したというが、それらを参考にしている面はあるにせよ、ルンアルンはとくにどこかをモデルにしているわけではなく、自分たちの独自性を強く打ち出している。というのも、ニヨム氏はルンアルンにおいて、仏教を基盤にした独自の教育の確立を目指したからである。ニヨム氏自身、瞑想をふくむ仏教の実践に熱心に取り組んでおり、彼女の仏教理解や仏教体験が教育理念に反映されている。ニヨム氏は、タイを代表する学僧ポー・オー・パユットー師（P. O. Payut-to, 1938– ）の影響を強く受けており、パユットー師はこの学校の最高顧問にもなっている。ルンアルンの教育の多くの面がパユットー師の教えを具体化したものである。

　ルンアルンはオルタナティブ教育校であり、その教育実践にはこの学校独自のものが数多く見受けられる。ルンアルンの教育は、ニヨム氏の独創的な発想にもとづき、教師たちのたゆまぬ共同作業によってつくりだされたものである。学校が設立された当初、教師たちは一時期、独自のテキストや学習ノートづくりに励んでいたという。その後、実生活の諸問題を教材にとりあげ、子どもたち自身がその具体的な解決策をさぐる「プロジェクト学習」（Project Based Learning）が行なわれるようになり、それが現在の教育活動の中心に据えられている。

　ルンアルンの設立に相前後するように、タイでは大きな教育改革の波が起こっている。1999 年には「国家教育法」が制定され、21 世紀のグローバル社会を生き抜くタイ人の育成が目標に掲げられた。国家教育法のなかでは「教育は、タイ人が身体、精神、知性、知識、道徳すべての面で発展し、生活を営む上で必要な倫理と文化を身につけ、他者と幸福に共生できる人間となることを目的とする」（村田, 2007, p. 373）と述べられている。そして学習過程には「タイ人であることに対する誇りの醸成、国家や全体

の利益の維持についての理解、国家の宗教、芸術、文化、体育、地方の知恵、普遍的な知識の奨励」（pp. 373–374）などの項目がふくまれている。2001年には「基礎教育カリキュラム」が策定され、各学校は初等教育と中等教育の12年間一貫のカリキュラムを編成することが求められた。

　さらに2001年の新カリキュラムをもとにした2008年の「基礎教育カリキュラム」では、基礎教育の目標として以下が掲げられている（渋谷, 2018, p. 168）。

1　道徳性、倫理、望ましい価値、自己尊重、自律、仏教または自らの宗教の教義の遵守、「足るを知る経済」の原則の応用
2　コミュニケーション、思考、問題解決、テクノロジー、ライフスキルに関する知識と能力
3　心身の健康、衛生、運動への意欲
4　愛国心、立憲民主制に基づく民主的な生活と政治体制に関する理解
5　タイ文化と知恵の維持、環境保全、平和な共生のための公共心

なお、2008年のカリキュラムでは、従来の教育内容重視からコンピテンシー重視へと、大きく方向転換がはかられている（チャンバンチョンほか, 2017）。

　こうした教育改革の流れと照らし合わせるなら、ルンアルンの教育は国家の教育方針と何ら異なるものではなく、むしろ教育改革の目標を先取りし、それを高度に達成していると言える。2008年の基礎教育カリキュラムの目標に掲げられている項目のすべてが、その教育実践のなかに組み入れられている。

　タイでは仏教倫理にもとづく教育が奨励されているが、ルンアルンにおいては、仏教にもとづく「価値教育」が中心に位置づけられている。また実際の活動をとおしたコンピテンシーやライフスキルの形成を重視しているのも、この学校の大きな特色である。

2　カリキュラム

　ルンアルンを特徴づける教育実践につい
て見ていく前に、現在の学園長スワンナ・
チヴァプルック氏（Suwanna Chivapruk）
のまとめに従って、学校の組織とカリキュ
ラムを概観しておく（Chivapruk, 2016, p. 8）。
学園全体は子どもの発達に合わせて三校に
分かれている。3 歳から 6 歳までが幼稚園、
7 歳から 12 歳までが初等学校、13 歳から
18 歳までが中等学校となっている。学園
全体（2018 年時点）で、子どもの数は
1,346 人、教師の総数は 258 人である。大

学校運営にあたるスワンナ氏（左）
とスニサ氏（事務局長）

半の子どもが幼稚園のときから入学し、一貫教育を受け、その後は大学に
進学する。それぞれの学校に校長が配置され、それぞれが相対的に独立し
て運営されている。

　幼稚園は異年齢の子どもの混合クラスとなっている。園児の数は 300 名、
教師は 38 名である。幼稚園における主たる活動として、家庭生活から学
校の集団生活へ移行しやすいように、調理、植物の世話、音楽、野外での
遊び、物語、季節の催し、工芸といった作業が共同で行なわれる。幼稚園
段階で英語の使用が奨励されている（英語教師は 2 名配置）。幼稚園のカ
リキュラム全体が「探究－現象にもとづく学習」（Inquiry-Phenomenon Based
Learning）と規定されており、そのなかに日課、発達と健康、言語とコ
ミュニケーション、身体活動、生活補助活動といった区分がある。「日
課」には、輪になって行なう朝礼（Morning Greetings Circle）、自分の持ち
物の世話、自由な遊び、ゴミの仕分けがふくまれ、「発達と健康」には、
伝統的なタイのゲーム、感覚統合、屋外での遊び、自分の健康、午睡がふ
くまれる。「言語とコミュニケーション」には、野菜栽培、調理、物語、

プロジェクトがふくまれる。「身体活動」には、調理、音楽を用いた運動、芸術と工芸、自然散策、「生活補助活動」には、マインドフルネス、終礼（Good-bye Circle）がふくまれる。

　初等学校（小学校、全6学年）の全児童は600名、教師は79名（内ホームルーム担任は50名、ほかは英語、芸術、体育などの教科教師）であり、1クラス25名で、各学年4クラスである。カリキュラムは大きく教科、日課、自主活動に分けられ、「教科」のなかがさらにリテラシー、探究－現象にもとづく学習、身体活動に分かれる。「リテラシー」には、タイ語、英語、数学といった主要教科がふくまれ、「探究－現象にもとづく学習」には、タイ語、社会科、理科、ICTがふくまれる。「身体活動」には、芸術、体育、タイの音楽と舞踊、西洋音楽がふくまれる。これらの科目は「頭と心と手」（3Hs: Head, Heart, Hands）の全人的調和を生みだし、美的感性と創造性を発展させるものである。「日課」には、朝の祈り、瞑想、池でのボート漕ぎ、調理と食事、清掃がふくまれる。「自主活動」には、ボランティア活動、クラブ活動などがある。

　中等学校（7–12学年）の生徒数は446名、教師は65名（内ホームルーム担任39名）である。このうち7学年と8学年は各4クラス、9学年から12学年までは各3クラス編成となっている。7学年から9学年の中等部（Lower Secondary）では、カリキュラム区分は初等学校と同じであるが、「リテラシー」には、タイ語、英語、数学、理科といった主要教科が入る（週16時間）。「探究－現象にもとづく学習」には、タイ語コミュニケーション、地理、歴史、経済、ICT、STEMが入っている。この部分の科目名称は「統合的社会科／タイ語」であり、プロジェクト学習が行なわれる（週10時間）。理科もこの統合科目のトピックに合わせて行なわれる。教師は授業を支え、促進し、生徒は情報収集、知識形成、発表を行なう。身体活動、日課、自主活動は初等学校と同様の内容である。

　10学年から12学年の高等部（Upper Secondary）では、「基礎教科」（タイ語、数学、理科、社会科、英語、クラブ活動）に加えて、「科学」（医学、食物と環境科学、機械工学）、「言語とメディア」（出版、ニュース、メ

ディア部門）、「デザインと生活の質」（設計と建築、工作、美術、西洋音楽、タイ伝統音楽、体育、グラフィック・デザイン、プログラミング）という三つの「アクションハウス」があり、そのほかに「追加科目」がある。基礎学習に週 10 時間があてられ、上記の五つの科目群から 4 科目を選択して学習する「実践的統合科目」（プロジェクト）に週 16 時間があてられる。

　中等学校で獲得が目指されるのは「21 世紀のスキル」であり、それには読み書き算の 3Rs（reading, writing, arithmetic）に加え、英語の頭文字をとった 8Cs、すなわち「批判的思考と問題解決力」（critical thinking & problem solving）、「創造性と革新」（creativity & innovation）、「協働的チームワークとリーダーシップ」（collaboration teamwork & leadership）、「異文化理解」（cross-cultural understanding）、「情報コミュニケーションとメディア・リテラシー」（communication information & media literacy）、「コンピュータとメディア・リテラシー」（computing & media literacy）、「キャリアと自己信頼の学び」（career & learning self-reliance）、そしてすべてを統合する「中核的価値観とコンピテンシー」（core value & competency）がふくまれる（Roong Aroon School, 2017, pp. 4–5）。このようにアカデミック・スキルに加え、ライフスキルやワークスキルの獲得、さらには態度や価値観の形成が目指されている。学校紹介の冊子のなかでは、つぎのように述べられている。

　　ルンアルンの中等学校では、生徒たちが 3Rs と 8Cs を発達させ、主要教科から知識を学び、21 世紀の世界の現状から知識を学びとる能力を身につけることが強調されている。この学校の教師たちも、これらのスキルを習得するように訓練されているので、生徒たちを教育のこの新しいアプローチへと導くことができる。その結果、生徒たちは、強く忍耐力があり、理性的で、世界に関心を寄せる創造的な世界市民になる。（Roong Aroon School, 2017, p. 7）

3 統合的なプロジェクト学習

ルンアルンの学習観によれ
ば、「学びは人間の生きる過程
である」とみなされ、内面の育
成と外的関係の形成がともには
かられる（Roong Aroon School,
2015b）。そして学習活動には
「ホリスティックな学習実践」
が取り入れられる。この「ホリ
スティックな学習実践」には三
つの様式がふくまれる。第一の

プロジェクト学習の様子

様式は「より深い学び」（Deeper Learning）であり、これは子どもの内的
学習能力を育むことを目指し、「智慧に根ざす学習者」を養成するという
ものである。そのための方法は、マインドフルネス、自己内省、瞑想、ス
ピリチュアルな芸術、ボランティア活動などである。第二の様式は「なす
ことによって学ぶ」（Learning by Doing）であり、現実の状況に直接かか
わる活動を行ない、「自分で方向を定め、自分を信頼することのできる学
習者」を養成するというものである。そのための活動は「現実生活」（real
life）の諸経験と結びついた学習単元をとおして、活動中心、問題中心、
プロジェクト中心、研究中心の学習を展開することである。第三の様式は
「コミュニケーション的学び」（Communicative Learning）である。ここで
は知識や理解を共有しあうなかで学習組織や共同体が形成される。これに
かかわる活動は、グループ学習、討議、対話、知識管理、グループ会議、
ICT を活用した発表などである。

ホリスティックな学習実践の三様式をすべてふくむのが統合的なプロ
ジェクト学習である。ルンアルンでは、現実生活で直面する事象をとりあ
げ、それを教科の学習内容と結びつけ、プロジェクトが展開される。チ

ヴァプルック氏はつぎのように述べている。

　　教える活動は、現実生活の状況をとおして行なわれる。そこで生徒た
　　ちはチームとして、いま起こっていることをじかに経験し、幅広い社
　　会的・世界的な問題の解決策をさぐることになる。生徒たちは、通常
　　の勉学の範囲を越えて、人生のあり方を見る機会を得る。こうして生
　　徒たちは生涯にわたる学習技能を発達させ、たえず変化する未来に直
　　面する用意のできた精神をもって、みずから学んでいくことができる
　　ようになる。(Chivapruk, 2016, p. 2)

　プロジェクトは幼稚園段階でも行なわれている。それゆえ幼稚園のカリ
キュラム全体が「探究−現象にもとづく学習」として位置づけられる。教
師は子どもに注意深くかかわるなかで子どもたちの関心事を知り、熟慮の
うえでプロジェクトのトピックを見つけだす。教師はファシリテーターと
して子どもたちの活動を支える。たとえば、子どもたちは、ガチョウが怪
我をしていることを知り、その治療費を捻出するために、パンを売って費
用をかせぐことにした。その結果、ガチョウを獣医にみせることができ、
獣医とのやりとりも彼らが行なった。
　初等学校では各学年に共通テーマがあり、1年生ではルンアルン・オー
プン動物園、2年生ではルンアルンの周辺にあるもの、3年生では周辺地
域にあるもの、4年生ではバン

コクにあるもの、5年生では有
機的な稲作、6年生では水道水
がテーマである。テーマは現実
の状況を反映したものであり、
問いかけや省察をとおして探究
される。そのなかで児童は、状
況の本質を発見することができ
るような直接経験に導かれる。

床に4年生が取り組むバンコクの大きな地図がある

学習活動ではさまざまなスキルが
用いられ、言語、算数、理科、社
会科、芸術、音楽といった科目が
ふくまれる。その結果、児童は知
識の深い理解に達するのみならず、
自分の関心を知り、理解を深め、
表現をとおして発達をとげること
ができる。

たとえば、5年生では稲作が
テーマとされるが、稲作はタイの
社会と文化の本質的要素である。
子どもには手つかずの土地が与え
られ、土壌を準備し、稲を植え、
収穫するという一連の作業がなさ
れる。このような活動には多方面
の知識が必要とされる。タイ語

上：校内にある田んぼ
下：稲作の授業でとれたもみが保存されている

（文学や詩）、社会科（農村文化、農業の伝統、儀式）、算数（土地の測量）、
理科（生態系、植物の生長に関する知識）、芸術などである。稲作を実施
するなかで、稲の生長を観察し（理科、算数）、田の周辺に生息する動植
物を調査し（理科）、米の栄養価を計り（理科、保健）、米の生産量や輸出
量を知り（社会科、算数）、田植え唄や伝説を調べ（国語、音楽）、タイの
稲作文化について発表をすることになる（ICT、外国語）。

　中等部（7–9学年）では「統合的社会科／タイ語」のなかでプロジェク
ト学習が行なわれる。7年生ではバンコクの魅力と非居住性、8年生では
中部タイ、アユタヤの歴史と産業化、9年生では東北タイ、南タイ、北タ
イのいずれかをとりあげ（各学期一地域）、資源危機がテーマとなる。

　高等部（10–12学年）に属する生徒は、成人へ向かう前の、人生の方向
性を定める時期にある。そのため現実の状況にもとづく複雑な学習活動が
取り入れられ、活動をとおして問題解決力を向上させるとともに、社会に

積極的に貢献することが目指される。とくにタイでは社会貢献は徳をつむことを意味する。高等部では、より本格的なプロジェクト学習が行なわれ、世界の危機や国内のさまざまな問題がとりあげられる。とくに自然環境や産業（農業、水産業、工業）をめぐるテー

7年生の作品

マが多い。プロジェクト学習の意義については、つぎのように述べられている。

> 中等学校高等部のプロジェクトで強調されるのは、生徒が知識を用いて自分自身と社会に役立てられるように成長することである。彼らは学習成果を広く社会に拡げることになる。社会の現実問題が生徒のプロジェクト学習のテーマとしてとりあげられる。プロジェクト学習のなかでは、彼らは現実の社会的コンテクストに身を置いて調査をし、行動を起こす。彼らは実際のコミュニティにかかわり、問題とその因果関係を見つけだし、関連する組織、政府機関、民間団体、NGO とかかわりながら、問題の解決策を提案することに参画する。そのようなプロジェクト学習は、生徒が社会的意識をもった新しい世代へと育っていくことを目的としている。（Roong Aroon School, 2017, p. 31）

ルンアルンでは、各学期が始まる前に教師たちが集まって、とりあげるテーマに関して教師自身が発表を行ない、周到な検討をする。これは「活動前レヴュー」（BAR: Before-Action-Review）と呼ばれている。その後、教師は各学期のテーマを生徒に告げ、生徒たちは小グループに分かれて学習活動を展開する。グループ内での活動は生徒たちが自主的に進め、教師はその進みぐあいを見はからって必要な助言を与える。プロジェクト学習は、生徒の探究をとおして実際の解決策をさぐることへと向けられる。生

徒は当事者たちとかかわり、問題解決をはかろうとする。学習活動のなか
では、調査、実験、情報管理、システム思考、共同作業、コミュニケー
ション技術などが用いられる。各教科は、現実生活に関する知的内容とし
てプロジェクトに統合される。

　高等部では、10年生は文理融合の小プロジェクトを行ない、いちばん
時間がとれる11年生（高校2年）のとき大きなテーマが取り組まれる。
このとき文系クラスと理系クラスでテーマは異なる。たとえば、理系クラ
スで学校内の環境を守るというテーマをとりあげるときは、学校内の調査
を実施し、無駄なエネルギー、汚水、廃棄物などが調べられ、各グループ
が問題解決のためのプロジェクトを進める。たとえば、炭焼き、ソーラー
セル、汚水の浄化、生ゴミからの堆肥づくりといったプロジェクトが実施
される。汚水をテーマにすると、実際に水を調べて、臭い、透明度、溶存
酸素量、微生物数、根の生育といったことが科学的に調べられる。2010
年度の11年生は、学校内の水の管理システムを調査し、現在も使用され
ている排水の浄化システムを考案したが、この研究は科学技術教育の研究
誌に発表された（Roong Aroon School, Taotong, Thanissaranon, Tuangcharoen-
tip, & Athiworakul, 2015）。

　文系クラスの場合、タイの各地方で生じている社会問題がとりあげられ
ることが多い。生徒たちは一週間以上、現地におもむき、現地の人びとと
交流しながらフィールドワーク
を行なう。たとえば、チェンマ
イの山間部にあるカレン族の集
落や、アンダマン海沿岸の漁村
といった場所に出向いていく。
そこで、その地域の地理、歴
史、信条、文化、生活様式、仕
事などを学ぶことになる。その
さい観察や調査、インタビュー
などが実施される。事後学習で

生徒が考案した排水の浄化システム

130

は、情報を整理するととも
に文献や資料からも学ぶ。
そして重要事項を分析し、
集中的に取り組むトピック
が選ばれる。作業は生徒た
ちが主導して行なわれ、批
判的思考、コミュニケー
ション、紛争解決、問題解
決などの面でスキルの向上
がはかられる。教師は教え

プロジェクト学習のプレゼンテーションの場面

るのではなく、ファシリテーターの役割を果す。プロジェクトの例として、
2012年度の12年生は、金の採掘が環境、農業、地域の人びとの健康に与
える影響を調べ、四つの映像作品と図解冊子、フェイスブック・ページを
作成した。2015年度に6名の生徒で行なわれた「エコロジカル・コミュ
ニティと伝統漁業」は、アンダマン海の漁村を調べ、村の住民の健康調査
をまとめたが、このグループはアセアンの会議にも出席した。

　各プロジェクトの成果は「ヨッド・ナム知識フェスティバル」（Yod
Nam Festival of Knowledge）という学期末のプレゼンテーションの日に発
表される（*Yod Nam* は「水の滴」という意味で、濃縮された知識を意味す
る）。この日は学校全体で展示や企画があり、それぞれのクラスでは父母
を前にして発表が行なわれる。私が見学にいった日には、高等部の文系ク
ラスのプロジェクトの発表で、農村に工場が誘致されたことで生じた軋轢
がとりあげられ、その地域の役人、村人、専門家など、利害の対立する当
事者たちを招いて公開討論会が行なわれていた。こうした企画は生徒たち
自身が立案、準備し、司会進行をふくめて実施される。発表後、プロジェ
クトの成果は生徒たちによって図版や冊子や映像にまとめられ、学校の
ホームページで公開されるものもある。

　高等部では主要教科の学習よりもプロジェクトの方に多くの時間があて
られている。そのため教科書にある知識の習得や受験に不利益が生じるお

それがあるが、この点について、ルンアルンでは、生徒たちがプロジェクトに関連する教科書の内容を分担し、ほかの生徒たちにその部分の授業をするということが行なわれている。プロジェクトの内容は、どの教科のどこに対応しているのか関係づけられており、プ

作品にまとめられたプロジェクトの成果

ロジェクトをとおして教科内容が網羅されるようになっている。なお学期末の発表後には、生徒はレポートを提出し、中間試験や期末試験も課される。

　ニヨム氏によれば、ルンアルンで現実の社会問題をとりあげるのは、将来生徒たちが社会の中枢で活躍するようになるとき、社会問題の解決に向けて貢献する人物になれるようにするためである。彼女は「社会的良心が形づくられなくてはならず、教師は教える人という役割を変え、生徒が社会的良心をもった新しい世代に成長することができるように、その形成者にならなくてはならない」（Roong Aroon School, 2014, p. 3）と述べている。生徒は現実生活の経験学習をつうじて新しい知識とスキルを獲得するだけでなく、理解（智慧）を深め、態度にも変化が生じる。現実生活にふれることによって明確な価値観と利他的な精神が育まれる。この意味でルンアルンのプロジェクト学習は、個人の深い内的変容を目指したものである。

　ルンアルンにおける社会参加型の学習は、タイにおいて社会問題に深くかかわりながら物心両面の開発に取り組んできた「開発僧」の活動と重なり合っているようにみえる。この場合の「開発」は、「我々の社会や個人が、その本来のあり方や生き方に目覚め、自然および他の社会や個人との共生のために、苦からの解放をめざして、智慧と慈悲をもって自らの潜在能力を開花させ、人間性を発現していく、物心両面における内発的な実践」（西川、野田, 2001, p. 19）と定義される。

　タイを代表する知識人であり、社会参加仏教（Engaged Buddhism）の推

進者の一人であるスラク・シワラクサ（Sulak Sivaraksa, 1933– ）は「開発」について、つぎのように述べている。

> 仏教的な開発においては、最初に内的な強さ、ついで他者に対する思いやりと慈しみの心が培われなくてはならない。仕事とは、他者を「追い抜く」ためのものではなく、基本的欲求をみたすうえで、他者と一緒に働くことを楽しむためのものである。簡素な生活は、搾取を伴うことなく満足のゆくものになりうる。仏法で強調される個人の発展というのは、人を癒すことができ、そうすることによって社会の変容に役立つようなものである。（Sivaraksa, 2009, p. 37）

　社会問題の解決は、個人の内的開発と結びつくものでなくてはならず、個人の変容をとおしてはじめて実現される。それゆえ、教育は個人と社会の両面にかかわらなくてはならない。シワラクサはつぎのように述べる。

> 教育は、私たちの外的な状況とともに内的な状況をとりあげる必要がある。私たちは科学を超え、それにかわって、内なる平和と自由を実現するための技術を見つけだす必要があり、そうした技術を用いて社会にかかわり、すべての人に役立てる必要がある。（p. 49）

　シワラクサもここでホリスティックな教育に言及する（シワラクサも2009 年のブータンの会議に参加していた）。

> 私たちは、私たちの存在の多くの面を統合するように促す教育を必要としている。瞑想と芸術をつうじて私たちは母なる地球とつながり、私たちの協調的な本性を再確認し、環境が私たちの一部であることを認識する。平和の種を植え、自分自身の内面へと入っていくことによって、私たちは自分自身を癒し、地球を癒すことができる。（p. 44）

4 昼食づくり、清掃とリサイクル、芸術、瞑想

　ルンアルンの教育活動の中核には経験重視のプロジェクト学習が据えられているが、それのみがこの学校の特色というのではない。ほかにもルンアルンを形づくる不可欠な要素がある。子どもたち自身による昼食づくりは、基本的なライフスキルを向上させる試みとして積極的に取り組まれている。「よき食」

昼食用のキッチン

とは何かを考えるために、献立づくりもふくめて、子どもたちの手によって調理が行なわれる。そのために専用のキッチンが教室ごとに備えられている。幼稚園では教師の助けを借りて簡単な調理がなされる。初等学校では、児童が簡単なメニューを考え、その作り方を学び、手分けして作業にあたり、配膳も行なう。中等学校では同様に生徒が献立を考えるが、用いる食材やその成分、産地といったことまでも学習される。食事をする前には食べ物に思いをめぐらし、その価値を考え、節度をもって食べるようにする。食後は児童生徒によって食器が丁寧に手洗いされる。

　ライフスキルとコミュニティ・サービスに関する他の活動として重視されているのが、清掃とリサイクルである。教室、廊下、トイレ、台所、校庭の清掃が行なわれ、それとともに、非常に細かく分別されたリサイクルが徹底して行なわれる。ルンアルンで「日課」として位置づけられるライフスキルの訓練は、自分自身と他者をケアする力を養うものであり、さらに言えば、規律、節制、忍耐、責任、尊敬といった道徳性の育成に結びつくものである。チヴァプルック氏は「児童生徒の日課を確立することは、レッスンプランを考案するときの決定的な部分とみなされる」（Chivapruk,

2016, p. 5）と述べている。教育は、見たり、聞いたり、食べたりすることから始まるものであり、それらを注意深く、気づきをもって行なうことによって智慧の向上につながるのである。あとで述べるように、ルンアルンにおける日課は、仏教の基本を実践的に習得するための最適な機会となるものである。

さらに、ルンアルンの芸術教育は特筆すべきものである。ルンアルンでは一流の芸術家を教師に迎え、専用の工房を備えた芸術棟で、陶芸、機織り、木工、染色、絵画、伝統舞踊、伝統音楽、さらに伝統武術、薬草学などが教えられている。ルンアルンは西洋式の現代芸術と並んで伝統文化や知恵の継承に非常に力を入れている。

リサイクル・センター　上：生徒によるリサイクル活動　下：細かな分別

もうひとつ注目すべきものは、ルンアルンにおける瞑想（マインドフルネス）や観想の取り組みである。ルンアルンは観想実践を重視し、朝礼における経典の唱和やマインドフルネスは日課として日々の活動に組み入れられている。またマイン

芸術棟1階入口の展示スペース

ドフルネスを取り入れたさまざ
まな活動がある。たとえば、ト
イレ掃除、庭掃除、食器洗い、
リサイクル活動がある。それは
芸術や体育にも取り入れられて
いる。ルンアルンにおいて芸術
科目は More Than Art（芸術を
超えるもの）と呼ばれ、「芸術
をとおした観想」（contemplation
through art）として位置づけら
れている（Roong Aroon School,

芸術棟内部　機織りの工房

2007）。観想的な芸術活動は、芸術的作品をつくりだすだけではなく、そ
れをとおして内的自己を形成するためのものであり、「頭と心と手」を最
適な状態に整え、別の教科を学ぶ上でも重要な能力を開発する。そして創
造性、直観、想像力が育まれ、自分の限界を超えていくことができるよう
になる。同様の意味で体育も More Than Sport（スポーツを超えるもの）
と呼ばれている。このようにルンアルンの学校全体が観想実践によって生
まれる瞑想的雰囲気に包まれている。ルンアルンの特色として活動的な学
習場面が強く印象に残るが、根底においては、このマインドフルな特質が
ルンアルンを支えていると言えよう。

5　ルンアルンの教師

　最後にルンアルンの教師について少し見ておく。ルンアルンの教師は教
育学部や教育大学出身者ではない人が多い。この学校の教師に求められる
のは、プロジェクトをデザインし運営していくうえでの探究心、行動力、
ファシリテーション力である。教科書の内容を教える仕方しか学んでいな
い教師にとっては、ルンアルンの方式は容易に実践できるものではない。
それゆえ、ルンアルンは多方面から教師を集め、独自に教師養成を行なっ

ている。隣接する大学院大学アソムシンの教育学研究科にはディプロマ・プログラム（1年課程）とホリスティック教育の修士課程（2年課程）があり、教師は学校で仕事（教育実習）をつづけながら大学院に所属し、教員免許の取得をめざす。アソムシンには教育学のほかに建築学、社会起業学の学部研究科があるが、そのすべてで「仕事にもとづく学び」（work-based learning）という方針が貫かれている（Arsom Silp Institute of the Arts, 2018）。

上：アソムシンの新館
下：内部は心地よい空間になっている

　学生たちは教員の指導のもと、学校で平日に教育実習を行ない、土曜日に「活動後レヴュー」（AAR: After-Action-Review）に参加して実践をふり返り、仲間の学生や教員からコメントや示唆を受け取る。大学院では、指導教員、ルンアルンの実習指導者、校長をふくめた「専門職者の学びの共同体づくり」が重視されている。学生はアクティブ・ラーニング、ファシリテーション、コーチング、形成的評価などの仕方を学ぶ。

　もうひとつの特徴は、マインドフルネスの実習が受講科目「観想実践とホリスティック・ヘルスケア」に組み入れられていることである。1週間におよぶ瞑想実習や、観想的アートの実習もある。アソムシンでは、教師が「マインドフルな教師」となり、日々の活動のなかでもマインドフルネスを保てるように訓練をする。仏教の教えにあるように、教師たちは自分

自身への気づきを高めることによって「身口意」（身体行為、言語行為、心の働き）をコントロールし、「四無量心」（慈悲喜捨）を育むのである。

6　ミラーのホリスティック教育論による分析

　以上見てきたように、ルンアルンはホリスティック教育を掲げる世界でも有数の学校である。ホリスティック教育の実践という面においてルンアルンはすでに顕著な実績をつみあげている。またアジアにおけるホリスティック教育のネットワークづくりへの貢献という点においても、ルンア

ルンとアソムシンは中心的存在であり、これまで2度（2013年、2017年）にわたり「アジア太平洋ホリスティック教育ネットワーク」（APNHE）の国際会議（ラウンドテーブル・ミーティング）を開催した。さらに2018年11月には、マヒドン大学観想教育センターとの共催でホリスティック・ラーニングの会議を、2019年11月には、タマサート大学ラーニング・サイエンス＆教育学部との共催でトランスフォーマティブ・ラーニング国際会議を開催している。

　ここで、ルンアルンの実

上：ルンアルンの本部棟エリア
下：本部棟エリアを会場にした第5回 APNHE ラウンド
　　テーブル・ミーティングの一場面　中央にいるのは
　　ジョン・ミラー（2017年）

践の特徴を、ジョン・ミラーのホリスティック教育論の枠組みをとおして考察してみたい。くわしくは第 2 章で述べたとおりであるが、少しくり返しておくと、ミラーは 1980 年代後半にホリスティック教育を提唱したことで知られ、2010 年に『ホール・チャイルド教育』を刊行し、あらためてホール・チャイルド教育という名のもとでホリスティック教育を定式化している。ミラーは教育の基本的様式を三つに分け、それぞれ「伝達」「交流」「変容」と呼んでいるが、これらすべてをふくむのが「ホール・ティーチング」である。「伝達」とは、細分化された知識を伝達する教育様式である。「伝達」は伝統的な学問中心の注入主義の教授スタイルである。「交流」とは、学習者が共同で経験学習、探究、問題解決、対話などに取り組む様式である。「変容」は人間存在の内的な自己発見と自己成長にかかわるものであり、ホリスティック教育のなかで強調される。ミラーは「変容的な教育が目的とするものには、智慧、慈悲、みずからの人生の目的感覚がふくまれる」（Miller, 2010, p. 30）と述べている。「伝達」「交流」「変容」のそれぞれに多様な教育方法があるが、とくに「交流」が反省的思考を重視するのに対して、「変容」は観想実践を重視している。

　これら三つの教育様式からルンアルンの教育を見ると、「交流」の部分が教育活動の多くを占めていることがわかる。ルンアルンでは「伝達」は「受動的学習」と呼ばれ、「交流」は「活動的学習」と呼ばれるが、通常「受動的学習」に偏りがちな主要教科の学習においても、「受動的学習」と「活動的学習」の割合が 4 対 6 になるようにし、「交流」的な要素がより多くふくまれている。その他の教科は「活動的学習」が 8 割から 10 割になるようにつくられている（Roong Aroon School, 2013）。ルンアルンの教育活動の中心をなす統合的なプロジェクト学習においては、「交流」の様式が非常に多く取り入れられている。これはルンアルンが「なすことによって学ぶ」や「コミュニケーション的学び」を学習原理として立てていることと関係している。とくにルンアルンの取り組みにおいては、かつてデューイが学校と社会を結びつけたのと同じように、現実生活との結びつきが重視され、そこに内在する問題の解決がはかられる。それは問題解決

学習のすぐれた取り組みと言えるものである。さらに言えば、とりあげられる問題には、開発によって生じた矛盾や軋轢がふくまれ、そうした地域に暮らす当事者たちとのかかわりをとおして問題解決が追求される。このようなアプローチは、パウロ・フレイレ（Paulo Freire, 1921–1997）の解放的教育にもつうじるラディカルなものである。

　ところで、「交流」の部分がいかに充実していても、それだけではホリスティック教育の実践としては不十分である。ルンアルンでは「変容」に関して、仏教の儀礼やマインドフルネスをふくむ観想実践、観想的アートなど、さまざまな取り組みがある。ルンアルンの「より深い学び」という学習原理はこの部分にかかわるものである。ミラーは「変容」の目的を、智慧と慈悲の深まりと、生きる目的の自覚に置いているが、ルンアルンが追求しているのは、まさしくこの部分である。プロジェクト学習もたんに活動的な学習者を育成することではなく、現実生活とのかかわりのなかで生徒の智慧と慈悲が深まり、生きる目的が自覚されるようになることが目指されている。

　ミラーのもうひとつの論点は「ホール・カリキュラム」であり、そこでは六つのつながりがとりあげられる。すなわち、教科のつながり、直観とのつながり、コミュニティとのつながり、身心のつながり、地球とのつながり、魂とのつながりである。ルンアルンの場合、「教科のつながり」はプロジェクト学習のなかで、すでに幼稚園の時点から取り入れられており、高等部の段階では高度な内容の統合的プロジェクトが展開される。「直観とのつながり」はプロジェクト学習や芸術のなかで実現されている。「コミュニティとのつながり」は、教室、学校、地域へと拡大するが、ルンアルンの場合、教室におけるコミュニティは各種の共同学習によって生まれる。学校全体においても異学年によるスポーツやさまざまな催しがあり、日課としての昼食づくりや清掃などのコミュニティ・サービスがある。親と学校との結びつきも強く、親は毎日の送り迎えで学校にやってきて、放課後は、ほかの親や教師と親密に交流している。また学期末の発表会だけでなく親が参加する行事は多い。周辺の地域はプロジェクト学習の対象に

なっており、さらにタイの地方をフィールドにとりあげるので、それらの地域とのかかわりも築かれる。「身心のつながり」については、ルンアルンが熱心に取り組んでいるマインドフルネスに加え、ヨーガ、伝統の薬草学、武術、舞踊などが行なわれている。食事についての取り組みもここに入る。「地球とのつながり」は、学校が豊かな自然環境のなかにあることに加え、プロジェクト学習で環境問題や地球の危機がとりあげられるなかで実現されている。「魂とのつながり」については、瞑想や芸術をふくめた観想実践、日々の儀礼などがあげられるが、プロジェクト学習をとおした自己発見も重要な意味をもつ。

　以上のように、ルンアルンはミラーの枠組みをとおして見るなら、ほとんどすべての面ですぐれた実践を展開していると言える。さらにミラーは教師についても「ホール・ティーチャー」ということを提唱しているが、ルンアルンの教師は「マインドフルな教師」となるように養成されており、ホール・ティーチャーと呼べるものである。

II　ルンアルンの仏教教育哲学

　ルンアルンはその教育を仏教によって基礎づけている。あるいは、仏教を学校教育のなかで実現することを試みていると言っても過言ではない。ルンアルンの幼稚園、初等学校、中等学校には、各学校に合わせた仏像が安置されているが、それらは学校で子どもをふくむ多くの人の手によって鋳造され、インドのブッダガヤで開眼法要が行なわれたものである。このことひとつをとってみても、ルンアルンがいかに仏教を重んじているのかがわかる。

1　仏教式学校

　大多数の人がテーラワーダ仏教を信仰しているタイにあって、仏教の教えや実践は学校教育のなかに広く取り入れられている。2002年以降には

「仏教式学校」（Buddhist Approach School）という教育省の取り組みが進行している。このプロジェクトに登録した学校は、初年度には89校にすぎなかったが、その後、その数は最高で24,212校にまで増加した（その後減少している）。仏教式学校とは、学校のなかに仏教の教えや実践を取り入れることによって、仏教教育を推進する公立学校のことである。矢野秀武氏（2009）によれば、仏教式学校には三

幼稚園にある仏像

つの特色があり、第一に「〈三学〉の実践を基本に据えるということ」(p. 157) である。三学（戒定慧）とは出家者の修学内容であるが、仏教式学校では「これを単に出家者の修行内容と解するのではなく、一般の在家者、しかも生徒・学生の生活を改善するための実践枠組みとして捉えている」(p. 157)。第二の特色は、三学を学校のなかで実践するために、日常生活のなかで「食・住・視・聴などにおける正しい生活のあり方」(p. 156) を学ぶことである。第三の特色は、学校だけでなく「家庭・地域共同体・寺院を活動に巻き込む」ことであり、「理想視されたタイの伝統的共同体の姿を構築」(p. 156) することである。こうした仏教式学校の理念には、ポー・オー・パユットー師の考えが導入されている。昨今のタイにおける寺院活動の低迷を背景とし、仏教式学校が目指しているのは「学校を仏教教育の中心とし、そこに家庭・地域共同体や寺院が協力することを通じて、生徒・学生の精神的成長のみならず、地域社会全体の改善につなげる」(p. 155) ということである。

ルンアルンは仏教式学校の理念を現実化しており、仏教教育の中核校として他の仏教式学校に対し研修や指導を行なってきた。そのような実績をふまえ、ルンアルンとアソムシンが中心となり、ひとつの調査研究が行なわれた（Chuencharoensook, 2017b; Niyom, 2016a, 2016b, 2018b）。ルンアル

ンのチームは、マハーチュラロンコン仏教大学をはじめとする他の機関と共同で、タイ研究基金から研究資金を得て、627校の仏教式学校のうち、すぐれた実践で「仏教式教育賞」を受賞した27校を対象にして「仏教式学校を、家庭－寺院－学校の三者からなる基礎的仏教コミュニティに変容する」という3ヵ年（2015–2017年）のプロジェクトを実施した。

　ルンアルンはパユットー師の学習観をふまえ、(1)「三学」、(2)「善友（ぜんゆう）」と「如理作意（にょりさい）」、(3)「四念処（しねんじょ）」を中核的な仏教原理として選んでいる。調査の結果判明したのは、仏教式学校においても、四念処（瞑想）の部分が不十分であるということであった。そこでルンアルンのチームが推し進めたのは、各学校のなかに校長や教師や僧侶をふくむ中核グループをつくり、彼らに瞑想の訓練をしたうえで、彼らが少なくとも1年間、学校でそれを用いてみて、その後、その方法を学校全体に広めるということである。その結果、家庭も瞑想の価値を認め、最終的に家庭が率先して学校と寺院をつなぐ手助けをするようになる。このようにして仏教式学校は、家庭および寺院と結びついた「基礎的仏教コミュニティ」（Basic Buddhist Community）に変容される。プロジェクトの最終段階は、各学校が近隣の3校を支援して同様の変革を促すというものである。

2　三学とホリスティックな学び

　パユットー師によれば、「生きることは学習すること」であり、「善く生きるとは学び、学習し、修習、開発すること」（パユットー, 2008, p. 348）である。ルンアルンにおいても「生きることは学びであり、学習することが生きることである」（"Life is Learning" or "Learning is Life"）という理念が基本に据えられている。人は学ぶことによって、その生を改善していく。善き生をおくるためには、学ぶことが不可欠なのである。「結局のところ、教育（すなわち、学ぶことと修習すること）は、善き徳のある生活をおくることとひとつになる。教育は人の生の基本的な活動になる」（Payutto, 2018, p. 5）。

仏教において、学ぶことは *sikkhā* と呼ばれる。

　　この言葉 *sikkhā* は、「修習」「学習」「修練」「完全な注意を払うこと」「実践」「開発」と訳される。この言葉は、人の身業、口業、意業（身口意）、および智慧を修習し開発して、徐々に最高の目標の実現、すなわち、解放＝涅槃（*nibbāna*）へいたることの本質的側面をあらわしている。（Payutto, 2019, p. 993）

　人は修学をとおしてブッダの段階にまでいたる。「〈学〉とは、人間を訓練、あるいは開発して、菩提を出現させ、最後には人間をブッダに変える過程である」（パユットー, 2008, p. 348）。テーラワーダ仏教に即して言えば、「教育と修習の究極の目的は、完全に覚醒した存在——阿羅漢（*arahant*）になることである」（Payutto, 2018, p. 37）。そこで教えられるのは、ブッダが説いた自然の理法（仏法）であり、これは宗教的イデオロギーのようなものではなく、ものごとの法則であり、行為に関する倫理的教えにまとめられる。

　人生に取り入れられるべく学ばれるものは、「三学」（*tisso sikkhā*, threefold training）である。人間の生には三つの面があり、修学も三面に対応して三学となる。その三面とは、「環境との関係面」、「心の面」、「慧（知識、理解、思考）の面」である。生のこれら三面において自己開発することが三学である。仏教において三学は、「戒」（*sīla*, virtuous conduct）、「定」（*samādhi*, concentration）、「慧」（*paññā*, wisdom）と呼ばれ、環境との関係面の学は戒（増上戒学）、心の面の学は定（増上心学）、慧の面の学は慧（増上慧学）である（パユットー, 2007, pp. 159–161; 2008, pp. 348–355）。

　よく知られているように、仏教では修習の「道」（*magga*）として「八正道」があるが、三学は八正道と結びつけられる。すなわち、「戒」は、正語（正しい言語行為）、正業（正しい身体的行為）、正命（正しい生活と仕事）を、「定」は、正精進（正しい努力）、正念（正しい気づき）、正定（正しい精神統一）を、「慧」は、正見（正しい見方と理解）、正

思惟（正しい思考と意志）を、それぞれ増大させるものとみなされる。

　三学が教育活動に取り入れられるときには、つぎのようになる。まず「戒」は、人がその環境世界にかかわる際の行為を意味している。人間の環境世界には物質的環境と社会的環境があり、戒はそれら二つの世界にかかわる行為面での修習であり、「律」（*vinaya*, a code of conduct）に従った善き行為を学ぶことである。そのさい重要なのは、世界との相互作用において、他者を抑圧したり搾取したりしないようにすること、苦しみや害を与えないようにすることである。それゆえ、社会的関係に関して「戒とは、外の段階のことです。身や語の段階、他人との関係、迷惑を掛けないことなどです。それらは社会の中で他人とよく共存する初歩の基礎的なことです」（パユットー, 2007, p. 160）と言われる。物質的環境との関係においては、足るを知る「賢明な消費」（wise consumption）が重要な教育課題となる（Payutto, 2017）。「教育とは、善い質の生活をおくるためのスキルを発達させることであり、それは巧みな消費から始まる」（Payutto, 2018, p. 25）。パユットー師は「賢明な消費」に関連して、わるい習慣がいったん身につくと容易には変化しないため、「律」に示されているような健全な習慣（道徳的行為）を人生の初期の段階から習得する必要性を説いている。

　人間が行為をとおして世界とかかわるとき、その根底には「心の状態」（state of mind）、すなわち、意図、動機、欲望、衝動、感情などがあり、それらは行為のあり方に直接影響をおよぼす。「定」とは、心の面の学習と開発であり、慈心や悲心などの「善い心の質」、忍耐、努力、集中、精進といった「善い心の能力」、喜びや満足といった「善い健康な心」を開発することである。

　また、世界にかかわる行為には理解や智慧も結びついている。パユットー師は「世界との相互作用の範囲や程度は、私たち理解や見解の性質によって形づくられる。私たちのつくりだす関係は、私たちの理解にもとづいている」（p. 11）という。したがって、私たちが行なう活動について明晰な理解をもっていることが重要であり、「慧」とは「真理に従って（あ

るがままに）一切のことを知り、理解すること」（パユットー、2007、p. 161）である。

　三学、すなわち、行為、心の状態、理解は分かちがたく結びついており、三学は一体的に働くものである。言いかえると、世界にかかわる行為には三学のすべてがふくまれているのである。したがって、日常生活の行為が学びの場となり、そこに「定」や「慧」の要素がふくまれることになる。たとえば、パユットー師は「賢明な消費」の例として「食べること」を重視している。食べることは外界の物質（食物）とかかわる行為であり、食事によってさまざまな心の状態（満足、不満、快、不快、喜び、楽しみなど）が生じる。どのような心の状態が生じるかは、食事に対する理解によって左右される。食事や食品の意味を知れば、たんに欲望の赴くままに食事をとることとは異なる理解が生まれる。「内省し、より明晰な理解を得れば、心は別の種類の満足を経験する」（Payutto, 2018, p. 16）。以前は嫌っていたものでも、健康面の価値を理解すれば、食事内容は改善され、より健康的なものになる。このようにして、衣食住に医薬を加えた四つの必需品（four requisites）に対して三学が用いられる。ルンアルンでは食育が重視されているが、それ以外にも清掃やリサイクル活動といった物質的環境にかかわる行為が「賢明な消費」に関する重要な教育活動として位置づけられている。

　ルンアルンにおいては、三学の修学体系は「ホリスティックな学び」と重ね合わされ、ルンアルンの価値教育における「第一の中核価値」（Core Value）とされる。「ホリスティックな学び」は「頭と心と手」（3Hs）からなる全人によってなされるものであり、手（Hands）すなわち身体に関しては「中核的スキル」、心（Heart）に関しては「中核的価値観」、頭（Head）に関しては「中核的コンピテンシー」が育成される（Niyom, 2016a）。三学に対応させれば、戒は手、定は心、慧は頭に対応していると言える。ルンアルンの「価値志向カリキュラム」（Value Oriented Curriculum）はこれら三領域を統合するものである。

3　善友と如理作意

　パユットー師は「学の過程は何とはなく起こり始めてひとりでに前進するわけではなく、支援、あるいは励ます要素が必要である」（パユットー, 2008, p. 363）と述べる。つまり、学びへと導く前段階が必要だというのである。そこで必要とされるのは「多少の慧」、すなわち、正しい原理を信じることができる程度の「正見」である。この正見を生じさせることのできる二縁（要因）があり、それは外部要因としての「他からの声」と、内部要因としての「如理作意」である。このうち如理作意はみずからの力で考えることを意味するが、それによって正見を生じて、学に入る人はきわめて稀であり、実際のところ「正見は他からの声と言われる外部の縁から生まれる」（p. 365）。つまり、「人は大部分は他からの声によって学習、開発の流れに入る」（p. 365）のである。

　「他からの声」は、つぎのようなものをふくんでいる。

　　「他からの声」（*paratoghosa*）──他者の「声明」、外部からの影響や誘因。たとえば、ほかの人の教え、助言、説明、伝達。宣伝、情報、ニュース、書かれたもの、学校へ行くこと。ここではとくに健全な教え、とりわけ仏法の教えの伝達、「善友」（*kalyāṇa-mitta*）から受け取った知識や忠告のことである。これは外的で社会的な要因である。それは「信」（*saddhā*）の道と言いあらわされるものである。（Payutto, 2019, p. 1018）

　「他からの声」と「如理作意」はともに重要なものであるが、「智慧がまだ熟していない通常の人びとは、他者の教えや導きに頼る。もしそうした教えが巧みに示されるなら、人びとはしばしば素早く進歩することができる」（p. 1019）。

　「他からの声」は他者の教えや外部からの影響を意味するが、それが善

きものである場合、「善友」（virtuous friend, good friend）と呼ばれる。善友とは「助言し教える人、相談相手、付き合う友で良い環境にある人」（パユットー, 2012, p. 2）である。善友は人を助け、支援し、導き、道を示し、模範となる。善友の資質は七つある（七善友法）（Niyom, 2015b, p. 9; 2016b, p. 307; パユットー, 2012, p. 158）。

1 愛すべき（快く、親しく、相談できる）*Piyo*
2 尊敬すべき（頼りになり、不安がない）*Garu*
3 称賛すべき（知識と智慧があり、手本になる）*Bhāvanīyo*
4 教語者にして（話や助言ができる良き相談相手）*Vattā ca*
5 他語に堪忍し（忍耐強い聞き手）*Vacanakkhamo*
6 深甚なる談をなし（深い話をする）*Gambhīrañca katham kattā*
7 道理に合わざることを勧めない（有害で不適切な指導をしない）
No caṭṭhāne niyojaye

パユットー師は、善友が教育のなかできわめて重要な働きをするという。「善友の義務を果たす準備のある善き善友が得られれば、社会の教育は成功する」（パユットー, 2008, p. 368）。教育において何よりも重要なのは、善友を生みだすことなのである。

> もし、両親、先生、教師、マスメディア、文化団体など社会の中で重要な役割を果たす人や組織が、善き他からの声、すなわち善友であれば、子供たちをその後の開発の基礎となる正見に導く。(p. 365)

善友の助けによって、人はみずからの「如理作意」を引き出すことができるようになる。「善友が、善き〈他からの声〉として学習の手助けを進めるとき、〈他からの声〉は学・学習を受けようとする人に如理作意が生じるように刺激する」（パユットー, 2009, p. 122）。如理作意は、つぎのような意味をふくんでいる。

「如理作意」（*yoniso-manasikāra*）——賢明な内省、分析的な内省、理にかなった体系的な注意。ものごとを客観的な仕方で内省する方法を知ること、理にかなった考え方をすること、ものごとの発端を探り、現象のすべての行程をたどること、対象や問題を分析し、それを真理に従って、相互に関係しあう諸原因や諸条件に従って見て、そこに個人的な渇望や執着を介入させないこと。これは内的で精神的な要因である。それは「慧」（*paññā*）の道と言いあらわされるものである。（Payutto, 2019, p. 1018）

　如理作意には以下の四つの内省（思考様式）がふくまれる。(1)「方法的な内省」（*upāya-manasikāra*, methodical reflection）、適切な手段や方法を用いて思考し、内省すること、体系的な思考、(2)「適切な内省」（*patha-manasikāra*, suitable reflection）、明確な道筋に従い、適切に思考すること、順序づけ秩序立てて思考すること、(3)「理にかなった思考」（*kāraṇa-manasikāra*, reasoned thinking）、分析的思考、探索的思考、合理的思考、原因に立ち返って思考すること、(4)「結果を生じる思考」（*uppādaka-manasikāra*, effective thinking）、望む結果を生みだすために目的をもって思考すること（p. 1106）。

　如理作意は「賢明な内省」（wise reflection）と英訳されているが、ニヨム氏によれば、これには以下の十の思考法がふくまれる。(1) 善き内的価値を用いる思考、(2) 真の自覚をもった思考、(3) 現在の状況に焦点を合わせた思考、(4) 四聖諦による問題解決思考、(5) 事実にもとづいた説明思考、(6) 要素を階層づける思考、(7) 因果を見つけだす思考、(8) 概念と対象をつなぎ合わせる思考、(9) 真偽を問う価値判断の思考、(10) 有利・不利の比較思考（Niyom, 2016a, p. 7; 2016b, p. 307）。

　仏教の文脈では、如理作意は以下のように位置づけられる。

　霊性修行の体系のなかで、如理作意は内的要因であり、思考の開発と応用に結びついている。それは、適切な思考法、方法的思考、分析的

思考として定義される。それはつぎのような属性を有している。人が
ものごとを表面的に見ることを防ぎ、自己信頼に導く。そして、解放、
苦しみからの自由、真の平安、純粋な智慧に導く。それらは仏教の最
上の目標である。（Payutto, 2019, pp. 1101–02）

　ルンアルンでは、善友と如理作意は「第二の中核価値」として位置づけ
られており、あらゆる局面で重視され、学校教育の原理に組み入れられて
いる。ルンアルンの学校案内（Roong Aroon School, 2015b）の表紙にはパ
ユットー師の言葉が引用され、「善友と如理作意が自然に結びつくとき、
人はたしかに学び、成長し、気づき（マインドフルネス）をとおして智慧へと向上する」とあ
る。そして「学びとは人間の生きる過程であり、それは学びの内的要因と
外的要因（善友と如理作意）のバランスをとるなかで生じる」と述べられ
ている。学習において善友は外的要因であり、如理作意は内的要因であり、
両者を結び合わせることによって真の学習が生じるのである。
　仏教修行においては善友が何よりも重要だと言われているのと同じく、
ニヨム氏は、家庭においては親が善友であり、学校においては教師が善友
にならなくてはならないと強調する。「ホリスティックな学びが成り立つ
か否かは、これら二つの柱にかかっている」（Niyom, 2015b, p. 9）。それゆ
え、親に対しては「マインドフルな親のクラス」が開かれる。ルンアルン
の大半の子どもは幼稚園から入園しているため、入園に際して親が子ども
の善友となるように、入園前の9週間にわたり、週末に計30時間のワー
クショップが開かれる。そこでは、親たちに瞑想を指導し、四無量心（慈
悲喜捨）に従うことを求め、さらにルンアルンの価値志向カリキュラムを
理解してもらうために、親たちも学校で行なわれる諸活動を実際に体験する。
　ルンアルンでは、善友と如理作意を両輪として学習がデザインされる。
まず善友である教師が「活動前レヴュー」をとおして、現実生活にもとづ
く学習テーマを選び、知識・技能・態度（価値観）における学習目標を設
定する。教師が生徒にテーマを与え、生徒がプロジェクトを開始した後に
は、生徒はみずからの内的要因である如理作意を働かせて探究を進めてい

く。そのさい教師はファシリテーターとして生徒の自律的学習を支える。教師はたえずその過程をふり返り、必要に応じて「活動後レヴュー」を組み入れる。教師もまた「活動前レヴュー」や「活動後レヴュー」のなかで如理作意を働かせるのである。

4　四　念　処

　三番目の仏教原理は「四念処」(*satipaṭṭhāna*) である。四念処とは、身（身体）、受（感情）、心（思考）、法（ダンマ、ダルマ）という四つの柱を対象として、「気づき」を確立する瞑想法である。ブッダの教えによれば、四念処は涅槃にいたるための主要な道とされ、東南アジアではヴィパッサナー瞑想 (*vipassanā*) として体系化されている。タイ国内には数多くの寺院（通称「森林僧院ワット・パー」）がヴィパッサナー瞑想の修行場として存在し、一般市民も多く瞑想に参加する。とくにブッダダーサ比丘びく (Buddhadāsa Bik-khu, 1906–1993, プッタタート比丘ともいう) や、アチャン・チャー (Ajahn Chah, 1918-1992) といった有名な指導者の活動をとおして、ヴィパッサナー瞑想は国内だけでなく全世界へと広がっている。

　こうした背景をふまえると、タイは、欧米を中心に世界中に広がりつつある観想教育において世界の最先端に位置していると言える。ニヨム氏は「私たちはいまだ精神面の利点を有しており、社会のなかに心を訓練するという知的資本がある。私たちにはまた、すすんで教えてくれる数多くの偉大な師がいる」(Roong Aroon School, 2014, p. 59) と述べている。学校が僧院や僧侶に結びつき、指導を仰ぐというのは、タイではよく見受けられることである。教師が僧侶に師事し、僧院に出向いて瞑想をすることもある。ルンアルンもそのような学校のひとつであり、ニヨム氏はそうした活動に熱心に取り組んでいる。

　今日、世界に広まっているマインドフルネスはヴィパッサナー瞑想に由来するものであり、ルンアルンでもマインドフルネスが実践されている。しかし、世俗的マインドフルネスが宗教性を排除したものであるのに対し

て、ルンアルンでは仏教教育の
不可欠な実践として、それが取
り入れられている。したがって、
マインドフルネスの意味づけも、
それがストレス・マネジメント
などに役立つというだけでなく、
むしろ智慧を深めることに必要
なものとして位置づけられる。

瞑想のためのリトリート・センター

ヴィパッサナーとは「深く観
る」という意味であり、慧を増すための修習である。

　ルンアルンでは、四念処の原理が「第三の中核価値」として組み入れら
れている。ルンアルンが試みているのは、仏教の教義面だけでなく、その
瞑想実践を学校に取り入れることによって、マインドフルな雰囲気のなか
で学習活動が展開し、子どもが成長していくということである。日課とし
てマインドフルネスの練習が組まれており、マインドフルネスを取り入れ
たさまざまな活動（観想的アート、清掃、食器洗い、リサイクル活動な
ど）が行なわれる。また教師や親もマインドフルネスを修習する。ルンア
ルンに隣接して瞑想のためのリトリート・センターがつくられており、僧
侶を招いて教師や親のための瞑想合宿が行なわれる。ルンアルンでは開校
当初から、教師たちが瞑想に取り組んでおり、中心となる教師たちにい
たっては、毎年少なくとも1回7–10日程度、森林僧院に出向いて瞑想を
行なっている。ルンアルンでおもに行なわれているのは「チャルーン・サ
ティ」（気づきの開発）と呼ばれる動作瞑想である。これはルアンポー・
ティアン師（Luangpor Teean Jittasubho, 1911–1988）がつくりだした比較的
新しいヴィパッサナー瞑想の一種である（Luangpor Teean, 1984; Luangpor
Teean Jittasubho, 2005; ナラテボー, 2009）。

　ルンアルンはこうした取り組みを積極的に推し進めることによって、学
校を「マインドフルな善友的コミュニティ」（mindful Kalayanamitre com-
munity）にすることを目指している。それは、学校、家庭、寺院がひとつ

に結ばれるマインドフルな「家庭−寺院−学校」（FTS: Family-Temple-School）のコミュニティであり、この全体が価値学習コミュニティを構成しているのである。

5　ホリスティック教育の概念的枠組み

ルンアルンにおいては、仏教式の価値教育における三つの中核価値、すなわち、三学、善友と如理作意、四念処を基盤に据えることによって、その上に学校教育の基本構造が構築されている。ニヨム氏はそれを以下のように描きだしている（Niyom, 2016b）。

三学に関しては、「ホリスティックな学び」における「五つの価値オペレイティング・システム」（VOS: Value Operating Systems）が立てられる。

（VOS 1）　価値志向的カリキュラム・システム（Value Oriented Curriculum System）

（VOS 2）　価値統合的レッスンプラン・システム（Value Integrated Lesson Plan System）

（VOS 3）　マインドフルなクラスの教授学習システム（Mindful Class Teaching & Learning System）

（VOS 4）　埋め込み式の形成的評価システム（Embedded Formative Assessment System）

（VOS 5）　価値志向的内省システム（Value Oriented Reflection System）
　　　　　　——教師の「賢明な内省」対話（Teachers' Wise Reflection Dialogue）

善友と如理作意に関しては、「価値志向コミュニティ」における「五つの善友的プラットホーム」（KP: Kalayanamitre Platforms）が立てられる。

（KP 1）　マインドフルな親のクラス（Mindful Parents Classroom）

（KP 2）　マインドフルな教師（Mindful Teachers）

（KP 3）　教師と親のマインドフルな対話（Teachers-Parents Mindful Dialogue）

（KP 4）　観想的アート（Inspiring Contemplative Arts）

（KP 5）　自発的サービス（Voluntary Services）

　四念処に関しては、「四つの観想的活動」（CA: Contemplative Activities）が立てられる。

（CA 1）　正式なマインドフルネス瞑想（Formal Mindfulness Meditation）

（CA 2）　日々の祈りと朝の法話（Daily Praying and Morning Dharma Talk）

（CA 3）　教室における観想実践（Classroom Contemplative Practices）

（CA 4）　仏教の伝統的活動（Buddhist Traditional Activities）

　ルンアルンにおいて、仏教原理を基盤とするホリスティックな価値教育のモデルは、このように構造化される。しかし、同時に忘れてはならないのは、ルンアルンがたえず変革をとげているということである。ニヨム氏はルンアルンの特徴を「変化」に見ている。「私たちが〈変化〉についてルンアルンの教師たちと話すとき、彼らはそれほど興奮しないであろう。なぜなら、私たちは毎学期、変化をとげているからである」（Roong Aroon School, 2015a, p. 7）。教師がたとえいかに入念に授業を計画したとしても、現実生活からの学びを重視するルンアルンにおいては、つねに計画を超えたことが生じる。したがって、教師は授業を計画通りに進めることがほとんどない。ルンアルンでは、教師も子どもも現実に直面し、それに取り組むなかで変化していく。それがルンアルンの学びである。ニヨム氏はそれを「変化のためのプロジェクト」（project for change）と呼んでいる。

　以上、ルンアルンの教育について見てきたが、本章は 2018 年度までの

活動を中心にまとめたものであり、ルンアルンはその後も変化しつづけている。2020年の時点では、英語のイマージョン教育をおこなうインターナショナル・スクールを新設中である。

お わ り に

　では、ルンアルンがこれまで積みあげてきたものは、広く教育のモデルになりうるであろうか。最後に、この点を少し考えてみたい。ルンアルン自身、伝統的な教科書重視の教育から脱皮し、21世紀の教育をつくりだすことを求めている。そのためにホリスティックな学びを重視した価値教育が採用されている。私たちがルンアルンから学べるものは数多くある。カリキュラム・デザイン、統合的なプロジェクト学習、観想実践、芸術や伝統文化の教育、教師養成、親の教育、学校建築やランドスケープなど、さまざまである。ルンアルンは、ミラーの概念を用いれば「ホール・スクール」と呼ばれるにふさわしい学校である。

　さきに示した、ニヨム氏が定式化しているホリスティックな価値教育の概念的枠組みの諸項目は、一般化が可能な内容が大半を占めている。またチヴァプルック氏は「変容のための八つのコンピテンス」をまとめているが、それには以下のものがふくまれる（Chivapruk, 2016, pp. 14ff.）。

1　気づき（サティ）――マインドフルで意識的であること
2　賢明な内省――システム思考、全体についての省察
3　自主的学習
4　消費における賢明な知足
5　多様なリテラシー
6　ICT コンピテンス
7　職業生活コンピテンスと起業精神
8　タイおよび世界の市民として社会に参与すること

ニヨム氏やチヴァプルック氏のいうシステムやプラットホーム、活動、コンピテンスなどは、たしかにホリスティック教育に対して重要な貢献をふくんでいる。しかし、これらは、三学、善友、如理作意、四念処といった仏教原理を基盤にしているものであり、こうした基盤を欠いては、たんに寄せ集めの脆弱なものになりかねない（ただし、つけ加えておくと、ルンアルンには非仏教徒の教師や生徒もおり、教育実践や学習面において向上をはかっているのも事実である）。

　しかしながら、ルンアルンが試みているように、みずからの教育実践を仏教のなかに基礎づければ基礎づけるほど、必然的にその普遍性は失われることになる。仏教はルンアルンの根幹であり、決してゆるがせにできないものであるが、仏教そのものは他の文化圏までおよぶ一般化を妨げる要因になりうる。

　この問題について二つの方向が考えられるであろう。ひとつは、ホリスティック教育においても、それぞれの文化的伝統を基盤にした固有な教育がつくられるべきだというものである。したがって、この方向に進めば、タイではニヨム氏が描く「基礎的仏教コミュニティ」のような学校が追求されることになる。このモデルは東南アジアの仏教文化圏においては通用するものであろうし、大乗仏教圏においても仏教系の学校には示唆を与えるものであろう。

　もうひとつは、逆に個別文化的な制約を弱めることによって、より普遍的なモデルにするという方向である。この場合には「永遠の哲学」で言われるように、仏教を世界の叡智の伝統のひとつとして受け止め、そこから普遍的な原理をとりだすことができる。そのさい、基盤となっている原理そのものを分析し、より一般的な概念へと脱構築することができる。とくにテーラワーダ仏教の場合、そこで用いられる諸概念は人間の諸側面や諸次元を意味する人間学的なものが大半を占めており、そうした脱構築をすることが比較的容易である。したがって、パユットー師が述べる仏教原理は、学習に関する一般的理論とみなすことができる。三学（戒定慧）は、道徳性、心の訓練、知性を意味し、善友は人間関係、如理作意は賢明な思

考、四念処は気づきを意味している。ここにふくまれているのは、個人の身心システム、トランスパーソナルな気づき、そして援助的人間関係であり、身心、気づき、関係性が学習の基盤を構成している三つの次元なのである。このうちルンアルンでも強調されているように、「気づき」の向上が重要であり、気づきは健全な身心の働きや援助的人間関係において基盤となる。このように仏教概念を脱構築し、より機能的な概念に置き換えることができれば、それは十分に一般化可能なモデルとなることができる。

謝　　辞

　ルンアルンの元教師である飯村浩氏からはルンアルンの教育、とくにプロジェクト学習についてくわしく教えていただいた。飯村氏はルンアルンのリサイクル活動の発案者でもある。タイの文化と教育の専門家である明治学院大学教授、渋谷恵氏からは資料提供をはじめ有益なご教示をいただいた。ここに記してお二人に感謝を申しあげる。

［文献］

Arsom Silp Institute of the Arts (n.d.). *Graduate diploma program in teaching profession: School of Holistic Education.* Bangkok: Arsom Silp Institute of the Arts, 38 pp.

Arsom Silp Institute of the Arts (2018). *Participatory architecture for change.* Bangkok: Arsom Silp Institute of the Arts.

チャンバンチョン, C. ほか（2017）「タイの市民性教育――アセアン市民性教育の現状とその課題」, 平田利文編著『アセアン共同体の市民性教育』（pp. 213–241）東信堂.

Chivapruk, S. (2016). *Roong Aroon holistic education: The value-oriented curriculum.* Bangkok: Roong Aroon School, 25 pp. (Originally presented as "Mindful living, healing environment, and mind practice" at the conference of 'Mind over Mind: Adding Mindfulness in Our Lives,' The Institute of Mind Humanities, Wonkwang University, South Korea, 11–13 April 2016)

Chuencharoensook, S. (2017a). *Lessons learned: Reviewing Roong Aroon's Buddhist value-oriented principles of holistic education.* Bangkok: Roong Aroon School, 9 pp. (Presented at the Holistic Teaching & Learning Conference, Southern Oregon University, 14–17 September 2017)

Chuencharoensook, S. (2017b). *The transforming of Buddhist approach schools to the basic Buddhist community: Abstract of research.* Bangkok: Roong Aroon School, 12 pp. (Presented at the Third Roundtable Meeting of the Asia-Pacific Network for Holistic Education, Doshisha University, 6–8 June 2015)

Luangpor Teean (1984). *To one that feels: The teachings of Luangpor Teean* (T. Puntarigvivat & Bhikkhu Nirodho, Trans. & Ed.). Bangkok: Luangpor Teean Foundation.

Luangpor Teean Jittasubho (2005). *A manual of self-awareness.* Amphur Pannanikom, Sakonnakorn, Thailand: Soam Panas Temple.

Miller, J. P. (2010). *Whole child education.* Toronto: University of Toronto Press.

村田翼夫（2007）『タイにおける教育発展——国民統合・文化・教育協力』東信堂.

永田佳之（2005）『オルタナティブ教育——国際比較に見る 21 世紀の学校づくり』新評論.

ナラテボー, プラユキ（2009）『「気づきの瞑想」を生きる——タイで出家した日本人僧の物語』佼成出版社.

西川潤, 野田真理編（2001）『仏教・開発・NGO ——タイ開発僧に学ぶ共生の智慧』新評論.

Niyom, P. (2015a). *Holistic learning, fostering deeper skills, core competencies and core values, could possibly encourage the movement of education for quality and sustainability.* Bangkok: Roong Aroon School, 20 pp. (Presented at National Education Conference, University of Goroka, Papua New Guinea, 20–23 September 2015)

Niyom, P. (2015b). *Vocabulary: Holistic education.* Bangkok: Roong Aroon School, 9 pp. (Realignment of contemporary encyclopedia. In celebration of the auspicious occasion of Her Royal Highness Princess Maha Chakri Sirindhorn's 5th cycle birthday anniversary, 2 April 2015)

Niyom, P. (2016a). *An application of mindfulness practices in Thai Buddhist schools: The crucial factors to enhance learning capacities of teachers and students.* Bangkok: Roong Aroon School & Arsom Silp Institute of the Arts, 16 pp. (Presented at the conference of 'Mind over Mind: Adding Mindfulness in Our Lives,' The Institute of Mind Humanities, Wonkwang University, South Korea, 11–13 April 2016)

Niyom, P. (2016b). An application of mindfulness practices in Thai Buddhist schools: The crucial factors to enhance learning capacities of teachers and students. In The Institute of Mind Humanities, *Mind over mind: Adding mindfulness in our lives* (pp. 287–337). Iksan, South Korea: Wonkwang University.

Niyom, P. (2018a). Interview on 28 November 2018 at the Arsom Silp Institute of the Arts.（インタビューアー, 渋谷恵, 中川吉晴）

Niyom, P. (2018b). Holistic education in Thai Buddhist schools. In J. P. Miller et al. (Eds.), *International handbook of holistic education* (pp. 278–286). New York: Routledge.

Niyom, P. (2018c). Thai alternative education. In G. W. Fry (Ed.), *Education in Thailand: An old elephant in search of a new mahout* (pp. 651–676). Singapore: Springer Nature Singapore.

パユットー, P. A.（2007）『テーラワーダ仏教の実践――ブッダの教える自己開発』野中耕一訳, サンガ.

パユットー, P. A.（2008）『仏法――テーラワーダ仏教の叡智』野中耕一訳, サンガ.

パユットー, P. A.（2009）『仏法の思考と実践――テーラワーダ仏教と社会』野中耕一訳, サンガ.

パユットー, P. A.（2012）『仏教辞典――仏法篇』野中耕一編訳, サンガ.

Payutto, P. A. (2017). *True education begins with wise consumption* (Rev. ed., R. Moore, Trans.). Bang Krathuek, Nakorn Pathom, Thailand: Wat Nyanavesakavan and Peeranuch Kiatsommart. Retrieved from https://book.watnyanaves.net

Payutto, P. A. (2018). *Education made easy* (R. Moore, Trans.). Bang Krathuek, Nakorn Pathom, Thailand: Wat Nyanavesakavan. Retrieved from https://book. watnyanaves. net

Payutto, P. A. (2019). *Buddhadhamma: The laws of nature and their benefits to life* (4th ed., R. P. Moore, Trans.). Bangkok: Buddhadhamma Foundation.

Roong Aroon School (2007). *More than art.* Bangkok: Saanaksorn Publisher, Roong Aroon School.

Roong Aroon School (2013). *Education curriculum: Roong Aroon School 2013.* Bangkok: Roong Aroon School, 15 pp.

Roong Aroon School (2014). *RA Journal, No. 1.* Bangkok: Roong Aroon School.

Roong Aroon School (2015a). *RA Journal, No. 2.* Bangkok: Roong Aroon School.

Roong Aroon School (2015b). *Roong Aroon: School of dawn.* Bangkok: Roong Aroon School. 10 pp.

Roong Aroon School (2017). *Roong Aroon Secondary School: Self-kalayanamitta, yonisomanasikara, facing real world experience.* Bangkok: Roong Aroon School. 41 pp.

Roong Aroon School, Taotong, T., Thanissaranon, K., Tuangcharoentip T., & Athiworakul, M. (2015). *Roong Aroon: Wastewater treatment project: STEM education.* The online journal of The Institute for the Promotion of Teaching Science and Technology

(IPST), Vol. 1, No. 1.

渋谷恵（2018）「タイ」, 田中マリア編『道徳教育』（pp. 166–171）ミネルヴァ書房.

Sivaraksa, S. (2009). *The wisdom of sustainability: Buddhist economics for the 21st century*. Kihei, HI: Koa Books.（シワラック『エンゲージド・ブディズム入門 しあわせの開発学』辻信一, 宇野真介訳, ゆっくり堂, 2011.）

矢野秀武（2009）「タイにおける国家行政の仏教活動——仏教式学校プロジェクトの事例から」, 駒沢大学『文化』27, pp. 132–164.

第4章 オルダス・ハクスリーの「永遠の哲学」と「非言語的教育」

1 オルダス・ハクスリーの生涯と思想

オルダス・ハクスリー

オルダス・ハクスリー（Aldous Leonard Huxley, ハクスレーなどとも表記される）は、1894年イギリスに生まれ、1937年からはアメリカに移り住み、1963年に69歳で亡くなっている。彼は名門の家に生まれ、祖父は進化論者として、また教育家として有名なトマス・ハクスリー（Thomas Henry Huxley, 1825–1895）であり、母方の祖父はラグビー校の校長として知られたトマス・アーノルド（Thomas Arnold, 1795–1842）であった。兄ジュリアン（Julian Sorell Huxley, 1887–1975）も著名な生物学者であり、ユネスコの初代事務局長をつとめた。オルダスの父レナード（Leonard Huxley, 1860–1933）はギリシア語学者であり、『コーンヒル・マガジン』という文芸誌の編集者であった。トマス・アーノルドの娘である母ジュリアは女学校を経営していた。彼女は詩人マシュー・アーノルド（Matthew Arnold, 1822–1888）の姪でもある（彼女はオルダスが14歳のとき病死した）。オルダスはこうした学究的、教育的な一族のなかで、みずからも明晰な頭脳と百科全書的な知識の持ち主となり、オックスフォード大学は最優秀で卒業している。彼は最初医学を志したが、10代後半に失明の寸前まで衰えた視力のために医学の道を断念し、大学卒業後は一時、母校イートン校の教師をして、その後、作家の道に進んだ。

ハクスリーは20世紀を代表する作家の一人であり、第一級の知識人で

あった。彼は『対位法』（1928年）、『すばらしい新世界』（1932年）、『ガザに盲いて』（1936年）、『幾夏すぎて』（1939年）、『灰色の宰相』（1941年）、『猿と本質』（1948年）、『ルーダンの悪魔』（1952年）など多くの作品を書き、ほかにも『目的と手段』（1937年）をはじめ、すぐれた評論を数多く残している。作家としては、虚無主義、懐疑主義の作家としてスタートし、その後は一転して神秘主義や東洋思想に傾倒するようになった。彼はその一方で社会的関心が強く、平和主義者として知られていた。ハクスリーは、解脱や悟り、愛や慈悲、平和や理想社会について、作家として、また一個人として真剣な探究をつづけた。そうした歩みが彼の作品にはあらわれている。ハクスリーは作品のなかで人類の未来のヴィジョンを描きだしたので、しばしば「予見者」（visionary）と呼ばれる。

1937年、ハクスリーは、妻のマリア、息子のマシュー、友人のジェラルド・ハード（Gerald Heard, 1889–1971）、クリストファー・ウッド（Christopher Wood, 1900–1976）とともにアメリカに渡った。彼らは同年ニューメキシコ州タオスにあったフリーダ・ロレンスの農場で一夏をすごしている。ハクスリーは弱冠21歳のとき（1915年）、小説家 D. H. ロレンス（David Herbert Richards Lawrence, 1885–1930）と出会い、その後も二人は親しい間柄であった。1926年頃からはよく一緒にすごすようになり（ロレンスの最期を看取ったのはハクスリー夫妻である）、ロレンスの妻フリーダとも親交があった。ジグラーによれば、人間の動物性や本能の側面をとりあげたロレンスの考えはハクスリーに強く影響し、ハクスリーがのちに身体と精神（知性）のバランスをとる思想を打ち立てることにつながったという（Zigler, 2015, pp. 8–9, ロレンスの人間観については, Lawrence, 1971 参照）。

自分の書いた脚本が映画会社に採用されたため、ハクスリーはその後もアメリカに残ることにし、一家でハリウッドへ移り住んだ。ハードとウッドも1939年にロサンゼルスに居を定めた。1929年に出会って以降、ハードはハクスリーの生涯にわたる友人であった。ハードも著述家であり、29年には『人間性の上昇』（*The Ascent of Humanity: An Essay on the Evolution of Civilization from Group Consciousness through Individuality to Super-Consciousness*）という著作で、人間の生物学的進化につづく意識進化の可能性を説いている。スピリチュアルな探究を強調したハードは、ハクスリーが既成宗教とスピリチュアリティの違いについて理解を深めるうえで重要な役割を果たしている（pp. 9–10）。ロサンゼルスに移ったのち、ハードはすぐにハリウッドのヴェーダーンタ協会支部（1929 年設立）を捜しだし、ハクスリーもハードに紹介されて、ハリウッド支部の設立者スワミ・プラバヴァーナンダ（Swami Prabhavananda, 1893–1976）のもとでヴェーダーンタの学徒となった。ヴェーダーンタ協会は、聖者シュリー・ラーマクリシュナの高弟スワミ・ヴィヴェーカーナンダによって創設されたものであり、各地に支部があった。ハードとハクスリーはヴェーダーンタの世界観と実践的な教えに魅せられ、瞑想指導を受けるようになる。これにイギリス人作家クリストファー・イシャーウッド（Christopher Isherwood, 1904–1986）が加わり、1940 年代に三人は協会の熱心な学徒として、出版や講演の仕事を受けもった（Isherwood, 1962）。ハードは学術と霊性修行を結びつけたトラブコ・カレッジを設立したが、このカレッジの閉校後、1949 年にその土地と建物をヴェーダーンタ協会に委譲している。またイシャーウッドは、プラバヴァーナンダ師と一緒に、『バガヴァッド・ギーター』、ヴェーダーンタの哲人シャンカラの『ヴィヴェーカ・チューダーマニ（識別の至宝)』、パタンジャリの『ヨーガ・スートラ』といった古典を、文学的で読みやすい英語に翻訳した。

　『アメリカン・ヴェーダ』の著者フィリップ・ゴールドバーグは、「ハードやイシャーウッドと同様に、ハクスリーはスワミ・プラバヴァーナンダから正式のイニシエーションを受けていたが、もっと感情面での距離をとっていたように見える。徹底して自立した自由な考え方をするので、彼は友人たちの献身ぶりに狼狽していた」（Goldberg, 2010, p. 94）と述べている。ハクスリーは「信愛の道」を認めていたが、それはみずからの道ではないと思っていた。ハクスリーはヴェーダーンタ協会との関係を維持したが、孤高の哲人クリシュナムルティとも親交をもち、カリフォルニアの

オーハイにつくられたクリシュナムルティの学校の理事をつとめた。また
ハンフリー・オズモンド博士のもとでサイケデリックスの実験をし、その
体験を『知覚の扉』（1954 年）や『天国と地獄』（1956 年）のなかで綴っ
ている。サンフランシスコにいたアラン・ワッツ（Alan Wilson Watts,
1915–1973, 東洋思想の紹介者として知られる）にヴェーダーンタを勧めた
のは、ハクスリーである。

　ハクスリーは 1945 年に神秘主義のアンソロジーである『永遠の哲学』
を発表している。第 2 章でも述べたように、永遠の哲学とは、古今東西の
叡智の伝統に共通して見られる神秘主義的な中核思想のことである。永遠
の哲学は、ヴェーダーンタ哲学、大乗仏教、プラトン学派、キリスト教神
秘主義、スーフィズム、老荘思想などに見られる普遍的な要素であり、そ
れぞれの伝統によって表現は異なるものの、多くの文化のなかで受け継が
れてきたものである。

　ハクスリーは、プラバヴァーナンダとイシャーウッドが英訳した『バガ
ヴァッド・ギーター』に寄せた序文のなかで、「永遠の哲学」の四つの基
本原理を要約している（Huxley, 2002, pp. 14–15）。

1　物質と個的意識からなる現象世界――事物、動物、人間、神々の世
　　界――は「神的基盤」（Divine Ground）のあらわれである。神的基
　　盤のなかで、すべての部分的現実はその存在を有し、神的基盤を離
　　れて、それらは存在しない。
2　人間は推論によって「神的基盤」について知るのみならず、推論的
　　な思弁よりもすぐれた直接的な直観によって、その存在を認識する
　　ことができる。この直接知は、知るものと知られるものをひとつに
　　する。
3　人間は二重の本性、つまり現象的自我と永遠の「自己」（eternal
　　Self）を有している。永遠の「自己」とは、内なる人、スピリット、
　　魂における神性の閃光である。そう欲すれば、人間がスピリットと、
　　それゆえ神的基盤と同一化することは可能である。神的基盤はスピ

リットと同一であるか、それに類似するものである。

4　地上の人間の生はただひとつの終点と目的をもっている。つまり、
　　自分自身が永遠の「自己」と同一であることを見いだし、そのよう
　　にして「神的基盤」との統一知にいたることである。

　永遠の哲学では、世界の究極的リアリティは「神的基盤」とみなされ、
それは直観によって直接知ることができる。人間は表層的自我と深層の自
己とからなり、深層次元では神的基盤と一致する。人間の究極の目的は、
この神的基盤を知ることである。著名な比較宗教学者で『世界の諸宗教』
の著者ヒューストン・スミス（Huston C. Smith, 1919–2016）は、まだ学生
だった頃にジェラルド・ハードを知り、ハードからハクスリーを紹介され、
その後セントルイス・ヴェーダーンタ協会で学んでいる。スミスはハクス
リーの永遠の哲学に心酔し、みずからも永遠主義者と称していたという
（Goldberg, 2010, pp. 103–108）。

　ハクスリーは晩年にはヒューマン・ポテンシャル・ムーブメントに対し
て、その生みの親とも言えるほどの影響を与えている。その頃の著作とし
ては、小説『天才と女神』（1955 年）、評論集『アドニスとアルファベッ
ト』（1956 年）、『すばらしい新世界再訪』（1958 年）、最後の小説となった
『島』（1962 年）などがある。1959 年にカリフォルニア大学サンタバーバ
ラ校の客員教授だったときの講義録『人間の状況』はピエロ・フェルッチ
によって編集され、没後に刊行されている。彼は舌ガンに冒されていたに
もかかわらず、手術はしないで講演活動を優先させ、とくに「人間の潜在
的可能性」（Human Potentialities）と題する講演を何度も行ない、ヒューマ
ン・ポテンシャル・ムーブメントの登場を用意している。のちにこの運動
の中心的な実験場となるエサレン研究所（1962 年設立）を開始するにあ
たり、マイケル・マーフィとリチャード・プライスはハクスリーとハード
に示唆を仰ぎ、彼らに勇気づけられてエサレンを創設している（Anderson,
1983, pp. 10–13）。

　教育の観点から見て重要なのは、後期から晩年にかけてのハクスリーの

思想である。というのも、この時期ハクスリーは人間の潜在的可能性の実現ということについて深い思索をしており、永遠の哲学にもとづく独自の教育論を展開しているからである。それはまとまった著作として残されていないため、ほとんど知られていないが、ハクスリーの教育論はホリスティック教育をたんに先取りしているだけでなく、ひとつの完全なモデルを描きだしている。たとえば、彼はホリスティック教育の定義となりうるような一文を残している。

> 教育は、それがたんに職業教育でないかぎり、個人をふたたび、その人自身と結びつけ、仲間の人たちと結びつけ、社会全体と結びつけ、個人や社会がその一部になっている自然と結びつけ、自然がそこに属している内在的で超越的なスピリットと結びつけることを目的とする。（Huxley, 2013, p. 109）

　この点で、同じく人間の潜在的可能性の理論を打ち立てたヒューマニスティック心理学者たちとくらべても、ハクスリーの教育面での貢献は際立っている。しかし、今日にいたるまでハクスリーの教育思想についての研究は非常に少ない。まとまった研究としては、ロナルド・リー・ジグラー（Ronald Lee Zigler）の『オルダス・ハクスリーの教育的予言』（Zigler, 2015）がある程度である。そこで本章では、その貴重な貢献が忘れ去られることがないように、ハクスリーの教育論の全体像を描きだしてみたい（Nakagawa, 2002 参照）。なお注目すべきことに、2000 年から 2002 年にかけて、ハクスリーの評論集が全 6 巻に分けて刊行されている（Baker & Sexton, 2000–2002）。
　私がオルダス・ハクスリーを知るようになったのは、『島』や『ハクスレーの集中講義』の訳者である片桐ユズル氏（1931– , 京都精華大学名誉教授）をとおしてである。ハクスリーがアレクサンダー・テクニークに熱心に取り組んでいたことから、日本にアレクサンダー・テクニークを導入したのも片桐氏であった。1994 年にハリウッドで開かれた「オルダス・

ハクスリー生誕 100 周年祭」に二人で参加することができたのは、いまで
も貴重な思い出である。

2　条件づけの教育──『すばらしい新世界』より

　後期の教育思想をとりあげる前に、1932 年に発表された「見せかけの
ユートピアのヴィジョン」（Zigler）を描いた『すばらしい新世界』から、
ハクスリーが危惧していた教育の未来像を見ておく。この有名な近未来小
説では、科学が非常に発達し、人間が科学の全体主義的な管理下に置かれ
た状況が描かれている。この作品では、そうした管理や支配が処罰と暴力
によってではなく、巧妙な心理的操作をつうじてなされることが描かれる。
そのさい教育は幼児期における徹底した心理的条件づけ（conditioning）
として登場する。

　『すばらしい新世界』の第 2 章で、「新パブロフ式条件づけ」と名づけら
れた教育がとりあげられる。それは、人びとが与えられた環境に完全に適
応するように仕組まれたものである。たとえば、幼児が本を見ているとき
轟音を響かせたり、花を愛でているとき電気ショックを与えたりする。そ
うすると幼児は本や花を見るだけで、恐怖を抱き、拒否反応を示すように
なり、ついには本（思想）や花（自然）を嫌悪するようになる。小説のな
かで「条件反射訓練所」の所長は、つぎのように話す。

　　「彼らは、本や花に対して心理学者が〈本能的〉嫌悪と呼んでいたも
　　のを伴って成長していく。変更不能な条件づけられた反射だ。彼らは
　　生涯にわたって、書物や植物に近寄らなくなる。」（Huxley, 1955, p. 29）

　またこの作品では、条件づけと並んで「催眠教育」（hypnopaedia）がと
りあげられている。これは睡眠時に暗示の言葉を与え、それを道徳教育に
用いるというものである。所長はつぎのように語っている。

「最後には、子どもの精神はこうした暗示そのものになり、暗示の総
　和が子どもの精神になる。子どもの精神だけではない。大人の精神も
　同じだ——生涯にわたってだ。判断し、欲望し、決定する精神——そ
　れがこうした暗示によってつくられる。しかし、その暗示はすべて私
　たちが与えた暗示なのだ。」(p. 34)

　このように『すばらしい新世界』では、人間が科学的な心理的操作をつ
うじて規格化される様子が描かれている。ハクスリーは『すばらしい新世
界』を書いた 26 年後の 1958 年、『すばらしい新世界再訪』という評論集
を出し、『すばらしい新世界』を再考している。そのなかで彼は、プロパ
ガンダ、商品の販売戦略、洗脳、薬物利用、サブリミナルな暗示効果、催
眠教育などを吟味し、それらがすでに現実のものとなりつつあり、「1931
年になされた予言が、私が思っていたよりもずっと早く的中しようとして
いる」(Huxley, 1965a, p. 4) と、悲観的な見通しを述べている。政府や大
企業がさまざまな「精神操作」(mind manipulation) の方法を用いて、人
びとに社会的、文化的な画一化を押しつける時代が到来しつつあるという
のである（精神を操作する傾向は、その後も決して衰えることなく、いっ
そう増大している）。これに対して、ハクスリーは「このような専横を避
けようとするなら、私たちはすぐにでも自分自身と子どもたちを、自由と
自治のために教育しはじめなくてはならない」(pp. 103–104) と述べている。

3　脱条件づけの教育——分離の技法

　ハクスリーは『すばらしい新世界再訪』のなかで、精神操作による支配
に対抗して「自由のための教育」を提唱している。それは各個人の独自性
を尊重するとともに、条件づけや暗示の力に対抗するためのものである。
ハクスリーはそうした教育の原理と方法を、いくつもとりあげているが、
『すばらしい新世界』から 5 年後の 1937 年に出された評論集『目的と手
段』の第 12 章「教育」のなかでは、「分離」(dissociation) という方法を

提案している。これは条件づけで用いられる「連合」（association）を解除する方法である。条件づけは、ある事象を他の事象と連合することで成立する。この連合には二つの様式がある。ひとつは、ある事象を不快な刺激と結びつけることによって、その事象を回避させるものであり、もうひとつは、ある事象を好ましい刺激と結びつけることによって、その事象を受け入れさせるものである。このうち後者の操作は宣伝や広告に用いられる。宣伝したいと思っている商品や人物や主義主張を、当の文化圏ですでに認められているイメージや観念と連合することによって、それらが価値を獲得するのである。たとえば商品の宣伝では、その商品を、すでに価値の定まった快楽や魅力（肉体美、健康、美しい風景、家庭など）と結びつけることによって販売促進がはかられる。また政治や軍隊や宗教の世界でも同じような仕方で権威づけがなされる。

　ハクスリーは、こうした精神支配の戦略に対して、脱条件づけの方法として「分離の技法」（the art of dissociation）を説いている。それは、人びとを操作するために連合された諸事象を分離して考えるように訓練するものである。

　　観念を分離する技法は、あらゆるカリキュラムにおいてその場所をもつべきである。若者は、政府や国際政治や宗教などの諸問題を、その問題の特定の解決法が連合されていた好ましいイメージから切り離して考えるように訓練されなくてはならない。そうした連合は、多かれ少なかれ意図的に、民衆がある一定の仕方で考え、感じ、判断するようにさせたい人びとによってつくられるものである。（Huxley, 1969b, pp. 217–218）

　ハクスリーが分離を強調したのは、彼が理想的な人間の特徴を「無執着」（non-attachment）に見ていたこととも関係していると思われる。「私たちは、理想的人間が無執着の人間である点に同意した。したがって、すべての教育は、身体教育をふくめて、最終的には無執着を生みだすことを

目的としなくてはならない」（pp. 219–220）。

4　非言語的ヒューマニティーズ

　さて後期のハクスリーは『アドニスとアルファベット』（1956 年）に収められた論文「両生類の教育」をはじめ、「非言語的レベルの教育」（1962 年）、その他の著作のなかで、永遠の哲学にもとづく彼一流の教育論を展開している。ハクスリーによれば、人間は言語やシンボルの世界と「直接経験」（immediate experience）の世界の両方に棲む「両生類」（amphibian）であり、重要なのは、「両方の世界の最良のものを生かす」（make the best of both worlds）ことである。ここでハクスリーが問題にするのは、両者が著しく不均衡の状態にあるという点である。たしかに彼は言語が人間にとって本質的な構成要因であることを認め、人間を「ホモ・ロクエンス」（話す動物）と定義しているが、人間は言語能力を獲得した結果、それに伴う代償を支払うことになったのである。

　　　言語には明らかにグレシャムの法則がある。わるい言葉は、よい言葉を駆逐する。そして言葉は概して、わるいものも、よいものも、直接経験と、直接経験の記憶を駆逐しがちである。（Huxley, 1975a, p. 13）

　私たちは言語の枠組みのなかで、ものを見たり考えたりする習慣にとらわれ、言葉や概念を媒介としない直接経験を忘れ去り、その体験能力を著しく喪失している。『知覚の扉』のなかでは、こう述べられている。

　　　私たちは、それら［言語やその他のシンボル・システム］の恩恵を受けると同時に、たやすくその犠牲者にもなってしまう。私たちは言葉を効果的に扱う仕方を学ばなければならないが、それと同時に、概念という不透明な媒体を通さずに世界を直接的に見る能力を保持し、必要ならその能力を高めなくてはならない。（Huxley, 1972, p. 59）

　言語と直接経験のバランスを保つためには、言語の限界を知るとともに、直接経験を回復しなくてはならない。教育においても、この両面が重要な課題となるが、ハクスリーは教育の現状について、こう述べている。

　　あらゆる子どもは、特定の言語のなかで、また（言語のシンタックスと語彙によって定式化された）世界と自分自身と他の人びとに関する一定の基本的観念のなかで教育される。……西洋式の文明化された社会では、こうした言語的、観念的な教育は組織的で徹底している。（Huxley, 1965b, p. 35）

また、小説『島』のなかには、つぎのような会話の一節がある。

　　「ぼくの行った学校では、ものごとを知るということは一度もなかったんだ。ただ言葉を知っただけさ」とウィルが言った。
　　その少女は彼を見上げ、頭をふると、小さな褐色の手をあげて、意味ありげに、おでこをたたいた。「くるってるわ」と彼女は言った。「それとも、あなたの先生たちがよほど、ばかだったのね」（Huxley, 1975b, p. 240）

　ハクスリーによると、「文学にせよ科学にせよ、教養教育にせよ専門教育にせよ、私たちの教育はすべて圧倒的に言語的なものであり、それゆえ、それが果たすべきものを達成しそこなっているのである」（Huxley, 1972, p. 59）。教育においてもっとも欠落しているのは、子どもに言語の本質と限界についての認識を与えることであり、他方で「子どもと大人を、第一次的な心身経験の非言語的レベルで体系的に教育すること」（Huxley, 1965b, p. 37）である。

　　より多くの人びととの、より多くの潜在的可能性が実現されうるとすれば、そこで必要とされるのは、現在子どもや大人に言語的レベルで与

えられている訓練と同じほど体系的な訓練を、私たちの存在全体の非
　　言語的レベルで行なうことである。(p. 37)

　ハクスリーは、言語中心の教育に対置される新しい教育領域として「非
言語的ヒューマニティーズ（人文学）」(the non-verbal humanities) を提唱
する。非言語的ヒューマニティーズには「運動感覚（kinesthetic sense）の
訓練、特定の感覚の訓練、記憶の訓練、自律神経系をコントロールする訓
練、スピリチュアルな洞察のための訓練」(Huxley, 1975a, p. 19) がふくま
れる。その方法としてあげられているのは、運動感覚の訓練としてアレク
サンダー・テクニーク、視覚の訓練としてベイツ式訓練や瞬間露出器の訓
練（視力に困難のあったハクスリーは 1938 年からベイツ式訓練を受け、
のちに『見る技法』(Huxley, 1985) を著している）、自律神経系の訓練と
してジェイコブソンの弛緩法、ヨーガ、催眠、スーフィの方法、そしてス
ピリチュアルな洞察の訓練として、禅、エックハルト (Meister Eckhart,
1260 頃 –1328 頃)、クリシュナムルティなどの方法である。ほかにも知覚
や気づきの訓練として、ゲシュタルト・セラピー、スイスの心理療法家ロ
ジャー・ヴィトズ (Roger Vittoz) の方法、仏教、タントラの修行法など
があげられている。
　ハクスリーは古今東西の最良の方法を選びだし、非言語的ヒューマニ
ティーズのなかに取り入れているが、そのほとんどは教育以外の分野で開
発されたものである。これらのうちの多くは「気づき」の技法であり、ハ
クスリーが、気づきが人間の潜在的可能性の実現にとって重要な働きをす
ると考えていたことがわかる。ジグラーも「〈非言語的教育〉ということ
で、ハクスリーは、私たちの気づき、私たちの意識を拡大する過程のこと
を言っている」(Zigler, 2015, p. xiii) と指摘し、ハクスリーがこの点を明
確にしたのは、とくに重要なことであるという。
　非言語的ヒューマニティーズのひとつの主要領域は、身心の教育である。
ハクスリーは人間の有機体を身心（心身）の不可分な統一体とみなし、身
体的であると同時に心理的な非言語的教育の可能性を考えていた。彼はそ

うした身心教育の必要性について断固とした口調で述べている。

　　子どもたちは心身の器官を使ってすべての学習と生活を行なっている
　　のに、心身の器官を教育しようという真剣な試みを何もしないで、子
　　どもを教育できるとする考えは明らかに、根本的におかしなことだと
　　思われる。（Huxley, 1975a, p. 37）

学校教育では、人間の身心に対して、体育や芸術や道徳のなかで断片的な
教育しかなされず、人間の潜在的可能性は一部しか実現されていないとい
うことを、ハクスリーは指摘している。ただし、ハクスリーが勧める身心
の教育は、身体能力の開発や改善だけを目的とするものでなく、そこに気
づきの原理を取り入れることによって、身心の活動をとおした気づきの訓
練となるものである。

　非言語的ヒューマニティーズのもうひとつの主要領域は、スピリチュア
リティに関するものであり、これにはクリシュナムルティのアプローチを
はじめ、さまざまな気づきの技法が取り入れられている。たとえば、禅に
ついては、鈴木大拙（1870–1966）、フランス人の心理療法家で禅を取り入
れたユベール・ブノワ（Hubert Benoit, 1904–1992）、ポール・レップス
（Paul Reps, 1895–1990）をとりあげている。またハクスリーはシヴァのタ
ントラをあげているが、これはカシミール・シヴァ派（Kashmir Shaiv-
ism）に太古より伝わる『ヴィギャン・バイラヴァ・タントラ』（*Vigyan
Bhairava Tantra*）のことである。このなかで、シヴァは妻デヴィの質問に
答えて 112 の技法について述べている。それらは身心の原初的経験に気づ
き、意識変容を導く瞑想技法である。興味深いことに、この聖典はレップ
スによって紹介されている。禅語録の英訳書である『禅の肉、禅の骨』を
編纂したレップスは、みずからがカシミールを旅した際、その地で出会っ
たスワミ・ラクシュマンジュ（Swami Lakshmanjoo, 1907–1991）からこの
古代のテキストのことを教えられた。ラクシュマンジュはその最初の英訳
に取り組み、レップスがそれをさらに翻案して完成させた英訳が『禅の肉、

禅の骨』の末尾に「センタリング」という一章を設けて収録されている（Reps, 1957; Lakshman Joo, 2007）。ハクスリーはいち早くそれに注目したのである。

5　アレクサンダー・テクニーク

つぎに非言語的ヒューマニティーズのなかから、アレクサンダー・テクニーク（the Alexander Technique）をとりあげてみたい。ハクスリーはみずからの身体問題に対処するために、さまざまな方法を試しているが、とくにアレクサンダー・テクニークには熱心に取り組み、その創始者であるフレデリック・マサイアス・アレクサンダー（Frederick Matthias Alexander, 1869–1955）からもレッスンを受けていた。ハクスリーの身心思想の基盤には、この方法の体験がある。

F. M. アレクサンダー

アレクサンダー・テクニークは、オーストラリア出身の F. M. アレクサンダーが 20 世紀の初頭に開発した身体技法であり、「自己の使い方」（the use of the self）の再教育法である。アレクサンダーは 1920 年代にすでに「自己」の意味として「全体としての心身有機体」（psycho-physical organism as a whole）という概念を導入し、有機体における心身機能の不可分性を強調しており（Alexander, 1985, pp. 5–9）、今日のソマティック心理学の土台を築いていた。

ハクスリーによれば、アレクサンダー・テクニークとは「自己の適切な使い方についての技法、すなわち、心身有機体全体の創造的な意識的コントロールの方法」（Huxley, 1978a, p. 150）である。「自己の使い方」とは有機体全体の働き方のことであり、アレクサンダー・テクニークでは、その「不適切な使い方」（misuse）を適切な使い方へと再教育する。ここで「再

教育」（re-education）という言葉が使われるのは、不適切な使い方は習慣として身につくものであり、それゆえ治療ではなく教育的アプローチをとおして改善されるべきものだからである。以下、『自己の使い方』にあるアレクサンダー自身の説明から、この方法の発展過程を少したどっておく（Alexander, 1984, pp. 3–36）。

　アレクサンダーはシェイクスピア劇を一人で朗唱する舞台俳優であったが、舞台の上で声がかすれるという問題に直面した。発声難は公演中に生じ、日常会話においては支障がなかった。そこで彼は公演中に自分が何を「している」（doing）のかを見極めようと、自分の姿を鏡に写して子細に調べあげた。その結果、話そうとするとき、ごくわずか、あごを前に突きだし、頭の後ろを縮めて反らす傾向があり、それが声帯を緊張させていることを見つけだした。それは習慣的に身についた有機体の使い方であり、その部分の器質的構造や機能に生理学的欠陥があるわけではなかった。むしろ問題の原因は、首の後ろを緊張させ、頭を後ろへ反らす自己の「使い方」にあることが発見された。それに伴って胸は張りだし、背中の長さが縮んで、幅が狭くなることも発見された。このような一連の傾向が自己の不適切な使い方であり、そうした不適切な使い方をすることによって、全身の調整作用がバランスを失い、不必要な緊張が生じ、問題を引き起こしたのである。

　これに対し、自己の適切な使い方として発見されたのは「頭を前に上に（forward and up）いくようにしなくてはならない」（p. 14）ということである。どんな活動をするときでも、首を自由にし、頭は首との関係で（後ろに引き下げるのとは反対に）前へ上への方向にいき、それに伴って背中が長くなり、広がるように動くと、有機体が最善の働きをすることが発見された（Macdonald, 1989, chap. 5; Westfeldt, 1986, chap. 13 参照）。アレクサンダーは、この頭と首と背中の協調関係を「プライマリー・コントロール」（primary control）と呼び、人間の有機体のダイナミクスをつかさどるものとして重視した。

　アレクサンダーが偉大だったのは、プライマリー・コントロールの原理

を発見しただけでなく、その本来の働きを回復するための方法をつくりだしたことである。それには二つの段階がある。ひとつは、身心の使い方に意識を向け、習慣化していた不適切なパターンが機械的にくり返されることを「抑制する」(inhibit) ことである。もうひとつは、プライマリー・コントロールの適切な「方向づけ」(direction) を意識することである。ここには抑制と方向づけという組み合わせがあるが、これは実際にはきわめて微妙なものであるため、訓練を受けたアレクサンダー教師のもとで学ばれる必要がある。そのとき生徒は「首は自由にして、頭は前に上にいき、背中は長くなり、広くなる」というように意識的に「思う」ようにする。このとき、いつもの感覚的評価に頼ると、不適切なパターンが生じるため、「思うこと」によって内側から方向づけをし、同時に教師が手を使って正しい方向づけを外から与えるのである。

　「個人の有機体の建設的な意識的コントロール」(constructive conscious control) と言われているように、アレクサンダー・テクニークにおいては「意識化する」ことが重視される (Alexander, 1985, p. 6)。自己の不適切な使い方は習慣化しているため、それを抑制するには、無自覚のうちに「すぐに反応する」ことをしないで、身心の働き方を十分に意識化しなくてはならない。新しい方向づけも無自覚になされるようなものではなく、意識的に方向づけられる。ここでアレクサンダーは深い洞察に達する。アレクサンダーの場合、台詞を話そうとすると、その「話す」という考えに刺激されて、古い不適切な習慣が甦ってきた。アレクサンダー・テクニークのチェアワークのレッスンに、椅子から立ちあがるというものがあるが、「立とう」と考えるだけで、すぐに習慣的な立ち方があらわれてきてしまい、プライマリー・コントロールが忘れ去られる。つまり、既存の考えと習慣的反応パターンはひとつに結びついているのである。

　この問題に対処するなかで、アレクサンダーは「目的と手段」に関する独自の思想を発展させることになる。話すことや、立ちあがるといった「目的」（行為の結果）に意識がとらわれると、それに連動して習慣的行動があらわれるので、「目的」を意識することなく、そのかわりに「手段」

に意識を向けるようにするのである。たとえば、「話そう」という考えが浮かんできても、すぐにそれに反応しないで、その考えを抑制し、そのかわりに、その行動を、口をあける、声をだす、それを言葉にするといった一連の行為に分解し、それぞれの行為に注意を向けることによって、結果的に適切なプライマリー・コントロールを維持しながら話すことができるのである。

　アレクサンダーは、これに関して「目的追求」（end-gaining）と「中間手段（目的にいたる手順）」（means-whereby）という二つの原理を示している。

　　「目的追求（エンド・ゲイニング）」の原理は、手に入れたい「目的」達成のために努力している個人の側に生じる直接的なやり方（direct procedure）である。この直接的なやり方は、潜在意識的な導きやコントロールに頼ることと結びついており、まちがった協調作用があるような場合には、［有機体の］機構の不完全な使い方につながり、すでに存在している欠陥や癖を増大させることになる。

　　「中間手段（ミーンズ・ウェアバイ）」の原理は、これに対して、現状をもたらす諸要因を推理することと、手に入れたい「目的」達成のために努力している個人の側の直接的なやり方にかわる間接的なやり方をふくんでいる。この間接的なやり方とは、建設的で意識的な導きとコントロール、ならびに、その結果として生じる機構の完全な使い方と結びついた心身の活動であり、それは潜在可能性の発達にとって不可欠な条件をつくりだす。このような条件のもとでは、欠陥や癖や誤用は有機体のなかに生じないようになる。（p. 10）

　アレクサンダーは「中間手段」をつぎのように定義する。「これらの手段にふくまれるのは、有機体の機構の習慣的な使い方を抑制（インヒビション）することと、新しくより満足のいく機構の使い方にふくまれる、諸行為の遂行に必要となる新しい方向づけ（ダイレクション）を意識的に投影することである」（Alexander, 1984,

p. 27）。アレクサンダー・テクニークは、自己の使い方に注意を払わず、結果に向かって突き進んでいくような目的追求型の行動様式から離れ、結果にいたる中間手段に注意を払う行動様式へと転換をはかるものである。それには心身の働きに自覚的になることが不可欠であり、その意味でアレクサンダー・テクニークは気づきの訓練である。

　ハクスリーはアレクサンダーから直接レッスンを受け、その健康状態ばかりか精神面でも大きな改善が見られた。彼がブノワに宛てた手紙（ローラ・ハクスリーが紹介している）には、こう書かれている。「これは私の経験から言って、非常に価値ある技法です。……この気づきを実行すると、身体的有機体があるべき仕方で機能できるようになり、こうして身心の全般的な健康状態に改善が見られるのです」（Huxley, 1987, p. vii）。アレクサンダー・テクニークの研究者フランク・ピアース・ジョーンズ（Frank Pierce Jones）によれば、「ハクスリー自身にとって、それは〈決定論の鎖〉を打ち破り、以前の彼には可能でなかった身体的、精神的な諸経験にいたる道を切り開く手段であった」（Jones, 1976, p. 53）。ハクスリーは1935年からアレクサンダーの個人レッスンを受けはじめ、以後アレクサンダー・テクニークに対する関心は終生衰えることはなかった。ハクスリーは早くも小説『ガザに盲いて』（1936年）では、アレクサンダーを登場人物の一人（ミラー医師）として描いている。評論集『目的と手段』（1937年）においては、この方法を、無執着を身体レベルで実現するための最適な教育方法とみなし（Huxley, 1969b, p. 223）、「目的と手段」をこの本のタイトルに用いている。ハクスリーが著作のなかでアレクサンダー・テクニークを紹介した結果、この技法が人びとに知られるようになり、アレクサンダー自身もそれに感謝していたという（Jones, 1976, pp. 53–56; Jones,

ハクスリー

1987）。

　アレクサンダー・テクニークはハクスリー
以外にも、ジョン・デューイ、ノーベル賞作
家のジョージ・バーナード・ショー、動物行
動学者のニコラース・ティンバーゲンなどに
大きな影響を与えている。ティンバーゲンは
ノーベル賞受賞講演「動物行動学とストレス
性疾患」（Ethology and Stress Disease, 1973 年）
の半分をアレクサンダー・テクニークの紹介
にあてているほどである。

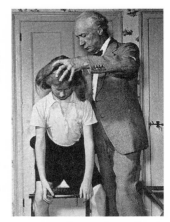

レッスン中のアレクサンダー

　デューイは、F. M. アレクサンダーが 1914
年にイギリスからアメリカに来たのち、アメリカにおける最初の弟子の一
人になった。1920 年代から 30 年代にかけてデューイはアレクサンダー・
テクニークを学び、1935 年から 41 年にかけては、F. M. アレクサンダー
の弟、A. R. アレクサンダー（Albert Redden Alexander, 1874–1949）から
レッスンを受けている。1918 年以降、デューイはアレクサンダーの 3 冊
の著作に序文を寄せているが、『個人の建設的な意識的コントロール』
（1923 年）の序文のなかで、アレクサンダー・テクニークの教育的意義を、
つぎのように述べている。

　　この方法は治療法のひとつではない。それはひとつの建設的な教育
　　（constructive education）である。その適切な適用範囲は、青少年、育
　　ちゆく世代であり、これは、彼らが人生のできるだけ早い時点で、感
　　覚的評価と自己判断の正しい基準をもてるようにするためである。ひ
　　とたび新しい世代の相当部分が適切な協調作用を身につければ、私た
　　ちは以下のことをはじめて確信することができる。すなわち、未来の
　　男性と女性は、満足のゆく心身の平衡を身につけて自分自身の足で立
　　つことができ、環境からの打撃や不慮の出来事に対しても、恐怖や混
　　乱や不満のかわりに、心がまえと自信と幸福感をもって対処すること

ができるようになるのである。(Dewey, 1985, p. xxxiii)

また『自己の使い方』(1932年)の序文のなかでは、つぎのように述べられている。

　　教育は、人類が自分自身の行く末を方向づけるために所有している唯一確実な方法である。しかし、私たちは悪循環に巻き込まれている。真に正常で健康な心身の生活を構成するものに関する知識をもたないなら、私たちの唱える教育は、誤った教育になるおそれがある。……アレクサンダー氏のテクニークは、教育者に、心身の健康の基準を与えてくれる——そのなかには、私たちが道徳性と呼ぶものもふくまれている。それはまた、この基準が一歩一歩着実に絶え間なく達成されていくための「中間手段」を与え、それが教育された人の意識的な所有物になる。それゆえ、このテクニークがもたらす諸条件は、あらゆる個別の教育過程を方向づける中心に位置するものである。それは、教育そのものが他のすべての人間の活動に対してもつのと同じ関係を、教育に対してもっている。(Dewey, 1984, p. xix)

　ここでデューイは、アレクサンダーの方法がすべての教育にとって中心的な意義を有していると主張しているが、この発言を受けて、ハクスリーはつぎのように述べている。

　　これは強い言葉である。というのも、デューイは、人間の唯一の希望は教育にあると確信していたからである。しかし、教育が世界全体にとって絶対に必要であるのと同様、心身の器官を訓練するアレクサンダーの方法は教育にとって絶対に必要である。心身の器官の適切な訓練を欠いた学校教育は、本質的に……不適切な使い方の習慣を組織的に身につけさせることによって、子どもに多大の害をおよぼす。
　　(Huxley, 1975a, p. 21)

　ハクスリーは折りにふれてアレクサンダーに対するデューイの称賛の言葉を引用しているが、それは、アレクサンダー・テクニークがデューイ派の進歩主義教育者たちによっても無視されてきたからである。

　　非常に奇妙なことに、二世代にわたってデューイの権威にたえず訴えかけてきた文字どおり数百万の教育者たちのうち、ほんの一握りの人たちしか、デューイ自身がいかなる有効な教育システムにとっても絶対に基本的なものとみなした方法を調べてみようとしなかったのである。（Huxley, 1975a, p. 21）

　また、つぎのようにも述べている。

　　デューイ自身はこの訓練を受けていたので、彼が語っていることがわかっていた。しかし、現代の哲学者と教育改革者のなかでもっとも影響力のある人物の一人によって与えられた、この高い賛辞にもかかわらず、アレクサンダーの方法は無視され、学校の児童生徒はいまだに、アレクサンダーが「創造的な意識的コントロール」と呼んだものに導いていくことのできる内的な気づきの訓練を何ひとつ受けていない。（Huxley, 1969a, p. 156）

　ジョーンズも「疑いもなくデューイは、アレクサンダーの諸原理について彼がなした強く肯定的な発言が……あざけられ、無視されたことに失望し、傷ついていた」（Jones, 1976, p. 99）と述べている。さらにジョーンズは、アレクサンダーとデューイの関係を調べたマコーマックの研究（Eric D. McCormack, *Frederick Matthias Alexander and John Dewey: A Neglected Influence*, 1958. トロント大学博士論文）を引きながら、アレクサンダーからの影響を考慮することなく、デューイの後期思想を正しく理解することはできないという。デューイが推論によって到達した諸原理、すなわち、実験的方法、経験の芸術的特質、意識と無意識の統一、自己と環境の連続性、

抑制の操作的意義、時間と空間の不可分性といったものに対して、アレクサンダーのレッスンは具体的な確証を与えるものだったのである（p. 99）。とくにデューイは主要著作である『人間性と行為』（1922年）と『経験と自然』（1929年）のなかでアレクサンダーに直接言及している。『人間性と行為』（Dewey, 1957）の第2章では、習慣、目的と手段などへの言及が

アレクサンダーからレッスンを受けるジョン・デューイ（左）

見られ、ジョーンズは「有益なことに、この章全体がこのテクニークに対する哲学的序論として読まれうる」（Jones, 1976, p. 103）と述べている。『経験と自然』（Dewey, 1958）では「精神と身体の問題、抑制の役割、人間と自然の連続性、事物の直接感じとられた特質、文明化された潜在意識の劣化、感覚的評価の誤り、変化の過程をコントロールする必要」（Jones, 1976, p. 103）といった議論のなかに、デューイがアレクサンダー兄弟をとおして得た経験が反映されており、「『経験と自然』は、アレクサンダーが教えたことを知らなければ完全には理解されない」（p. 103）と、ジョーンズは指摘する。

　アレクサンダー・テクニークは日本でも多くの紹介がなされているので、これ以上の説明は省くが（たとえば Gelb, 1987 参照）、最後に、1941年に発表された「目的追究と中間手段」という論文から、ハクスリーの教育観におけるアレクサンダー・テクニークの意味を確認しておく。ハクスリーは「生にかかわることのすべてにおいて、間接的なアプローチをつうじてのみ、もっとも実質的に価値あるものが実現される」（Huxley, 1978a, p. 151）と述べているように、アレクサンダーの「目的追求」と「中間手段」の考えを教育の一般原理にまで押し広げている。私たちは通常、目的にとらわれ、目的達成を性急に求めるあまり、中間手段をないがしろにする傾向が

ある。

> 私たちはみんな、アレクサンダーの言い方では「目的追求者」（end-
> gainers）である。私たちは、目標を性急に追い求め、心身有機体とし
> ての私たちが目的を達成するのにもっともよい手段について何も考慮
> していない。たいていの教育はまったく目的追求型である。私たちは
> 子どもを急(せ)き立て、知識や道徳や健康といった目標に向かわせるが、
> 彼らに、こうした目標を得られるようにする心身有機体の適切な使い
> 方を教えることはない。その結果、目標は不完全にしか達成されず、
> 誤った機能のために高い代償を支払わされることになる。（p. 151）

　このようにハクスリーは、自己の使い方に関する心身教育を、教育全体
のもっとも重要な中間手段として位置づけている。さらにすすんで、ハク
スリーは永遠の哲学の観点から気づきの教育論を展開する。すなわち、ア
レクサンダー・テクニークのほかに、禅、クリシュナムルティ、シヴァの
タントラのなどの気づきの技法をとりあげ、こうした神秘家の技法とアレ
クサンダー・テクニークを結びつけるのである。この論文のなかでは、以
下のような、きわめて重要な見解が示されている。

> プライマリー・コントロールの意識的習得のためのアレクサンダー・
> テクニークがいまや利用できるようになっている。それは、究極のリ
> アリティへの気づきを高めていくことをつうじて人格を超越する神秘
> 家の技法と結びつけられて、もっとも豊かな実を結ぶことができる。
> いまや、人間の活動の全領域に働きかける全面的に新しいタイプの教
> 育を考えることができる。それは身体的レベルに始まり、知的、道徳
> 的、実践的レベルをへて、スピリチュアルなレベルにまで達するもの
> である。この教育は、自己の適切な使い方を教えることによって、子
> どもと大人を、彼らが被っている病気や有害な習慣のほとんどから守
> るものであり、抑制と意識的コントロールを訓練することによって、

あらゆる男女に理性的、道徳的に行動するための心身の手段を与える。この教育は、それが到達しうる上限では究極のリアリティの経験を可能にする。（p. 152）

　ハクスリーはここで、心身に対するアレクサンダー・テクニークに始まり、神秘家の技法にまでおよぶ多次元的な気づきの教育を描きだしている。気づきを軸にすることによって、身体レベルから知的、道徳的、実践的レベルをへて、スピリチュアルな次元にまでいたる「人間の活動の全領域に働きかける全面的に新しいタイプの教育」が可能になるのである。ここには、ホリスティック教育のひとつのモデルが明確に示されている。

　気づきの連続的段階のなかで、アレクサンダー・テクニークは「基礎的な気づき」（elementary awareness）を高める方法として位置づけられる。「基礎的な気づきの教育は、内的な出来事への気づきを高める技法と、感覚器官をとおしてあらわれる外的出来事への気づきを高める技法をふくむものとなる」（Huxley, 1969a, p. 155）。アレクサンダー・テクニークは、内的な運動感覚に対する基礎的な気づきを高めるものである。基礎的な気づきの教育は、たんに身体面の改善だけでなく心身有機体全体にかかわるため、知的、道徳的、実践的レベルにもおよぶ。

　ここで重要なのは「抑制（インヒビション）」を学ぶことである。「抑制の技法は、私たちの存在のすべての面で学習される必要がある」（Huxley, 1969b, p. 222）。抑制は「無執着」のための方法である。知的レベルでは、雑念を抑制できなければ、知的に考えることはできない。また感情的レベルでは、敵意、嫉妬、貪欲、怠惰、怒り、恐怖といった感情を抑制できないなら、決して無執着にはいたらない。ハクスリーはつぎのように述べている。

　　精神と身体は有機的にはひとつである。それゆえ、私たちが身体的レベルで意識的な抑制の技術を学ぶことができれば、それは、感情的レベルや知的レベルにおいて同じ技術を獲得し実行する助けになるであろう。必要なのは、身体から知的レベルにいたる、あらゆるレベルで

働く実践的な道徳性（practical morality）である。よき身体教育は、身体にそのような実践的道徳性を提供するものである。それは、治療的な道徳性であり、抑制と意識的コントロールによる道徳性であり、それと同時に健康と適切な身体的統合を促進することによって、私が予防的倫理（preventive ethics）と呼ぶもののシステムになる。なぜなら、それはあらゆる種類の問題に対し、それが生じる機会を決して与えることなく、その出鼻をくじくからである。

　私が知るかぎり、これらすべての条件をみたす唯一の身体教育は、F. M. アレクサンダーによって発展させられたシステムである。（pp. 222–223）

6　ハクスリーの人間観

　ここでハクスリーの基本的な人間観にふれておく。彼はそれを「自己論」（autology）と呼び、『永遠の哲学』のなかで、こう定義している。自己論とは「個人的自我についてではなく、特定の個別化された自己の深層にあって神的〈基盤〉と同一であるか、少なくともそれに類似した永遠の〈自己〉に関する学」（Huxley, 1974, pp. 7–8）である。ハクスリーによれば、人間の存在は個人的自我に限定されるものではなく、それよりはるかに広大で深遠なものである。『アドニスとアルファベット』の最初の章「両生類の教育」のなかで、人間は、意識的自己（conscious self）と無意識的な「非自己」（not-self）とからなる多層的存在であると言われる。意識的自己は個人的自我に当たる部分であり、一方、無意識的非自己には、五、六種類の非自己があるとされる。すなわち、（1）習慣や条件づけ、抑圧された衝動、幼児期の心的外傷などからなる個人的潜在意識（the personal sub-conscious）の領域、（2）身体の成長や機能をつかさどる非自己、植物魂（vegetative soul）、生理的知性、（3）洞察や霊感を生みだす世界に属し、智慧を授ける非自己、（4）ユング的な意味での元型の世界、人類に共有されたシンボルの世界、（5）ヴィジョン体験の世界、人間のシンボル世界を越

えた超人間的世界に属す神秘的非自己（mysterious not-self）、（6）万物に内在するとともに万物を超越した「普遍的〈非自己〉」（universal Not-Self）である（Huxley, 1975a, pp. 17–18）。

　カリフォルニア大学の講義録『人間の状況』（Huxley, 1978b）のなかの「無意識」と題する章では、無意識が「否定的無意識」と「肯定的無意識」に分けられているが、これらの非自己のうち最初の個人的潜在意識は否定的無意識に属している。否定的無意識は人間に生得的に存在しているものではなく、抑圧と条件づけによって形成され、神経症を生みだし、人間に否定的で破壊的な影響をおよぼす。これに対し、その他の非自己は個人的潜在意識よりもさらに深層にあり、そのうち洞察や元型やヴィジョンをもたらす非自己は肯定的無意識に属し、人間の創造性の源泉となる。それらは叡智的非自己、元型的非自己、神秘的非自己へと深まるにつれ、ますます超個人的なものとなり、最終的に、他のあらゆる非自己を超越した「普遍的〈非自己〉」は究極的リアリティと一体化している。

　ハクスリーによれば、人間存在の本質は自我や潜在意識にではなく、むしろ超越的な非自己にあり、それゆえ人間はそれらに開かれていることが望ましい。しかし、一般に「わるい習慣をつくることによって、意識的自我と個人的潜在意識は、より深層の非自己が正常に機能するのを妨げる。そうした非自己から、私たちは動物的恩寵としての身体的健康や、霊的恩寵としての洞察を受け取るのである」（Huxley, 1975a, p. 23）。私たちは意識的自我に同一化し、潜在意識の力に強く支配されることによって深層の非自己から遠ざかり、その結果、生理的知性、洞察、霊感、元型、ヴィジョン、究極的リアリティが覆い隠されることになる。こうした内なる分裂に対して、ハクスリーは「弛緩と活動」（relaxation and activity）という解決策を示す。すなわち「弛緩すべきものは自我と個人的潜在意識であり、活動的にされるべきものは、植物魂と、それを超えたところにある非自己である」（p. 23）。具体的には、ハクスリーのいう非言語的教育がこうした弛緩と活動を可能にする方法である。アレクサンダー・テクニークについて言えば、「運動感覚は、一方にある意識的自己および個人的潜在意識

と、他方にある植物魂とをつなぐ主要な経路である」（p. 19）ため、この方法は意識的自己と個人的潜在意識を弛緩させ、植物魂レベルの非自己を活性化するものとして位置づけられる。

　自我と潜在意識を弛緩させ、その他の非自己を活性化するということは、生命を信頼し、超越的な非自己にみずからを開くということである。人間の成熟とは、自我や潜在意識から離れて、非自己の自発的なプロセスに自己を明け渡していくことである。さらに言えば、「究極的な〈非自己〉（ultimate Not-Self）は、ほかの非自己と自我を超越しているが、息よりも身近で、手や足よりも近くにある。こうした究極的な〈非自己〉を知ること——これこそ人間の生の成就であり、個人の存在の終極であり、究極的な目的である」（p. 33）。叡智的非自己、元型的非自己、神秘的非自己はたしかに人間の深層次元であるが、いずれも中間的な非自己であり、「究極的な〈非自己〉」（普遍的〈非自己〉）の実現においては通過されるべきものである。

7　『島』に見られるホリスティック教育

　ハクスリーの最後の小説となった『島』は、最晩年のハクスリーがその思索のすべてを傾けて完成させたユートピア小説である。1961年にハリウッドの家が火事にあった際、彼はこの本の原稿だけをもって逃げたと言われている。『島』には、古今東西の最良の考えをとりだして生かそうとする彼の姿勢がよくあらわれている。『すばらしい新世界』が、管理社会のなかで高貴な野蛮人が死にいたるストーリーを描いているのとは対照的に、『島』では、産業化の波にのみ込まれていない理想郷の島パラに、文明国のジャーナリストが漂着し、島の生活に同化してゆく様子が描かれている。パラは、人間が潜在的可能性を実現し、自由と至福にみちた生活を営むコミューン的社会であり、ジグラーによれば「上方への超越（upward transcendence）の進展にかかわる社会」（Zigler, 2015, p. 5）である。ハクスリーはこの作品のなかで、人間の可能性が実現されるために必要な条件

と方法を明確にしようと試みている。教育に関する発言は随所に見られ、教育が重要な位置を占めていることがわかる。彼はとくに第13章で学校教育を描き、非言語的教育のプログラムを具体的に示している。

教育の目的

　ハクスリーは教育の目的を「自己実現」（actualization）、すなわち「完全に開花した人間」（full-blown human beings）になることだとしている（Huxley, 1975b, p. 202）。これは、自己実現を抑えられた神経症的な人びとによって構成される社会への適応とは、本質的に異なっている。通常そうした社会適応が正常性の基準となっていることに対して、ハクスリーはもうひとつ別の「正常性」（normality）を対置する。彼はブノワの著作に寄せた序文のなかで、「別の種類の正常性がある——完全に機能するという正常性、実現された潜在的可能性という正常性、完全に開花した本性という正常性である」（Huxley, 1984, p. viii）と述べ、これを社会適応ではなく「物事の本質」（Nature of Things）への適応と呼んでいる。

　潜在的可能性の実現という考えは、クルト・ゴルトシュタイン（ゴールドシュタイン）、エイブラハム・マズロー、カール・ロジャーズ、ロロ・メイなどの人間性心理学者にも共通するものだが、ハクスリーは、潜在的可能性の実現ということを、永遠の哲学に従って「悟り」（enlightenment）、すなわち「自分が本当は誰なのかを知ること」（to know who in fact one is）に見ている。ハクスリーにとって、人間がその生涯をかけて真に取り組むべきことは、自分が本当は誰なのかを探究し、「普遍的な〈非自己〉」を知り、直接経験をつうじて神的基盤への合一知を得ることである。

　『島』のなかでは、教育は初等教育と高等教育に大別され、初等教育レベルでは子どもの個性にもとづいたホリスティックな教育が論じられ、青年期以降の高等教育レベルではトランスパーソナルな「超越的統一」（transcendent unity）の教育がとりあげられる。

相互養育制度

　初等教育をとりあげる前に幼児教育について少しふれておく。ハクスリーによれば、人間の不幸の三分の二はみずからつくりだしたものであり、それは基本的に回避することができるという。彼は、そうした不幸のひとつであり、人間の潜在的可能性の実現にとって大きな障害となる否定的な個人的潜在意識に対して、それが不必要に生みだされないための予防策を検討している。否定的な個人的潜在意識が生みだされる最大の要因は、子どもの養育であり、端的に言えば、親子関係である。子どもは通常、排他的で強制的で宿命的な家族のなかで、特定の親から長期間にわたって一方的な条件づけを受ける。そのなかで子どもは多かれ少なかれ有害な影響にさらされ、個人的潜在意識が生みだされる。

　これに対し、ハクスリーは――人類学などの知見に拠ったと思われるが――家族制度の大胆な改革を提案している。彼は排他的、強制的、宿命的な家族にかわるものとして「相互養育クラブ」（Mutual Adoption Club）と呼ばれる、ゆるやかな家族的大集団を構想している（『島』の第7章で描かれる）。それは、10人ほどの老人、20組前後の父母、50人ほどの異年齢の子どもからなる包括的、自発的、非宿命的集団であり、複数の大人が複数の子どもを相互に養育しあうことによって、閉鎖的な家族に見られる弊害を回避しようとするものである。

肯定的条件づけ

　ハクスリーは権力機関や企業が人びとを洗脳する条件づけや、否定的な潜在意識を生みだす条件づけに反対しているが、その一方で、肯定的な条件づけを認めている。いずれにせよ、人は環境や他者からの条件づけを完全に免れることはできない以上、それをよりよいものにすることは実際的な問題である。『島』の第12章では、赤ん坊に授乳しながら、赤ん坊を愛撫し、赤ん坊が愛するようになってもらいたい動物や人物と肉体的に接触させ、さらに「よい」という言葉を同時に話しかけるという場面が描かれている。つまり「食物＋愛撫＋接触＋〈よい〉＝愛。そして愛＝快、愛＝満

足」であり、これは「親しみと信頼と共感のためのパブロフ」と呼ばれている（Huxley, 1975b, p. 190）。肯定的条件づけには、子どもの成長を促進すると同時に否定的な条件づけを弱める働きがある。

個性の発見

つぎに初等教育であるが、ここでまず重要なのは、個々の子どもについて、解剖学、生化学、心理学など多くの面から個性やタイプを調べるということである。具体的には、シェルドン（William Herbert Sheldon, 1898–1977）が唱えた気質の三類型（外胚葉型・頭脳緊張型、中胚葉型・身体緊張型、内胚葉型・内臓緊張型）をはじめ、外向性と内向性、視覚型と非視覚型、ヴィジョン体験の有無、栄養状態、呼吸や姿勢の特徴、音楽や数学や言語能力の素質、被暗示性などの面がとりあげられる。こうして、それぞれの子どもの違いに応じて教育が行なわれる。たとえば、シェルドンの気質類型に関しては、三つのタイプの子どもを最初は別々のグループにしておき、徐々に他の気質の子どもと混ぜるようにして、人間の多様性を受け入れられるようにする（シュタイナー教育における四つの気質に関する取り組みと同様である）。ハクスリーが個人の体質や気質など生理学的・解剖学的側面を重視しているのは、身体にあらわれる生得的傾向を重視していたからである。

気づきの訓練

ハクスリーは、人間の潜在的可能性が実現されるためには、気づきの訓練が不可欠であることを強調していた。『島』のなかでは、象徴的にマイナという鳥が人びとに「注意しなさい、注意しなさい」（Attention. Attention.）と連呼するシーンがたびたび登場し、注意、すなわち気づきが人間の生におけるもっとも重要な要件であることが喚起されている。『島』では、気づきの訓練が教育の中心に位置づけられ、幼少時から死にいたるまで、生涯にわたって継続されるべき課題とみなされている。とくに初等教育段階では、アレクサンダー・テクニークにならって心身の意識的な使い

方や、受容的知覚の訓練がとりあげられる。

意味論の教育

　両生類の教育、すなわち言語と直接経験の教育は「初等応用哲学」のクラスで描かれている。そこでは、言語や記号が公的で抽象的なレベルにあることが示され、これに対して、出来事（event）が私的で具体的なレベルにあることが、痛みの例を引きながら教えられる。また授業のなかでは、ブッダが霊鷲山（りょうじゅせん）で蓮華（れんげ）の花をひねってみせたところ、弟子のなかでマハーカーシャパのみが微笑んだという、禅の起源とされる話（拈華微笑（ねんげみしょう））が紹介され、言葉によらない（不立文字（ふりゅうもんじ））、以心伝心がとりあげられている。

　このようにして一般意味論でいう「地図は現地ではない」という原理が教えられる。これに関して『人間の状況』のなかでは、こう述べられている。

> いまやまったく明瞭に思えるが、気づきの発達は、言語や概念に関する知識の発達とともに進まなくてはならない。もし私たちが直接経験に気づこうとするなら、直接経験と、私たちがそのなかに住んでいるシンボル、言語、概念の世界とのあいだの関係に気づかなくてはならない。……私たちに直接与えられる経験と、経験について考えたり、それを表現したり説明したりするための言葉との関係に気づくべきだという点は、きわめて重要である。言いかえれば、20世紀における言語学一般と意味論の発達は、あらゆるレベルの教育に導入されるべきなのである。（Huxley, 1978b, p. 249）

　言語の世界を直接経験の世界と混同しないように、言語の働きを知り、言語に対する正しい懐疑精神を養うことが必要なのである。片桐ユズル氏（2004）は、ハクスリーが生涯にわたり言語の問題と意味論に関心を抱き、一般意味論の創始者アルフレッド・コージブスキー（Alfred Korzybski,

1879–1950）を高く評価していたことを明らかにしている。

受容性の訓練

「植物学」の授業でも、意味論の授業と同様に、科学的知識と直接経験の両方が重視される。たとえば、花について教えるとき、はじめに花の科学的知識を教えたあと、子どもに既成の知識を括弧に入れ、分類や判断を差しはさまず、眼前の事物をあたかもはじめて見るかのように、あるがままに、受容的に見るようにと指示する。あらゆるものは概念的に見られると同時に受容的に見られるのである。

> 受容性（receptivity）の訓練は、分析とシンボル操作の訓練に対する補完物であり、その解毒剤である。両方の種類の訓練が絶対に不可欠である。どちらかを無視すれば、決して完全な人間に成長することはない。（Huxley, 1975b, p. 218）

　この点については、『島』と同年に発表された論文「非言語的レベルの教育」のなかでくわしく論じられている。ハクスリーは「知覚（perception）の体系的な訓練は、すべての教育において本質的な要素となるべきである」（Huxley, 1969a, p. 156）としたうえで、二つの知覚様態を区別する。ひとつは「高度に概念化され、ステレオタイプ的で、実利的で、科学的ですらある様態」であり、もうひとつは「受容的で、多かれ少なかれ非概念的で、美的で〈スピリチュアル〉な知覚様態」である（p. 156）。前者が概念的な枠組みを投影して知覚するのに対して、後者の受容的な知覚のなかでは、世界はありのままに知覚され、その直接経験が、美、霊的洞察、創造性、無垢、至福など、至高経験の源泉となる。ハクスリーはそれを詩人ワーズワスの言葉を借りて「賢明な受動性」（wise passiveness）と呼んでいる。

　　完全にくつろいだ賢明な受動性の状態で見て、受け入れることは、

もっとも基礎的なレベルから、もっとも高度なレベルにいたるまで、あらゆる教育レベルにおいて開発されうる、また教えられるべき技法である。（pp. 159–160）

橋をかける授業

さきの植物学の授業では概念的学習と受容性の訓練が結びつけられているが、こうしたやり方は、ハクスリーが好んで用いた言い方では、「橋をかける」（bridge-building）ということである。ハクスリーのアプローチは、一言でいえば、さまざまな分野に橋をかけることであるが、これが教育のなかでも試みられている。それはとくに「生態学」の授業に見られる。ハクスリーによれば、基礎教育の段階で必要とされる科目は、物理や化学（物質の科学）ではなく、心理学、遺伝学、進化論、生態学といった「生命と精神の科学」である。それは、人間もまた生命であり、他の生命と共存しているという事実から出発するためである。生態学は生命の結びつきについて認識を与えてくれる。生態系を知ることは、同時に自然界の規則を知ることになり、自然認識と倫理のあいだに橋がかけられる。

想像力の訓練

『島』で描かれる「初等実践心理学」という科目では、「想像力」（imagination）の訓練が行なわれる。この訓練では、記憶や妄想に想像的な処理をすることによって、それらに由来する不安や恐怖から解放されることが目的とされる。また『島』の第 4 章では、イメージ療法についても述べられている。ハクスリーはイメージワークを用いた治療や教育を非常に早い段階からとりあげているが、これには、ハクスリーの二番目の妻ローラがセラピストであったことが関係していると思われる。

ここでイメージワークを取り入れているサイコシンセシスとハクスリーの関係を、ローラ・ハクスリーの記述から見ておきたい（Huxley, 1982, pp. 11–13）。ローラ・アーチェラ・ハクスリー（Laura Archera Huxley, 1911–2007）はイタリア生まれの音楽家でセラピストであったが、彼女は 1954 年に

フィレンチェで、サイコシンセシスの創始者ロベルト・アサジョーリに会っている。その後ローラの『あなたは標的ではない』が 1963 年に出版されたとき、アサジョーリはローラに祝いの手紙を送ったが、それを見たオルダスはとても喜び、『島』に「ロベルト・アサジョーリへ。サイコシンセシスに関するこのユートピア論が貴殿の興味を引くものにならんことを願いつつ」と書き添えて、アサジョーリに贈ったという。オルダスの死後、ローラは甥のピエロ・フェルッチ（Piero Ferrucci, 1946– ）と共同で仕事をするようになるが、フェルッチは 1970 年から、74 年にアサジョーリが亡くなるまで、アサジョーリとともに研究をし、彼の後継者としてサイコシンセシスを世界に広めることになった（サイコシンセシスについては、第 6 章参照）。

感情の教育

　『島』のなかでは、感情の教育としてユニークな方法が紹介されている。感情は一種のエネルギーとみなされ、そのエネルギーの方向づけが感情の訓練となる。それは呼吸ゲームやダンスをつうじて、怒りや欲求不満といった否定的な感情エネルギーを肯定的なエネルギーに変容する技法であり、「否定的感情の圧力を下げるための身体的安全弁」（Huxley, 1969a, p. 164）と呼ばれている。感情はその適切な表現が妨げられると、内向し神経症の原因となるか、外向し暴力におよぶおそれがあり、そうなる前に身体運動をつうじて、それを解放するのである。『島』では、ローラの『あなたは標的ではない』のなかにある「エネルギーの変容」の方法が取り入れられている。ローラによれば「私たちの課題は、否定的な感情によって引き起こされたエネルギーが、文明化した生活と両立しうるような仕方で、無害なエネルギーへと変容され——さらによいのは——積極的に有用なエネルギーへと変容される方法を発見することである」（Huxley, 1994b, p. 13）。オルダスはこの本に寄せた序文のなかで、「［生きることと愛することに関する］彼女の方法のいくつか（たとえば、エネルギーの変容に関するもの）は、私の空想小説のなかにほとんど修正されることなく

194

取り入れられている」（Huxley, 1994, p. xiii）と述べている。これは『島』のなかでは「羅利のホーンパイプ」という名の授業として登場し、子どもたちが掛け声とともに床を激しく踏み鳴らす場面が描かれている。

ホリスティックな教育

　以上、初等教育について述べてきたが、つぎの言葉はハクスリーの教育観をみごとに要約している。

> 私たちが子どもたちに与えるのは、同時に、知覚と想像力の訓練であり、応用生理学と心理学の訓練、実践的倫理（practical ethics）と実践的宗教の訓練、言語の適切な使い方の訓練、自己知（self-knowledge）の訓練である。一言でいえば、全心身をあらゆる面において訓練することである。（Huxley, 1975b, p. 208）

ハクスリーが考えていたのは、全体としての人間を教育することであり、彼はまさにホリスティック教育の創始者の一人である。

成　年　式

　つぎに青年期以降の高等教育を見ていく。『島』の第10章では、アメリカ先住民のヴィジョン・クエストの伝統に見られるような、子どもから青年になるための通過儀礼が描かれている。若者はこの成年式をつうじて超越的合一の体験に導かれる。それは離脱、変容、帰還という通過儀礼のパターンに即して、崖登り、山頂の寺院での宗教的儀式、そして下山という手順で行なわれる。崖登りは「危険のヨーガ」と呼ばれ、危険な体験をつうじて死に接近し、生と死の本質的関連が経験される。そこでは死の脅威を背景として、生が強烈に体験され、潜在能力が完全に発揮される。崖登りが終わり「頂上のヨーガ」では、完全な休息、解放、受容があり、無心な瞑想状態のなかで永遠の今が体験される。そして山頂の寺院で行なわれるモクシャ薬の儀式のなかで、若者は一種の解脱体験に導かれ、宇宙が生

と死、創造と破壊のコズミック・ダンスであるという悟りの一瞥を与えられる。そして彼らは再度、下山の危険をへて「ジャングルのヨーガ」を通過するなかで、美と恐怖の融合状態を体験することになる。このように青年期に死と再生の通過儀礼を体験することによって、トランスパーソナルな次元を知ることができ、その後の人生の方向性が示唆される。

意識的な生

こうした非日常的な儀式とは別に、若者や大人の生活のなかでもっとも重要なのが気づきの実践である。ハクスリーはそれを「具体的スピリチュアリティ」（concrete spirituality）と呼ぶ。「あなたがしていることに完全に気づきなさい。そうすれば、仕事は仕事のヨーガになり、遊びは遊びのヨーガになり、日常生活は日常生活のヨーガになる」（p. 149）。それは、人が何を行ない、何を体験していようと、いまここで起こっていることに気づいていることを意味する。

あらゆる実践において、気づきを高めることは不可欠な要素であり、最終的に悟りにいたるための助けになる。さもなければ、人はいつまでも思考や感情に無自覚に同一化し、否定的無意識に支配されたままである。「各自の仕事――それは悟りである。つまり、いまここで、その準備として、気づきを高めるあらゆるヨーガを実践するということである」（p. 236）。『島』に挿入されている「何が何であるかについてのノート」という箴言集には、こう記されている。

> 「よい存在」（Good Being）とは、あらゆる経験との関係において、自分が本当は誰なのかを知ることのうちにある。それゆえ、気づいていなさい――あらゆる文脈のなかで、あらゆるときに、称賛できるものであろうが、そうでなかろうが、楽しかろうが、そうでなかろうが、何であれ、あなたがしていることや苦しんでいることに気づくのだ。これこそ唯一真なるヨーガであり、実践するに値する唯一の霊性修行である。

　個々の対象について知れば知るほど、神について知ることになる。
このスピノザの言葉を私たちの言葉に置き換えると、こうなる。あら
ゆる種類の経験との関係において自分自身を知れば知るほど、突然あ
る日、自分が本当は誰なのか、あるいは、誰が本当に「自分」である
のか（Who in Fact "he" Is）わかる機会が多くなる。(p. 40)

　このような考えには、自己認識と気づきの意義を説きつづけたクリシュ
ナムルティの教えが結びついていると思われる。ハクスリーはクリシュナ
ムルティと 1938 年に知り合って以降、二人は親しい間柄であった（Luty-
ens, 1984, pp. 45–48）。クリシュナムルティは主著『最初で最後の自由』の
なかで、つぎのように述べている。

　　自分自身を知るということは、世界との関係を知るということを意味
　　する――観念や人びとでできた世界だけでなく、自然や私たちが所有
　　するものからなる世界との関係である。これが私たちの生であり、生
　　とは全体との関係である。その関係の理解は専門性を要するだろうか。
　　明らかにそうではない。それが必要とするのは、全体としての生に直
　　面する気づきである。（Krishnamurti, 1954, p. 94）

　クリシュナムルティは、人が世界との関係において自己を知ることの重
要性について述べているが、ハクスリーは『最初で最後の自由』に寄せた
序文のなかで、クリシュナムルティのいう「選択なき気づき」（choiceless
awareness）を唯一有効な瞑想とみなしている。

　　判断と比較は、取り返しがつかないほど、私たちを二元性に委ねてし
　　まう。選択なき気づきのみが非二元性へと導くことができ、全面的な
　　理解と全面的な愛のなかで対立物の和解へと導くことができる。……
　　解放の過程は、あなたがしようとすることに無選択に気づき、あなた
　　に「それをしようとすべきだ」とか「すべきではない」と告げるシン

ボル・システムに対する、あなたの反応に無選択に気づくことから始まらなくてはならない。この選択なき気づきをとおして、それが自我、および自我と結びついた潜在意識の各層に浸透していくにつれ、愛と理解が生じるであろう。しかし、それはふだん私たちがよく知っているものとは水準を異にしている。この選択なき気づきは――人生のあらゆるとき、あらゆる状況のなかで――唯一の有効な瞑想である。（Huxley, 1954, p. 17）

意識的な死

　人間の生はあらゆる場面で気づきの訓練となる。第 14 章では「死の技法」（the art of dying）がとりあげられている。ハクスリーによれば、死に際しても大切なのは「気づきつづけること」である。

　　私たちは、人びとが死にゆくときでも、生きる技法を実践しつづけるように助ける。自分が本当は誰なのかを知ること、私たち一人ひとりをつうじて生きている普遍的で非個人的な生命（universal and imper-sonal life）を意識すること――それが生きる技法であり、これこそ死にゆく人が実践しつづけるように助けることのできるものである。その人の最期まで。たぶん最期を超えてまで。（Huxley, 1975b, p. 239）

　ハクスリーは『チベット死者の書』をとおして、死が人間にとって解脱にいたりうる決定的な瞬間であることを知っていた。小説のなかでは『死者の書』にあるように、ある老婆がクリアー・ライトのなかへ旅立つ様子が描かれている。ローラの伝えるところでは、ハクスリー自身もこうした死を迎えたという。「オルダスは、彼が生きたように亡くなりました。最善をつくし、彼がほかの人たちに勧めてきた本質的な点のひとつ、気づきを自分自身のなかで完全に発展させようとしました」（Huxley, 1991b, p. 295）。
　以上のように、オルダス・ハクスリーの教育論は、伝統的な教育学では

ほとんど注目されることのなかった人間の多様な領域をふくむものであり、人間の多次元的な潜在可能性の実現にかかわるアプローチを選りすぐり、東洋の瞑想の伝統と西洋の最新の心理学を結び合わせている。ハクスリーは自分のことを「橋をかける人」（*pontifex*, もとは古代ローマの神官を意味する）とみなし、橋をかけることが文学者の仕事であると述べている（Huxley, 1978b, p. 3）。

8　ローラ・ハクスリーの取り組み

「私たちの究極の投資」

　ローラ・ハクスリーはイタリアのトリノに生まれ、はじめ音楽の道に進んでヴァイオリニストになり、1937年、彼女がまだ10代の頃、カーネギーホールでデビューするためにアメリカに渡ってきた。1940年代にはロサンゼルス・フィルハーモニック・オーケストラで演奏活動をしていた。しかし戦争によって音楽活動をつづけることができなくなり、映画の制作にたずさわったり、編集の仕事をしたりしたが、1949年に親友が深刻な病にかかったのをきっかけに、彼女を助けるために、健康学、栄養学、心理学を集中的に学び、その後セラピストになった。

　ローラは映画の脚本の仕事でオルダスに出会い、交流を深めた。オルダスは先妻のマリアと死別したあと、1956年にローラと結婚した。その後の7年間、彼らは二人して人間の潜在的可能性を探究する活動をつづけ、彼女はその最初の成果を1963年に『あなたは標的ではない』という本にまとめた。しかし、同年11月22日（ケネディ米国大統領が暗殺された日）、オルダスはローラに看取られながら亡くなった。彼女は『この永遠の瞬間』（Huxley, 1991b）という追悼本のなかで、オルダスとすごした日々のことを綴っている。

ローラ・ハクスリー

その死によってオルダスの探究には終止符が打たれることになったが、人間の潜在的可能性を探究するというテーマはローラによって引き継がれた。ローラはセラピストとしての体験をふまえ、子どもが無防備で傷つきやすい誕生前後の時期が人間の潜在的可能性の実現にとって大きな意味をもつことを見いだした。この時期に大きな困難を抱え込むと、その後の人生が、可能性を制限して生き延びることに費やされることになりかねない。そこで彼女は1977年に「可能性をひらく人間」（possible human）を育むための非営利組織「子ども——私たちの究極の投資」（Children: Our Ultimate Investment）を設立し、人間の誕生という側面から潜在的可能性の実現というテーマに取り組むことになった。1994年の「オルダス・ハクスリー生誕100周年祭案内文」のなかで、ローラはつぎのように述べている。

　　オルダスと私は、これらのテーマについて、本性（nature）と養育（nurture）のつながりについて、よく話し合った。62年前、オルダスはこのテーマを『すばらしい新世界』のなかで展開した。すばらしい新世界は、展望も選択もない機械化された社会であり、もし油断するなら、私たちはその方向に進んでしまう。1962年に彼は遺作となった『島』を書いた。この本のなかで、彼は古今の文化のなかで有効に用いられてきた方法に触発され、私たちがより正気で、愛にみちた社会をつくるための創造的な解決策を提供している。そのような望ましい改善をもたらすもっとも効果的な方法は、それをできるだけ早いときから始めるということである。これが1977年に創設した、可能性をひらく人間を育むための非営利組織「私たちの究極の投資」の目的である。（Huxley, 1994a, p. 1）

　ローラ・ハクスリーは子どもの誕生のプロセスを、以下の五つの局面に分けている。すなわち（1）「受胎への前奏曲」（Prelude to Conception）、（2）「意識的な妊娠」（Conscious Conception）、（3）「生命への畏敬」（Reverence for Life, 胎児期）、（4）「貴き生まれの者よ」（O Nobly Born, 誕生時）、

200

（5）「人生最初の年月」（The First Days and Years）である。ここでローラは、受胎に先立つ時期を最初の局面にあげているが、「私たちの究極の投資」の意義について、彼女へのインタビューのなかで、つぎのように話している。

　　この考えは、人間が置かれている状況の困難の多くは、乳幼児期に始まるだけでなく、また誕生前——現在ようやく受け入れられつつある事実だが——に始まるだけでなく、受胎に先立つカップルの身体的、心理的、そしてスピリチュアルな準備のなかで始まるというものです。それを「受胎への前奏曲」と呼んでいます。（Brown & Novick, 1993, p. 259）

　未来に生きる人間の健康や病気、愛や憎しみ、戦争や平和は、すでに受胎する前から始まっている。ローラは別のインタビューのなかで、こう話している。

　　「私たちの究極の投資」のメッセージは、つぎのようなことです。私たちが始まりの前から愛されるなら——人が受胎以前に両親の精神のなかで、愛する思いとなり、カップルが妊娠前から身体的・精神的健康や関係性を改善することができるなら——その子どもは、より健康で、より優しく、あらゆる面でより有能な人間になることでしょう。（Eisner, Spring/Summer 1994, p. 17）

　ローラはフェルッチとの共著『あなたの夢の子ども』（Huxley & Ferrucci, 1992）のなかで、これら五つの時期の具体的な取り組み方を提案している。サイコシンセシスの専門家であるフェルッチは、各段階で用いることのできるイメージワークをつくっている。誕生のプロセスでもっとも重要なことは、それぞれの段階に十分に意識的になり、愛情を注ぎ、否定的条件づけを無自覚に招き寄せないように注意することである。

オルダス・ハクスリーは気づきをもって「意識的に生きる」ことの大切さを説き、『島』のなかでは「意識的に死にゆく」ことを描いている。のちにラム・ダスは有名な『ビー・ヒア・ナウ』の末尾に「死にゆくこと」という一章を設け、その最後を『島』からの引用で締めくくっている（Ram Dass & Lama Foundation, 1978, p. 116）。その後、ラム・ダスはスティーヴン・レヴァインととも

ラム・ダス

に「意識的に死にゆく」（conscious dying）ためのプロジェクトを実践に移した（Levine, 1982）。それと同じように、ローラによって、人間の誕生についても意識的に取り組む必要性が説かれ、意識的な出産の取り組みが提唱されたのである。

　ローラ・ハクスリーは「私たちの究極の投資」をつうじて二つの社会実践に取り組んできた。「受胎への前奏曲」に関する教育プログラムとして「少年少女と幼児の交流プログラム」（Teens and Toddlers Program）があり、最後の局面「人生最初の年月」に関して「抱擁プロジェクト」（Project Caress Program）が推進された。「少年少女と幼児の交流プログラム」では、12歳から16歳程度の少年少女が週に4回、各3時間、2学期間にわたり、乳幼児と交流をする時間がもたれた。それをつうじて少年少女たちは、子どもと一緒にいることがいかに大変であるか、いかに注意を要するものであるかを知り、子育てについて多くを学ぶ機会となった。乳幼児と児童生徒が交流する活動としては、トロントでメアリー・ゴードンが取り組んでいる共感教育「ルーツ・オブ・エンパシー」（Roots of Empathy）が知られているが（Gordon, 2007）、「ルーツ・オブ・エンパシー」では一組の親子がクラス入りするのに対して、「私たちの究極の投資」の取り組みでは、少年少女と乳幼児がペアになる。

　一方の「抱擁プロジェクト」はローラの発案で1978年に始まった。このプロジェクトでは、「抱擁ルーム」に幼児と老人が集まり、愛情と静け

さに包まれて老人が子どもを抱く機会をつくり、幼児のふれあい欲求をみ
たすとともに、老人の側の与える欲求をみたし、その孤独を癒す。ローラ
は自分が子どもと一緒にすごした個人的経験から、人生のできるだけ早い
うちから子どもをケアする必要性に気づき、それを実践に移したのである。
このプロジェクトは、オルダス・ハクスリーが提案していた「相互養育ク
ラブ」に近いものである。

オルダス・ハクスリー生誕 100 周年祭

　1994 年 4 月 28 日から 5 月 1 日にかけて、ローラ・ハクスリーが主催者
となり、オルダス・ハクスリー生誕 100 周年祭がロサンゼルスのハリウッ
ドで開催された。私は片桐ユズル氏と一緒に参加したが、この集まりのこ
とを二人で語りあった対談は、片桐ユズル編訳『多次元に生きる』(コス
モス・ライブラリー)に収録されている。生誕 100 周年祭には、オルダス
やローラを慕い、彼らの示したヴィジョンの実現にかかわってきた多くの
人たちが集まった。最終日にはハクスリー・デーとして「オルダス・ハク
スリー・シンポジウム」が開かれたが、それに先立つ 3 日間は「子どもは
私たちの究極の投資」と
いう名の国際会議であっ
た。

　国際会議では、ローラ
の開会の挨拶のあと、進
行役のアル・ファン
(『クォンタム・スープ』
の著者)が気功のエクサ
サイズを交え、なごやか
な雰囲気をつくりだし、
その後の 3 日間をつうじ
て、人間の誕生の五つの
局面にもとづく基調講演

ハクスリー生誕 100 周年祭の会場入口に立つ片桐ユズル氏

と一連のセミナーが進められた。初日には、まずフェルッチが登場し、「受胎への前奏曲」について話し、それにつづいて医師のジョーン・ボリセンコ——『からだに聞いて、こころを調える』（誠信書房）などの著書がある——が「意識的な妊娠」について講演をした。その日の夜にはケニー・ロギンスの公演があった。二日目には午前と午後のセミナーのあと、夜の基調講演で、『誕生を記憶する子どもたち』（春秋社）の著者として知られるデイヴィッド・チェンバレンが「生命への畏敬」の局面に関連して胎児期の話をし、それにつづいて水中出産とプライマル・ヘルスで知られるミシェル・オダンが「貴き生まれの者よ」の局面で出産の話をした。三日目も午前と午後のセミナーのあと、夕方の基調講演では、『エコロジカル・ダイエット』（角川書店）の著者ジョン・ロビンズが「健康の贈りもの」というスピーチをし、夜には会議の締めくくりとして、アシュレー・モンタギューが「人生最初の年月」について講演をした。モンタギューは『タッチング』（平凡社）や『ネオテニー』（どうぶつ社）などの著書で知られる高名な学者であるが、オルダスやローラとは古くから友人である。

　最終日となった四日目の「オルダス・ハクスリー・シンポジウム」には、オルダスと親交のあった人たちが登場した。ローラがキーワードとしている『ポシブル・ヒューマン』という名の著書を出しているジーン・ヒューストンが開会のスピーチと進行役をつとめ、ラム・ダスが「『すばらしい新世界』それとも『島』？」と題して基調講演をした。ランチをはさんで、BBC制作のドキュメンタリー・フィルム『オルダス・ハクスリー——闇と光』が上映された。その後ジーン・ヒューストンの講演があり、最後のパネル・ディスカッションには、オルダスの息子マシュー・ハクスリーがゲストとして招かれ、マイケル・マーフィ、ヒューストン・スミスなども登壇した。シンポジウムの最後に、ベネディクト派修道士ブラザー・デイヴィッド・ステンドル＝ラスト——フリチョフ・カプラとの対談集『われら宇宙に帰属するもの』（青土社）がある——が「感謝こそ天国なり」と題して短い説教をした。

　本章の最後に、ある日、ローラにひらめき、授けられたという「いまだ

生まれざるものの祈り」（Prayer of the Unconceived, より正確には「いまだ
受胎していないものの祈り」）をあげておく。

いまだ生まれざるものの祈り

地球上にいる男性と女性のみなさん
あなたたちは私たちの創造者です
私たち、いまだ生まれざるものは、お願いがあります
私たちに生きる糧を与えてください
それは私たちの新しいからだをつくります
私たちにきれいな水を飲ませてください
それは私たちの血液に命を与えてくれます
私たちにきれいな空気を吸わせてください
息のひとつひとつが抱擁となりますように
ジャスミンとバラの花びらにふれさせてください
それは私たちの皮膚と同じほどやわらかいものです

地球上にいる男性と女性のみなさん
あなたたちは私たちの創造者です
私たち、いまだ生まれざるものは、お願いがあります
私たちに怒りと恐怖の世界を与えないでください
私たちの心が怒りと恐怖でいっぱいになってしまいますから
私たちに暴力と汚染されたものを与えないでください
私たちのからだが病気になり、きらいになってしまいますから
私たちを、あるがままにいさせてください
心の乱れた自己破壊的な人たちのもとには
連れていかないでください

地球上にいる男性と女性のみなさん

あなたたちは私たちの創造者です

私たち、いまだ生まれざるものは、お願いがあります

あなたたちに愛し、愛される用意ができているなら

私たちをこの地球に招いてください

この幾千もの驚異にみちた地球に――

私たちは生まれてきます

愛し、愛されるために

（Huxley & Ferrucci, 1992, p. 97）

［文献］

Alexander, F. M. (1984). *The use of the self: Its conscious direction in relation to diagnosis, functioning and the control of reaction.* Long Beach, CA: Centerline Press. （初版 1932）（アレクサンダー『自己の使い方』ATJ 訳, 風媒社, 2019.）

Alexander, F. M. (1985). *Constructive conscious control of the individual.* Long Beach, CA: Centerline Press. （初版 1923）（アレクサンダー『建設的に意識調整するヒト』ATJ 訳, 風媒社, 2018.）

Alexander, F. M. (1986). *The universal constant in living.* Long Beach, CA: Centerline Press. （初版 1941）

Alexander, F. M. (1988). *Man's supreme inheritance.* Long Beach, CA: Centerline Press. （初版 1910）（アレクサンダー『人類の最高遺産』横江大樹訳, 風媒社, 2015.）

Anderson, W. T. (1983). *The upstart spring: Esalen and the American awakening.* Reading, MA: Addison-Wesley. （アンダーソン『エスリンとアメリカの覚醒――人間の可能性への挑戦』伊東博訳, 誠信書房, 1998.）

Baker, R. S. & Sexton, J. (Eds.). (2000–2002). *Aldous Huxley complete essays* (Vols. I–VI). Chicago: Ivan R. Dee.

Bedford, S. (1987a). *Aldous Huxley: A biography, Volume one: The apparent stability 1984–1939.* London: Paladin Grafton Books.

Bedford, S. (1987b). *Aldous Huxley: A biography, Volume two: The turning points 1939–1963.* London: Paladin Grafton Books.

Brown, D. J., & Novick, R. M. (1993). *Mavericks of the mind: Conversations for the new millennium.* Freedom, CA: The Crossing Press. （ブラウン & ノビック『内的宇宙の冒険者たち――意識進化の現在形』菅靖彦訳, 八幡書店, 1995.）

Dewey, J. (1957). *Human nature and conduct: An introduction to social psychology.* New York: Random House.（初版 1922）（デューイ『人間性と行為』河村望訳, 人間の科学社, 1995.）

Dewey, J. (1958). *Experience and nature.* New York: Dover Publications.（初版 1929）（デューイ『経験と自然』河村望訳, 人間の科学社, 1997.）

Dewey, J. (1984). Introduction. In F. M. Alexander, *The use of the self: Its conscious direction in relation to diagnosis, functioning and the control of reaction* (pp. xiii–xix). Long Beach, CA: Centerline Press.（初版 1932）（アレクサンダー『自己の使い方』ATJ 訳, 風媒社, 2019.）

Dewey, J. (1985). Introduction. In F. M. Alexander, *Constructive conscious control of the individual* (pp. xxi–xxxiii). Long Beach, CA: Centerline Press.（初版 1923）（アレクサンダー『建設的に意識調整するヒト』ATJ 訳, 風媒社, 2018.）

Eisner, B. (Spring/Summer 1994). An interview with Laura Huxley. *Island Views, 1*(3), 1, 14–17.

Gelb, M. (1987). *Body learning: An introduction to the Alexander Technique* (new ed.). London: Aurum Press.（初版 1981）（ゲルブ『ボディ・ラーニング——わかりやすいアレクサンダー・テクニーク入門』片桐ユズル, 小山千栄訳, 誠信書房, 1999.）

Goldberg, P. (2010). *American Veda: From Emerson and the Beatles to yoga and meditation: How Indian spirituality changed the West.* New York: Three Rivers Press.

Gordon, M. (2007). *Roots of empathy: Changing the world: Child by child.* Toronto: Thomas Allen Publishers.

Huxley, A. (1954). Foreword. In J. Krishnamurti, *The first and last freedom* (pp. 9–18). New York: Harper & Row.（クリシュナムルティ『最初で最後の自由』飯尾順生訳, ナチュラルスピリット, 2015.）

Huxley, A. (1955). *Brave new world.* Harmondsworth, UK: Penguin Books.（初版 1932）（ハックスリー『すばらしい新世界』松村達雄訳, 講談社, 1974.）

Huxley, A. (1965a). *Brave new world revisited.* New York: Harper & Row.（初版 1958）（ハックスレー『文明の危機——すばらしい新世界再訪』谷崎隆昭訳, 雄渾社, 1966.）

Huxley, A. (1965b). Human potentialities. In R. E. Farson (Ed.), *Science and human affairs: The Lucile P. Morrison lectures* (pp. 32–44). Palo Alto, CA: Science and Behavior Books.

Huxley, A. (1969a). Education on the nonverbal level. In H. Chiang & A. H. Maslow (Eds.), *The healthy personality: Readings* (pp. 150–165). New York: Van Nostrand Reinhold Company. (初出 *Daedalus: Journal of the American Academy of Arts and Sciences*, 1962 Spring, Boston.) R. S. Baker & J. Sexton (Eds.), *Aldous Huxley com-*

plete essays: Volume VI, 1956–1963 & supplement, 1920–1948. Chicago: Ivan R. Dee, 2002 に再録.

Huxley, A. (1969b). *Ends and means: An enquiry into the nature of ideals and into the methods employed for their realization*. London: Chatto & Windus. (初版 1937) (抄訳, ハックスリィ『目的と手段』菊池亘訳, 南雲堂, 1959.)

Huxley, A. (1972). *The doors of perception & Heaven and hell*. London: Chatto & Windus. (初版 1954, 1956) (ハックスレー『知覚の扉・天国と地獄』今村光一訳, 河出書房新社, 1984, ハクスリー『知覚の扉』河村錠一郎訳, 平凡社, 1995.)

Huxley, A. (1974). *The perennial philosophy*. London: Chatto & Windus. (初版 1945) (ハクスレー『永遠の哲学——究極のリアリティ』中村保男訳, 平河出版社, 1988.)

Huxley, A. (1975a). *Adonis and the alphabet*. London: Chatto & Windus. (初版 1956) (抄訳, ハクスリー『ハクスリーの教育論』横山貞子訳, 人文書院, 1986, 同『多次元に生きる——人間の可能性を求めて』片桐ユズル訳, コスモス・ライブラリー, 2010.)

Huxley, A. (1975b). *Island*. London: Chatto & Windus. (初版 1962) (ハクスレー『島』片桐ユズル訳, 人文書院, 1980.)

Huxley, A. (1978a). End-gaining and means-whereby. In W. Barlow (Ed.), *More talk of Alexander* (pp. 149–153). London: Victor Gollancz.

Huxley, A. (1978b). *The human situation: Lectures at Santa Barbara, 1959* (P. Ferrucci, Ed.). London: Chatto & Windus. (ハクスレー『ハクスレーの集中講義』片桐ユズル訳, 人文書院, 1983.)

Huxley, A. (1984). Foreword, In H. Benoit, *The supreme doctrine: Psychological encounters in Zen thought* (pp. vii–ix). New York: Inner Traditions International. (初版 1955)

Huxley, A. (1985). *The art of seeing*. London: Triad Grafton Books. (初版 1942) (ハクスリー『眼科への挑戦』中谷光明訳, 大陸書房, 1983.)

Huxley, A. (1994). Introduction. In L. A. Huxley, *You are not the target* (pp. xi–xiv). New York: Farrar, Straus and Company. (初版 1963)

Huxley, A. (2002). Introduction. In Swami Prabhavananda & C. Isherwood (Trans.), *Bhagavad-Gita: The song of god* (pp. 13–23). New York: New American Library. (初版 1944) (プラバヴァーナンダ & イシャウッド『バガヴァッド・ギーター』熊澤教眞訳, ヴェーダーンタ文庫, 1970.)

Huxley, A. (2013). *The divine within: Selected writings on enlightenment* (J. H. Bridgeman, Ed.). New York: HarperCollins.

Huxley, L. A. (1982). Foreword. In P. Ferrucci, *What we may be: Techniques for psychological and spiritual growth through psychosynthesis* (pp. 11–13). Los Angeles: Jeremy P. Tarcher.（フェルッチ『内なる可能性』国谷誠朗, 平松園枝訳, 誠信書房, 1994.）

Huxley, L. (1987). Foreword to the new edition. In M. Gelb, *Body learning: An introduction to the Alexander Technique.* (pp. v–vii). London: Aurum Press.（ゲルブ『ボディ・ラーニング――わかりやすいアレクサンダー・テクニーク入門』片桐ユズル, 小山千栄訳, 誠信書房, 1999.）

Huxley, L. A. (1991a). *Between heaven and earth: Recipes for living and loving.* Santa Monica, CA: Hay House.（初版 1975）

Huxley, L. (1991b). *This timeless moment: A personal view of Aldous Huxley.* San Francisco: Mercury House.（初版 1968）（ハクスレー『この永遠の瞬間――夫オルダス・ハクスレーの思い出』大野龍一訳, コスモス・ライブラリー, 2002.）

Huxley, L. (1994a). *Aldous Huxley centennial with Children: Our ultimate investment: A conference and symposium.* Los Angeles: Our Ultimate Investment.

Huxley, L. A. (1994b). *You are not the target.* New York: Farrar, Straus and Company.（初版 1963）

Huxley, L. A., & Ferrucci, P. (1992). *The child of your dreams.* Rochester, VT: Destiny Books.（初版 1987）（ハクスレー & フェルッチ『未来のママとパパへ――コンシャス・バースのすすめ』中川吉晴訳, ヴォイス, 1995.）

Isherwood, C. (Ed.). (1962). *Vedanta for modern man.* New York: Collier Books.

Jones, F. P. (1976). *Body awareness in action: A study of the Alexander Technique.* New York: Schocken Books.

Jones, F. P. (1987). Aldous Huxley and F. Matthias Alexander. *The Alexander Review, 2* (2), 11–22. Long Beach, CA: Centerline Press.

片桐ユズル編著（1985）『オルダス・ハクスリー――橋を架ける』人文書院.

片桐ユズル（2004）『ふたつの世界に生きる――一般意味論』京都修学社.

Krishnamurti, J. (1954). *The first and last freedom.* New York: Harper & Row.（クリシュナムルティ『最初で最後の自由』飯尾順生訳, ナチュラルスピリット, 2015.）

Lakshman Joo, S. (2007). *Vijñāna Bhairava: The practice of centering awareness* (2nd Rev. ed.). Varanasi, India: Indica Books.

Lawrence, D. H. (1971). *Fantasia of the unconscious & Psychoanalysis and the unconscious.* Harmondsworth, UK: Penguin Books.（初版 1921, 1922）（ロレンス『無意識の幻想』小川和夫訳, 南雲堂, 1966.）

Levine, S. (1982). *Who dies?: An investigation of conscious living and conscious dying.* New York: Anchor Books, Doubleday.（レヴァイン『めざめて生き、めざめて死ぬ』菅靖彦, 飯塚和恵訳, 春秋社, 1999.）

Lutyens, M. (1984). *Krishnamurti: The year of fulfillment.* New York: Avon Books.（ル

ティエンス『クリシュナムルティ――実践の時代』高橋重敏訳, めるくまーる, 1988.）

Macdonald, P. (1989). *The Alexander technique as I see it.* Brighton, UK: Rahula Books.（Macdonald『アレクサンダー・テクニーク――ある教師の思索』細井史江訳, 幻冬舎メディアコンサルティング, 2017.）

Nakagawa Y. (2002). Aldous Huxley: A quest for the perennial education. In J. P. Miller & Y. Nakagawa (Eds.), *Nurturing our wholeness: Perspectives on spirituality in education* (pp. 140–163). Brandon, VT: Foundation for Educational Renewal.

Ram Dass, B., & Lama Foundation (1978). *Be here now.* Albuquerque, NM: Hanuman Foundation.（初版 1971）（ババ・ラム・ダス & ラマ・ファンデーション『ビー・ヒア・ナウ』吉福伸逸, 上野圭一, プラブッダ訳, 平河出版社, 1987. ［邦訳初版, エイプリル出版, 1979.］）

Reps, P. (1957). *Zen flesh, Zen bones: A collection of Zen and pre-Zen writings.* Tokyo: Charles E. Tuttle.

Westfeldt, L. (1986). *F. Matthias Alexander: The man and his work.* Long Beach, CA: Centerline Press.（初版 1964）（ウェストフェルト『アレクサンダーと私――〈アレクサンダー・テクニークへの道〉』片桐ユズル, 中川吉晴訳, 壮神社, 1992.）

Zigler, R. L. (2015). *The educational prophecies of Aldous Huxley: The visionary legacy of* Brave New World, Ape and Essence, *and* Island. New York: Routledge.

第5章　ホリスティック教育の方法原理

　ホリスティック教育は何よりもまず思想や理念であるといった特徴づけがなされる。たしかにホリスティック教育は包括的な教育観を提供しようとするものであるが、その一方で、ホリスティック教育をどのように実践すればよいのかという方法論については、ミラーのカリキュラム論を除いては、とくに大きな体系化の試みがあるわけではない。もちろん、これまで多くの論者が実践への示唆をしており、実践への取り組みも、さまざまなところで展開されている。今後もこうした動きは広がっていくであろうが、本章では、永遠の哲学とトランスパーソナル心理学の観点から、ホリスティック教育の方法原理について考察してみたい。

1　人間の多次元性

　人間は深遠な存在であり、それぞれの人がひとつの神秘だと言えるが、ホリスティック教育の方法原理を考えるうえでは——一般意味論の「地図は現地ではない」という原則をふまえつつも——実際に利用可能な、簡便な理論モデルを提示する必要がある。ホリスティック教育では、人間は多次元的存在とみなされる。それゆえ、その方法も人間の多次元的な構成にもとづくものとなる。ここでは個人の「人格」を構成する次元として「身体」（body）、「心」（heart）、「精神」（mind）の三つをとりあげる。これら三つの次元は、それぞれ機能的に分化し、相対的に自律している。主として身体は感覚や運動を、心は情動や感情を、精神は認知や思考をつかさどっている。しかし、これらの次元は決して機械のパーツのように切り離すことはできない。それらは人格システムの三つの局面であり、人格はこれらが統合された全体である。

身体、心、精神からなる人格は、個人の生まれもった素質や性向にもとづき、家庭や学校の教育をふくむ社会的条件づけをとおして一定のシステムを形づくる。人格とは、個人が世界のなかで反応し行動するときのシステムであり、世界における個人の実存的基盤である。この意味において教育は、人格の諸次元の可能性を発展させる、可能なかぎり良き条件づけでなくてはならない。それをとおして、身体機能の発達にともなう知覚力や活動力、感情面の発達にともなう情緒や社会性、精神面の発達にともなう知性や思考力が形成される。これらは人間が生きていくうえで不可欠な能力である。

　ただし各個人において通常は、身体活動、感情、思考のいずれかの機能が優位になっている。したがって、そうした人格における「個性」（タイプ）を知ることは、人格の開発や伸長をはかる教育において重要であり、個性の把握にもとづき、人格を構成するそれぞれの次元が開発されるべきである。全人教育は人格の調和的発達を目的とするが、実際には誰も均等な調和的形態にいたるわけではなく、発達は個性やタイプの違いを反映したものにならざるをえない。たとえば、ヨーガの体系には、カルマ・ヨーガ（行為の道）、バクティ・ヨーガ（信愛の道）、ジュニャーナ・ヨーガ（知の道）などといった区分があり、各個人はそれぞれの特性に合わせて、身体（行為）、感情（信愛）、精神（知）のいずれかを中心とする道を選ぶことができるようになっている。

　人格は世界内存在の中心をなすため、個性にもとづく人格の教育はこのうえなく重要なものである。この点をふまえて、さらに言えば、ホリスティック教育においては、個性の発見や開発のみが重要なのではない。個性は個人の特質であると同時に制約である。私たちは個性に排他的に同一化しているため、それは制限にもなる。個性は自己存在の全体から見れば、その部分にほかならず、自己の一部が支配的になっているのである。したがって、ホリスティック教育においては、個性を知ることによって個性への同一化から離れ、自己存在の全体性を実現することが重要になる。人格に何らかの問題があれば、セラピーや教育をとおして、それに取り組む必

212

要があるが、そうした人格改善によって教育が終わるものではなく、さらに人格を超えた全体性を実現することが求められる。

　ホリスティック教育の人間観においては、身体、心、精神で構成される人格に加え、人格を超えるトランスパーソナルな次元がある。それはホリスティック教育の論者のあいだでは、しばしば「魂」と呼ばれている。ジョン・ミラーは魂を、自我とスピリットをつなぐ中間にあるものとみなしている。

　　第一に、魂は自我とスピリットとを結びつける。自我とは、私たちの社会化された自己感覚のことである。それは、子どもが成長し、自分自身を他者（たとえば、両親、兄弟姉妹、友人、同級生、教師など）との関係のなかに置いて規定していくなかで徐々に育っていく。自我は私たちの分離感覚である。……

　　スピリットは私たちの内なる神的な本質である。それは、私たちのなかの時間と空間を超えた部分である。スピリットをとおして、私たちは神的なもの（たとえば、ブラフマン、神、タオ）との統一を経験する。そこにはスピリットの上昇的で超越的な特質が見られる。私たちの内なるスピリットは、アートマン（ヒンドゥー教）、仏性、あるいは「自己」などと呼ばれてきた。……

　　魂は自我とスピリットを結びつける。……人間性と神性を結びつけようとすれば、それは魂をとおしてである。スピリットばかりを強調していると、人間性や日常生活とのつながりが薄れてしまう。逆に人間的自己の面ばかりを重視していると、世俗的なことにだけ狭く目を向けた生き方をすることになる。魂は神秘的で自発的な仕方で、人間的なものと神的なものとを結びつける。（Miller, 1999, p. 24）

　本章のなかでは、魂の中心的な特徴を「気づき」としてとらえておく。気づきは人格を超える独自の存在次元であり、自己の中心にある。気づきの自己（魂）を見いだすことをとおして、人間はかぎりない「純粋な気づ

き」そのものへと開かれる。純粋な気づきは意識の無限な広がりであり、魂に対して「スピリット」とみなされる。

　人間の全体性は、人格次元（身体、心、精神）と人格を超えるトランスパーソナル次元（魂とスピリット）をともにふくんでいる。しかし、私たちは人格面と完全に同一化しているため、それ以外の面は忘れ去られている。個人的人格は、他者から分離した「自我」としてとらえられる。これに対し、気づきが確立されると、人格は気づかれる対象となり、気づきのなかでたえず変化するプロセスとなる。気づきに意識の中心を置き、人格から脱同一化することによって、人はより全体的な存在に向かっていく。それゆえ教育には、人格を形成する面だけでなく、人格から脱同一化し、気づきを確立するという面が求められる。それによって人は人格から自由になり、自己を見つけだすことができる。気づきの教育とは、人格次元からの脱同一化と、トランスパーソナルな自己の発見を可能にする教育である。

　このように教育は人間存在の多次元性のすべてにかかわるものである。それゆえ教育方法において重要なのは、多次元を統合するホリスティック・アプローチを取り入れるということである。身体にはソマティック・アプローチ、心には感情的アプローチ、精神には認知的アプローチが用いられる。そして魂には観想的アプローチが重要である。これらをすべてふくむものがホリスティックな教育方法である。本章では観想的方法を中心に述べていくが、それに先立ってホリスティック教育の見方を、ほかの論者の考え方と対照させておきたい。

2　シュタイナーとグルジェフの人間観

ペスタロッチとシュタイナー

　教育の用語で言えば、人格次元の教育は3Hs（Head, Heart, Hands）の教育に相当する。これに関連して言えば、偉大な教育家であったペスタロッチ（Johann Heinrich Pestalozzi, 1746–1827）は最晩年の著作『白鳥の歌』

ペスタロッチ

（1826 年）のなかで、基礎教育の理念について、つぎのように述べている。

ただただ人間を人間の本性の一般力において、すなわち心情・精神・および手としてとらえること、このことのみがあらゆる場合に真なることが証せられる真理であって、このようにとらえてこそ人間を実際に真に合自然的に陶冶するようにもなる。人間をそのようにとらえないとき、人間をその本質の結合においてとらえないときには、いつでも彼を合自然的にとらえることにはならず、またそのときにはどう考えてみても、人間的に陶冶するようにはならない。人間を単に一面的に、すなわち心情力にもあれ、精神力にもあれ、技術力にもあれ、人間の一つの能力においてとらえること、それはわれわれの諸能力の均衡をくつがえし、均衡を妨げ、われわれの陶冶の手段を不自然に導き、その結果われわれ人類を一般に不具にし、作りそこなうことにもなる。わたしの感情を高めることのできる手段によっては人間の精神そのものの力は形成されるべくもなく、また同様に人間の精神が合自然的に陶冶されるゆえんの手段によっては、人間の心情そのものの力は合自然的にかつ十分に向上すべくもない。（ペスタロッチー, 1959, p. 11）

ペスタロッチは、人間の本性として心情（感情）、精神（思考）、手（技術、身体）をとりあげ、それらの自然の歩みに即した形成と統合を強調しているが、どれかひとつの能力だけが形成されるときには、均衡が崩れることになると述べている。

19 世紀末から 20 世紀にかけて活躍した神秘思想家ルドルフ・シュタイナーは、同じく身体と心（感情）と精神（思考）をとりあげ、これを、西洋文明のなかで教育がへてきた三つの発展段階に重ね合わせている（Stei-

ner, 1998）。つまり、古代ギリシアにおける
身体の教育、古代ローマの心の教育、そし
て中世以降の精神の教育である。古代ギリ
シアで理想とされたのは「体育教師」であ
り、体育教師は身体の調和とともに、感情
と精神の調和を実現した人物とみなされて
いた。身体のなかには心と精神が宿ってお
り、身体を訓練することによって心と精神
が発達すると信じられていた。子どもは
体育場に通って体育教師から舞踏や競技を
学んだが、舞踏は音楽の学習と結びつい
ていた。シュタイナーは古代の舞踏をもと

ルドルフ・シュタイナー

に、オイリュトミーという独自の舞踏芸術を考案している。興味深いこと
に、シュタイナーは、古代ギリシアの人間観が東洋の身体修行の伝統に影
響されたものであると考えていた。

> ギリシア文明は、実際のところ東洋の文明の継続であり、いわば、そ
> の分枝であった。何千年にもわたり、かの地、アジア、東洋において、
> 人類の発展過程のなかでつくりだされたことが、ギリシアにおいて、
> とくに教育と教授の活動のなかで最終的に表現されたのだと、私は信
> じている。（p. 36）

　つぎに古代ローマ時代になると、教育の中心は体育から弁論術へと移っ
ていき、人びとの感情に訴えかける「雄弁家」が重視されるようになる。
この時代にキケロ（Marcus Tullius Cicero, 紀元前 106– 紀元前 43）やクイ
ンティリアヌス（Marcus Fabius Quintilianus, 35–100）は雄弁家の教育論を
残している。シュタイナーによれば、これは心が分離され、心の教育が強
調されるようになったことを意味する。雄弁家の教育は中世までつづくが、
中世も半ば（15 世紀）になると、知識のある人、すなわち「博士」が教

育の理想とされるようになり、精神の教育が中心になる。

　古代ギリシア、古代ローマ、中世をへて、教育の中心は、身体（運動）、心（感情）、精神（思考）へと移ってきた。これは、身体、心、精神を統合した全体的人間観が失われてきた歴史でもある。それゆえ、シュタイナーは全体的な人間の教育を回復することを求める。

　　しかし、このほかに、現代においては少しずつ別の理想、すなわち、全体的な人間の理想があらわれてきている。人は、博士に関することに目も耳も奪われていた。そしてそこから、小さい子どもに知識を詰め込む博士の教育に加えて、ふたたび全体的な人間を教育したいという切望が生じてきた……。(pp. 35–36)

　シュタイナー教育とは、そうした全体的な人間を回復するための教育である。シュタイナーの人間観によれば、人間は基本的に「身体」（Leib, body）、「心」（Seele, soul）、「スピリット」（Geist, spirit）の三層によって構成されている。さらに各層はそれぞれ三層からなり、全部で九つの層がある。シュタイナーは主著『神智学』（1904 年）のなかで人間の構成について、つぎのように述べている（シュタイナーの諸概念については、英訳（Steiner, 1994）も参照し、本書の類似する諸概念との整合性も考慮して訳語を定めた）。

　　その身体をとおして、人間はその瞬間、自分と事物を結びつけることができる。その心をとおして、人間は事物が与える印象を自分のなかに保持する。そしてそのスピリットをとおして、事物自身がみずから保持しているものが人間に明らかにされる。人間をこれら三つの面から考察するときにのみ、人間の本質の解明がなされることを望むことができる。(Steiner, 2014, pp. 25–26)

　人間は三重の仕方で世界と結びついており、身体の感覚をとおして外界

の対象を知覚し、心において対象に対する心的印象を形成し、スピリチュアルな直観において対象の客観的な法則や本質を認識する。それゆえ、人間は三重の世界に生きている。

> このように人間は三つの世界の市民である。その身体をとおして、人間は、身体によって知覚する世界に属し、その心をとおして、自分の固有な世界をつくり、そのスピリットをとおして、この両者を超越する世界が人間に明らかにされる。(p. 26)

人間は、その本質のなかに「身体」「心」「スピリット」という三つの側面をもっているが、シュタイナーは、「身体」が物質世界の知覚内容をとおして「心」を限定すると同時に、「スピリット」が真理（霊的世界）の直観をとおして「心」を拡大するという。中間に位置する「心」は「身体」と「スピリット」の両方に開かれ、両者によって規定されているのである。

「身体」は、外界の事物と同様、人間における感覚的に観察可能な物質的側面であり、そのなかに鉱物（素材）、植物（生殖と生長）、動物（知覚と内的体験）の諸形式をふくんでいる。「身体」は三つの層に分かれるが、それは「物質的身体」（der physische Leib, physical body）、「エーテル体」（Ätherleib, ether body）、「アストラル体」（Astralleib, astral body）である。「物質的身体」（肉体、物質体）は鉱物界の素材によって構成され、人間における鉱物的構造（思考する脳を中心とする構造）を有している。また、人間は植物と同様に生殖や生長を特徴としている。それゆえ人間はたんなる物質的存在ではなく、そのなかに生命を宿している。「エーテル体」は物質を生命あるものとして形成し組織化する本性である。それゆえ、エーテル体は「生命体」（Lebensleib, life body）とも呼ばれる。つぎに「アストラル体」は感覚器官をとおして知覚活動を行ない、印象を受け取るものであり、「感受的身体」（Empfindungsleib, sentient body）や「心的身体」（Seelenleib, soul body）とも呼ばれる。また、アストラル体は無意識的なエーテル

的状態から意識を目覚めさせる働きをする。人間はアストラル体を動物と共有している。

　「心」は、「身体」のように、それを外から見てとることはできない。「心」は、「身体」による感覚的刺激に規定され、共感や反感、快不快、好き嫌い、喜びと苦しみというような、個人に固有な内的体験の世界をつくりだす。「心」は個人に固有な内面世界であり、感覚的知覚、感情的反応、外界に働きかける意志などをふくんでいる。また「心」には思考の働きがふくまれる。「心」には三つの層があり、アストラル体と一体化している「感受的な心」（Empfindungsseele, sentient soul）に加え、「悟性的な心」（Verstandesseele, mind soul）と「意識的な心」（Bewußtseinsseele, consciousness soul）がある。「感受的な心」は外界の印象を感覚内容として受け取るが、それだけでなく感覚内容について思考を働かせ、みずからの要求をみたそうとする（物質文明はそのようにして発達した）。「悟性的な心」は思考能力を備えた、より高次な心であり、「感受的な心」が思考を働かせ成熟することによって発達する。さらに高次の思考は、個人の心的世界を超えて外へと出ていき、個人の内的体験とは関係のない宇宙の普遍的な真理や法則を知ろうとする。これは「直観」の働きである。「意識的な心」は直観をとおして真理や善を知り、より高次なスピリットの世界に結びつく。

　　人間は、この独立した真と善を自分の内部で活性化させることによって、たんなる「感受的な心」を超越する。永遠のスピリットの光がこの「感受的な心」のなかへ差し込む。光がそこに立ち昇り、それは過ぎ去ることはない。心はこの光のなかに生きるかぎり、永遠なるものを分かちもっている。心は自分自身の存在を永遠なるものに結びつける。心が真と善としてみずからの内に担っているものは、心のなかで不死である。(p. 41)

　「意識的な心」は、心のなかで永遠の真理と結びつく。それは、人間の意識の核心であり、「心のなかの心」(p. 42)である。「悟性的な心」は感

覚や衝動や感情に結びついているが、それらをすべて取り去って「意識的な心」にあらわれるのが、永遠の真理である。

　シュタイナーによれば、「心」の中心は「私」（Ich）である。「私」は人間の真の本性であり、「身体」と「心」のなかに住まっている。「私」は「悟性的な心」と「意識的な心」の中核にあるとされるが、とくに「意識的な心」の内奥に見いだされる（「私」は、筆者のモデルでは魂に相当する）。『神秘学概論』（1910 年）では、つぎのように述べられている。

　　「意識的な心」のなかではじめて、「私」の本性があらわになる。心は
　　感受と悟性においては他のものに没入しているが、心は「意識的な
　　心」として、それ自身の本性をつかみとる。それゆえ、この「私」は
　　「意識的な心」をとおして、すなわち、内的な活動をとおして知覚さ
　　れうる。（Steiner, 2017, p. 59）

　この「私」（意識的な心）が「スピリット」と結びつき、「私」のなかに「スピリット」があらわれる。それゆえ「私」は人間における「神的なもの」である。「私」は人間を他の自然存在から際立たせ、スピリチュアルな世界を直観する主体である。

　シュタイナーによれば、人間の発達は、物質的身体、エーテル体、アストラル体の順で進み、「私」の段階へといたる。『霊学の観点から見た子どもの教育』（1907 年）のなかで言われているように、これら四つの本性は7 年周期で生まれるとされ、物理的身体の誕生後、歯が永久歯にはえかわる 7 歳頃にエーテル体が誕生し、第二次性徴の起こる 14 歳頃にアストラル体が誕生し、青年期（21 歳頃）には「私」が芽生える（Steiner, 1987）。

　誕生後の物理的身体は周囲の環境にさらされ、周囲を模倣することをとおして身体の諸器官を 7 歳頃までに発達させる。そのため教育面では、手本となる大人の行動をふくめて、適切な環境が用意されなくてはならない。7 歳から 14 歳にかけてはエーテル体が成長し、習慣、性格、気質、良心、記憶力などが発達する。このときには、子どもが尊敬と畏敬の念をもって

見上げることのできる人物に出会うことが重要である。そのため教師は権威ある存在でなくてはならないとされる。また、この時期には美と芸術をとおした感情の育成や、身体が力強く成長していく快感や満足を体験することが重要である。14歳以降になると、抽象的、概念的な理解や知的判断力が発達する。この段階で、思春期以前に習得していたことに対して論理的、批判的に思考することができるようになる。さらにシュタイナー教育が「自由への教育」と呼ばれるように、21歳以降には「私」は基底的な身体感覚や感情の束縛から自由になり、高次の意志や感情（友愛）や思考（直観）を担えるようになる。

　シュタイナー学校の教育は、「私」が芽生えはじめる頃までをカバーしており、身体、感情、思考からなる人格の諸機能を開発し、その後のスピリチュアルな発達のための基盤をつくりだす。人間の発達は人格形成によって完了するのではなく、さらに「私」の発見をとおしてスピリチュアルな次元の発達がつづく。それは成人の自己教育の課題であり、それゆえシュタイナーの人智学にもとづくバイオグラフィー・ワークは、生涯にわたる人間の成長を問題にしている（Burkhard, 1997）。

　「私」は人格の中心にあると同時に人格を超え出ていく位置にあり、「私」をとおしてトランスパーソナルな「スピリット」の次元があらわれてくる。

　　この「私」は、人間のなかで永遠の光として輝く光の光線を自分のなかに受け入れる。この人間は、身体と心の諸体験を「私」のなかで統合するのと同じように、真と善について思考されたことを「私」のなかへ流れ込ませる。一方からは、感覚の諸現象が「私」に明らかにされ、他方からは、スピリットが「私」に明かされる。身体と心は「私」に奉仕するために、「私」に自分をゆだねるが、「私」はスピリットに自分をゆだね、スピリットが「私」をみたす。「私」は身体と心のなかで生き、スピリットは「私」のなかで生きる。「私」のなかのスピリットから出てくるものは、永遠なるものである。なぜなら

「私」は、自分が結びついているものから存在と意味を受け取るから
　　である。(Steiner, 2014, p. 45)

　「私」は、外から影響される感覚や欲望に支配されることなく、反対に
それらを支配することができる。そのようにして人はスピリットの次元へ
といたる。この作業をとおして、人間はその本性の新しい分枝を発達させ
る。それらの新しい分枝が「スピリット」の三つの側面である。
　「スピリット」が人間の「私」（自己）としてあらわれるとき、それは
「スピリット・セルフ（霊我)」(Geistselbst, spirit self) と呼ばれる。スピ
リット・セルフは「私」のなかで顕現した「スピリット」である。スピ
リット・セルフにおいて永遠の真理は個体化され、その人間の本性となる。
つぎに「スピリット・ボディ（霊人)」(Geistesmensch, spirit body) は、皮
膚に包まれた肉体が物質界のなかで独立して存在し、物質界から養分を得
ているのと同じように、人が独立した霊的存在として生きていることを意
味する。また、身体がエーテル体（生命体）によって生きているのと同じ
ように、スピリット・ボディは霊的生命力によって生きている。この側面
を「ライフ・スピリット（生命霊)」(Lebensgeist, life spirit) と呼ぶ。シュ
タイナーは、インド思想の概念を用いて、スピリット・セルフは「マナ
ス」に、ライフ・スピリットは「ブッディ」に、スピリット・ボディは
「アートマ」に相当すると述べている。
　「スピリット」が「心」の中核である「私」をみたすとき、スピリット
は「心」だけでなく、「身体」を構成する物質的身体、エーテル体、アス
トラル体にまで浸透し、それらを変容させる。

　　「私」は心のなかで生きる。「私」の最高の表現が「意識的な心」に属
　　すとしても、この「私」はそこから光を放ち、心の全体をみたし、そ
　　して心をとおして、その作用を身体にまでおよぼす。(p. 45)

　「私」がアストラル体に働きかけるとき、アストラル体（感情や知性）

222

が変化し、スピリット・セルフになり、さらにエーテル体に働きかけるとき、習慣や性格や気質が変容し、ライフ・スピリットになる。シュタイナーは、日常生活においては宗教や芸術がエーテル体に作用し、それを変化させるという。つまり「人間の知的な発達、感情と意志の浄化ならびに高貴化は、アストラル体がスピリット・セルフにまで変化するときの物差しである。宗教的体験や他の多くの経験はエーテル体に刻印を残し、それをライフ・スピリットに変える」（Steiner, 2017, p. 64）。さらに「私」は物理的身体にまで作用する。変容した物理的身体がスピリット・ボディである。たとえば、その例はインドのヨーガ行者のような人たちに見られる。シュタイナーは、スピリットの次元へと発達した人はわずかしか見られないというが、ここでも東洋の修行の伝統にふれている。

　以上をふまえ、シュタイナーが描きだす全人は九つの層をもつ。

　　このように神秘学にとって、人間は、さまざまな分枝からなる存在をあらわしている。身体的なあり方は、物質的身体、エーテル体、アストラル体である。心的なあり方は、感受的な心、悟性的な心、意識的な心である。心のなかで「私」はその光を広げる。そして霊的なあり方は、スピリット・セルフ、ライフ・スピリット、スピリット・ボディである。（pp. 65–66）

　さらにつけ加えると、アストラル体は「感受的な心」と不可分に結びつき、「意識的な心」はスピリット・セルフとひとつになっている。そして「悟性的な心」を（まだ意識化されていないが）「私」とみなすとき、最終的に七つの区分が生じる。すなわち、物質的身体、エーテル体、アストラル体、「私」、スピリット・セルフ、ライフ・スピリット、スピリット・ボディである。

　シュタイナーの人間観においては、人間の完全な発達は心の次元で終わるのではなく、「私」の確立をとおしてスピリチュアルな次元にまで達する。そしてスピリットが心と身体の次元にも浸透してくるのである。

スピリットは人間の中心点である。身体は、スピリットが物質世界を観察し、認識し、そこで活動するときの仲介者である。心はスピリットと身体の仲介者である。心は、空気の振動が耳に与える物質的インパクトから音の感覚を引き出し、この音を快として体験する。心はこのすべてをスピリットに伝え、スピリットはそれによって物質世界の理解に到達する。スピリットのなかにあらわれる思考は、心のなかで、それを実現しようとする願望に転化され、それをつうじてはじめて、身体を道具として用い、行動にいたることができる。（Steiner, 2014, pp. 93–94）

　心はその傾向として物質次元に惹きつけられやすいが、人間の成長とは、心が物質次元による制約から解放され、スピリットを志向することである。シュタイナーは、さきの引用につづけて、「さて人間は、自分のすべての働きに、スピリットによる方向づけをとらせることをつうじてのみ、その使命を達成することができる」（p. 94）という。それゆえシュタイナー教育は、身体、感情、思考からなる人格の形成を超えて、さらにスピリチュアルな次元へと発達していくためのものである。

ブラヴァツキーと神智学協会

　シュタイナーは一時期、神智学協会にかかわっていたが、神智学においても七重の多次元的人間観が示されている。参考までにあげておくと、神智学を世界に広めたブラヴァツキー（Helena Petrovna Blavatsky, 1831–1891）によれば、それは、肉体（physical body）、生命（life）・生命原理（vital principle）、アストラル体、動物的欲望と感情の座（動物人間 animal man）、精神・知性（mind, intelligence）、

神智学協会創設者のブラヴァツキー（左）とオルコットの像（協会本部）

霊的魂（spiritual soul）、絶対者と一体のスピリットからなる（Blavatsky, 2018, pp. 55–57）。同様に A. P. シネット（Alfred Percy Sinnett, 1840–1921）の『秘教的仏教』においては、人間は、肉体、生命力（vitality）、アストラル体、動物的魂（animal soul）、人間的魂（human soul）、霊的魂（spiritual soul）、スピリットからなっている（Sinnett, 1885, pp. 24–32）。彼らの図式では、これら七重の次元はインド思想の諸概念と対応しており、それぞれ、ルーパ（*rūpa*, 色、形、肉体）、プラーナ（*prāna*, 生気、生命エネルギー）、リンガ・シャリーラ（*linga sharīra*, 微細身）、カーマ・ルー

上：インド・アディヤールの神智学協会本部
下：1890 年当時の協会本部

パ（*kāma rūpa*, 欲望の座）、マナス（*manas*, 精神、思考）、ブッディ（*buddhi*, 高次意識、叡智の源）、アートマ（*ātma*, 真我）に対応している。

　これらの図式でも、身体、心、精神の人格段階をへて、さらに上位のトランスパーソナルなレベルへ向かう発達が示されている。身体、心（感情）、精神（知性）の発達は人間の自然性に属しているが、上位の意識レベルについては、それを開発するための意図的な取り組みを必要とする。その意味で教育は基礎的な人格形成を超えて、生涯にわたる人格超越までもふくむものである。

　ブラヴァツキーは、試験に合格することを教え、利己的な人間を生みだしているだけの学校を批判し、なされるべき教育について、つぎのように述べている。

とくに子どもたちに教えられるべきなのは、自己信頼、あらゆる人びとへの愛、利他性、相互扶助、そして何よりも自分で考え、推理するということである。私たちは、純粋に機械的な記憶の作業は最小限にとどめ、内的感覚、諸機能、潜在的な諸能力の発達と訓練に時間をかけるであろう。個々の子どもを一個の存在として扱い、その子どものいろいろな力がもっとも調和的かつ等しく発展するように努め、その子どもの特別な素質が完全で自然な発達をとげられるようにする。私たちは自由な男女をつくりだすことを目的

上：タゴールが滞在したブラヴァツキー・バンガロー（協会本部）
下：壁に埋め込まれたタゴールの滞在を記念する銘板

とするべきである。すなわち、知的に自由で、道徳的に自由で、あらゆる面で偏見をもたず、そして何よりも利己的ではない男女である。これらすべてでなくても、多くのことが適切で真に神智学的な教育によって得られると思われる。（Blavatsky, 2018, p. 164）

ブラヴァツキー自身は生涯にわたりさまざまな誹謗中傷を受けたが（ワシントン, 1999）、シュタイナーは 1905 年にブラヴァツキー（H. P. B.）について、つぎのように評している。

　H. P. B. は人が進歩すればするほど、尊敬の度合いがますます高まっていくような存在なのです。H. P. B. に対して正しい仕方で向かい合

おうとするには、このような評価の高まりを経験しなければなりません。人は正しい仕方で彼女を尊敬できなければなりません。（高橋, 1986, p. 162）［上記の引用は一部分のみであるが、高橋巖氏が紹介している、ブラヴァツキーに対するシュタイナーの言葉はその全文（pp. 162–165）が重要である。］

　神智学とそれぞれにかかわりをもったシュタイナー、モンテッソーリ、クリシュナムルティ、さらにはタゴールやガンディー（杉本, 2018）といった人までもふくめると、神智学思想は教育に隠然たる影響をおよぼしていることがわかる（ただしシュタイナーは 1912 年に、クリシュナムルティは 1929 年に神智学協会から離れている）。
　日本における神智学と教育の関係については、岩間浩氏の貴重な研究がある。神智学の普及につとめた三浦関造（かんぞう）（1883–1960）は元教育学者であり、新教育運動の指導者たちと親交をもち、ルソーの『エミール』の翻訳も残している（岩間, 2016）。また岩間氏は、ユネスコが新教育連盟をその母体のひとつとして誕生した経緯について述べているが、新教育連盟（1921 年設立）を組織したベアトリス・エンソア（Beatrice Ensor, 1885–1974）は「神智学教育同胞会」の中心人物であった（岩間, 2008）。

馬車のたとえ——グルジェフの教え

　インドの古代ウパニシャッド哲学のなかに有名な馬車のたとえがある。『カタ・ウパニシャッド』（第三章）では以下のように述べられている。

　　自己（アートマン）を車に乗るもの、身体をまさに車であると知れ！
　　理解力（ブッディ）を車の御者、思考（マナス）をまさに手綱であると知れ！
　　感覚器官は馬、感覚器官の対象は、それら〔馬〕における馬場である、と人々は言う。（湯田, 2000, p. 455）

　このような教えをふまえて、神秘思想家の G. I. グルジェフ（George

G. I. グルジェフ

Ivanovitch Gurdjieff, 1866–1949. Moore, 1991, 参照）は、「平均的人間」は車（身体）と馬（感情）と御者（精神）とだけからなり、肝心の主人が不在の状態にあるという。グルジェフによれば、人間は「四つの体」をもっており、それらは身体、感情、精神、意識である。馬車に乗る主人とは意識であり、グルジェフはそれを「私」と呼ぶ。主人が不在というのは、「私」（意識）が確立されておらず、そのかわりに身体や感情や精神（思考）がそれぞれ勝手に働いていることを意味する。グルジェフは大著『ベルゼバブの孫への話』（1950 年）の「著者あとがき」のなかで、つぎのように述べている。

> 現代人のあいだに見られる根源的な悪は——これは成長しつつある世代が受ける、根深い広範に広まった教育という異常な方法によるものだが——この第四の人格、つまり責任ある年齢に達するまでには誰のなかにも存在するべきものが、彼らのなかで完全に欠落しているということである。彼らのほとんどは前の三つの部分だけから成り立っているが、さらに、これら三つの部分も行き当たりばったりに、なんとか形成されたものにすぎない。（Gurdjieff, 1992, pp. 1092–93）

　グルジェフによれば、人間存在の問題は、「私」が欠落していることだけでなく、身体、感情、精神がそれぞれバラバラに機能しているということである。このような状態では、そのつどの状況に対して、身体、感情、精神のいずれかが中心になって機械的な反応が起こるだけである。グルジェフは人間を定義して「人間とはなすことのできる存在である。そして〈なす〉とは、意識的に自分の発意によって行動することを意味する」（p. 1101）と述べるが、「私」が欠落している平均的人間は「自動機械」

（automaton）であり、自分で何かを「なしている」と思っていても、すべては機械的反応として「起こっている」だけであり、「なす」ことなど決してできないのである。

グルジェフに一時期師事し、みずからも高名な神秘思想家であった P. D. ウスペンスキー（Piotr Deminanovich Ouspensky, 1878–1947）は『奇蹟を求めて』（1949 年）のなかでグルジェフの教えを記録に残しているが、そこではグルジェフはつぎのように話している。

> 人間は機械なのだ。彼の行動、行為、言葉、思考、感情、確信、意見、習慣、これらすべては外的な影響、外的な印象の産物である。人間は自分自身では、ひとつの考えも、ひとつの行為も生みだすことはできない。彼の言うこと、なすこと、考えること、感じること——これらはすべて起こるのだ。（Ouspensky, 1987, p. 21）

したがって、私たちはつねに単一の自分が存在しているかのように思い込んでいるが、実際には、そのつど人格の異なる部分が前面に立ちあらわれ、支配的になっているにすぎないのである。それゆえ、私たちは複数の部分に引き裂かれている。

> 人間は永続的かつ不変の私などもっていない。あらゆる思考、あらゆる気分、あらゆる欲望、あらゆる感覚が「私」と言う。……人間は一個の私をもってはいない。そのかわりに何百何千というバラバラの小さな私があり、それらはほとんどの場合、たがいに他の存在をまったく知らず、接触することもなく、むしろ反対に、たがいに敵対的で、相互に排他的で、両立することもできない。一分ごと、一瞬ごとに人間は「私」と言い、「私」のことを思っている。そしてそのたびにその「私」は異なっている。あるときは思考、あるときは欲望、あるときは感覚、そして別の思考というように果てしなくつづく。人間は複数なのだ。人の名前は多数なのだ。（p. 59）

229

偶発的な条件によって優勢になる人格要素がそのつど、みずからを私とみなし、それがたえず入れ替わっているのである。グルジェフはここでも東洋の寓話的な教えを引いて、この状態を、召使いがたくさんいるのに、主人が不在の家にたとえている。「召使いたちは自分の仕事をすっかり忘れており、誰も自分のすべきことをしたがらず、みんなわずかの間でも主人になりたがっている」（p. 60）。人間は内的な統一性を欠き、多数の私に断片化している。これが「人間機械」（man-machine）のあり方である。

　グルジェフは平均的な人間機械を、身体、感情、精神の三層構造でとらえる。各個人は、身体、感情、精神のいずれかが優勢であるため、グルジェフは類型論を立て、身体機能の発達した「人間一番」、感情の発達した「人間二番」、精神の発達した「人間三番」を区別する。シェルドンの分類に対応させれば、人間一番は中胚葉型（行動人間）、人間二番は内胚葉型（感情人間）、人間三番は外胚葉型（思考人間）ということになる。

　機械であるとは、主人、すなわち「私」の存在が忘れ去られ、身体、感情、精神にたえず自己同一化しているということである。そこでは「私」（意識）が欠落しているため、グルジェフはこのような自己同一化を「眠り」とみなす。その意味で、人間は何番であろうが「眠っている」。「現代人は眠りのなかで生き、眠りのなかで生まれ、眠りのなかで死ぬ」（p. 66）。「通常の目覚めた状態」にあっても、「人間は本当の世界を見ているのではない。本当の世界は空想の壁によって隠されている。人は眠りのなかで生きている。彼は眠っている」（p. 143）。「眠り」のなかで、感覚や感情や思考がとめどなく起こり、それらが入れ替わり、私となって立ちあらわれるのである。

　人間が機械に陥る最大の原因のひとつは「教育」である。教育をつうじて「目覚め」（意識化）の可能性は抑え込まれ、身体、感情、精神の反応パターンが条件づけられ、機械的反応が自動的に起こるようになる。

　　人間は現在のつくりのままで、つまり自然がつくりだしたままの状態で自己意識的な存在でありうる。人間はそのようにつくられ、そのよ

うに生まれる。ところが、人間は眠れる人びとのあいだに生まれ落ち、そこで当然、自分自身を意識しはじめるべき、まさにそのときに彼らのあいだで眠り込んでしまう。たとえば、子どもの側から生じる年上の人たちに対する無意図的模倣、意図的・無意図的な暗示、「教育」と呼ばれているものなど、すべてがこれに手を貸している。目覚めようとする子どもの側のあらゆる試みは、たちまち中断される。それは避けがたいことである。そして眠りを誘う無数の習慣が蓄積されてしまったあとでは、目覚めるためには莫大な努力と多大の援助が必要となる。それはめったに生じない。ほとんどの場合、人間は子どものときすでに目覚める可能性を失い、眠ったまま生涯をおくり、眠ったまま死ぬ。(p. 144)

　グルジェフは「教育」にはとりわけ批判的で、『ベルゼバブの孫への話』のなかでも、子どもに、できるだけ多くのことを丸暗記させるだけの「異常なる教育」を何度も口を極めて批判し、それが「私」を獲得させないのみならず、身体、感情、精神を適切に教育することもないと言っている。したがって、グルジェフのいう「人間の調和的発展」のための教育は、人格の三つの部分を適切に教育するだけでなく、さらに四番目の「私」と呼ばれるものを生み育てるためのものである。

　　「人間の調和的発展のための学院」は、その基本的な課題のなかで、一方では、さきに述べた独立した人格を生徒のなかで教育するという目的をもっている。……そして他方で、いやしくも「カッコつきでない人間」を名乗る者であればもっているべきもの、すなわち自分自身の「私」を各生徒のなかで生み育てるという目的をもっている。(Gurdjieff, 1992, p. 1101)

　人間の進化とは、人間一番、人間二番、人間三番から、人間四番（意識人間）以上の存在へ向けて、意識が進化することであり（グルジェフによ

れば人間は七番まである）、教育はそれに資するものでなくてはならない。人間のホリスティックな発達とは、身体、感情、精神がそれぞれの機能を調和的に発達させ、さらにこうした人格次元を超えて、意識的存在である「私」に目覚め、人間四番以上へいたるということである。人間四番においては、もはや人格の構成要素である身体、感情、精神が支配的になることはなく、意識が確立され、意識が自己の中心となる。

　グルジェフは、人間に可能な四つの意識状態、すなわち（1）通常の睡眠と夢見の状態、（2）通常の目覚めた状態、（3）自己意識、（4）客観意識を区別する（Ouspensky, 1987, pp. 141–145）。完全に発達をとげた人だけがすべての意識状態をもち、平均的人間は（1）と（2）の意識状態のなかで「眠り」ながら生きている。「自己意識」（self-consciousness）や「客観意識」（objective consciousness）は「ワーク」をへて確立される高次意識である。

　グルジェフは、人間の類型に即して伝統的な修練の道を三つに分け、それらに対して、みずからの「ワーク」を「第四の道」と呼んでいる。第一から第三の道は、身体、感情、精神に対応したものである。第一の道は「ファキールの道」であり、インドに見られる苦行者の修行がそれにあたり、肉体との長く困難な闘いをへて意志と力を得る。第二の道は「修道僧の道」であり、長期にわたり感情に働きかける信仰の道である。第三の道は「ヨーギの道」であり、精神を発達させる知の道である。グルジェフは、それらが特定の器官を開発するために、発達に偏りが生じるという点を批判し、さらに世俗生活の放棄や出家による修行形式をとるという点で「第四の道」から区別している。「第四の道」は、人が置かれている日常生活の状況をワークの場所とし、身体、感情、精神に同時に働きかけるとともに、これらとは次元を異にする「意識」を確立することが中心となる。

　意識の確立に導く方法としてグルジェフが採用したのが「自己観察」（self-observation）と「自己想起」（self-remembering）である（Tart, 1987）。身体や感情や精神の機械性を注意深く観察することによって、人は自動化した反応を脱自動化し、人格への同一化から離れること（脱同一化）が可

能になる。ウスペンスキーは、グルジェフのもとで自己観察と自己想起に
取り組んだが、それを実行してみて「何と不思議な！　私がこんな場所に
いるとは！」という気づきを得る。ウスペンスキーはこのときはっきりと
自己想起ができ、真に存在することができていた。長年にわたりグルジェ
フの仕事を紹介してきた浅井雅志氏（2016）は、このウスペンスキーの言
葉をとりあげて、つぎのように述べている。

　　ウスペンスキーは、自分が覚えているのは自己想起の瞬間だけだった
　と思い当たる。自分の過去を思い返してみれば誰でも、はっきり記憶
　に残っているのは、何らかの形で意識が研ぎ澄まされたとき、あるい
　は自己という存在に気づいたときだけであることは容易に見てとれる。
　……要するに、自分の人生で記憶に残るものは、ということは自己の
　人生を構成するものといっても的外れではないと思うが、気づき、エ
　ピファニー、覚醒、自己想起……言葉は何でもいいが、何かしら通常
　の平板かつ低調な意識から抜け出た、あるいは連れ出されたときの経
　験とその記憶だけであるといっていいだろう。（pp. 5-6）

　このような自己想起は平板な日常生活の流れのなかに、「エピファニー」
（非日常的な神秘的体験）として生じるものである。「エピファニーとはそ
の意味で、高次の意識状態および生存状態への入り口だといえる」（p. 382）。
束の間であるとはいえ、「エピファニーの瞬間において、人間は真の自分
の姿を垣間見ることができる」（p. 385）。人格レベルを超える「自己意
識」は自然に発達するものではなく、エピファニーのなかであらわれる。
したがって、浅井氏が言うように、問題はエピファニーの瞬間をふやし、
一過性の体験をいかに持続させるかということであり、そのためにさまざ
まな行法が存在しているのである。グルジェフの場合は、それが自己観察
と自己想起であったが、それはホリスティック教育においても変わるもの
ではない。

3　ホリスティックな教育方法の構成

　人間の基本的な構成は、身体、心、精神からなる人格次元と、それを超えたトランスパーソナルな「気づき」（魂）の次元とからなり、さらに気づきは、かぎりない意識（スピリット）に開かれている。こうした永遠の哲学の人間観にもとづいて、ホリスティック教育の実践方法をいかに組み立てることができるであろうか。その基本原理は、人格のそれぞれの次元にかかわる方法（身体的、感情的、認知的な諸方法）を取り入れ、さらに人格を超えるトランスパーソナルな観想的方法を組み合わせるということである。人格次元にかかわる諸方法は、人格システムを開発し、そこに内在する問題に対処し、改善や変容をもたらす。これに対してトランスパーソナルな方法は、人格から脱同一化し、人格を超えたところに、気づきの自己、すなわち、シュタイナーやグルジェフのいう「私」を見つけだす。このようにホリスティック教育の方法は多次元的であるが、基本的にはパーソナル次元とトランスパーソナル次元の二段構え、ないしは二重構造として構想することができる。したがって、知情意や知徳体の全人教育のような人格次元におけるアプローチだけではホリスティックな方法とは呼べない。

　たとえば、第1章でとりあげたシュリー・オーロビンドとマザーのインテグラル教育は、パーソナル次元とトランスパーソナル次元によって構成されている（Aurobindo & The Mother, 1956）。そこには全部で五つの次元がふくまれる。「教育が完全なものになるには、人間の五つの基本的活動に関連した五つの基本的側面をもたなくてはならない。つまり、身体的側面（the physical）、生命的側面（the vital）、精神的側面（the mental）、心的側面（the psychic）、そして霊的側面（the spiritual）である」（p. 96）。これら五つの次元の教育は、人格教育とトランスパーソナルな教育に大別される。「[最初の] 三つの教育――身体の教育、生命力の教育、精神の教育――は人格形成の手段として定義されるものにかかわっている」（p. 121）。

　トランスパーソナルな教育は、さらに「心的教育」と「霊的教育」に分けられる。「心的教育」（psychic education）は魂の教育に相当する。「心的教育において、私たちは、人生の真の動因という問題、地球上における自分の存在理由、人生が導くべき発見と、その発見がもたらす成果にいたり、個人が永遠の原理に専心するということがあらわれてくる」（p. 122）。心的教育は「地上における高次の実現」を目指すのに対して、「霊的教育」（spiritual education）は「あらゆる地上的な顕現から離脱し、宇宙全体からも離れ、非顕現のもの（the unmanifest）へと立ち返ること」（p. 127）を目指す。「霊的な意識は……無限で永遠なるものを生きること、自己をあらゆる創造過程の外へと投げだし、時間と空間を超え出ることを意味する」（pp. 127–128）。インド思想の言葉で言えば、究極的リアリティであるアートマン＝ブラフマンに覚醒すること、すなわち解脱することが霊的教育の目的である。

　人格とトランスパーソナル次元にかかわる方法はすでに数多く存在しており、それらをホリスティック教育の枠組みのなかに取り入れて活用することができる。これらには教育的方法だけでなく、セラピーや観想修行の方法も一部ふくまれる。少しあげておくなら、人格の身体次元については、ソマティクスの各種方法、呼吸法、感覚覚醒の訓練、センタリング、リラクゼーション、ムーブメント、ダンス、身体化された感情のブロックやトラウマを解放するセラピー、チャクラやプラーナや気といったサトル・ボディ（微細身）にかかわるハタ・ヨーガ、気功、その他さまざまな東洋の身体技法などがふくまれる。心の次元（感情）については、否定的な感情を解放し変容する方法、愛や慈しみや喜びなどの肯定的な感情を育むものがふくまれる。最近ではコンパッションの技法や、ハートを開発する方法、たとえばハートマス研究所（The Institute of HeartMath）のシステム（Childre & Martin, 2000）やコネクション・プラクティス（ジョンソン, 2016）などが登場してきている。さらにアート表現をとおした方法がある。精神次元（思考）については、反省的思考を訓練する問題解決法、批判的思考、哲学対話（子どものための哲学）、認知の歪みや非論理性を解消するため

の方法（認知療法、論理療法）、「内なる批判者」を手放す方法、思考への とらわれを少なくする一般意味論、イメージワーク、フォーカシングで知 られるジェンドリンのプロセスモデル理論にもとづく TAE（得丸, 2010） などがある。

　人格次元を超えるための方法の代表的なものは、各種の気づきの技法で ある。気づきにおいては、人格から離れ、身体、心、精神の働きを観察し、 気づきのスペースにとどまるようにし、いまここに存在するプレゼンスが 高められる。気づきの働きとは、道元（1200–1253）に倣って言えば、「身 心」への同一化が「脱落」し、「私は身心（人格）ではない」ということ を洞察することにある。言いかえると、気づきこそが「自己」なのであり、 気づきの実践においてもっとも重要なのは、気づかれるもの（人格を構成 する要素）やその変化ではなく、気づきの意識そのものを高め、そこに意 識の中心を置くことである。気づきの技法には、さまざまなものがふくま れる。マインドフルネスは代表的な方法であるが、ホリスティック教育の 観点からすれば、それは身心（人格）の健康増進のためのスキルというよ りも、むしろ身心を超えた「自己」を実現するための方法として位置づけ られる。

4　気づきの教育

「気づき」の次元

　ホリスティック教育には、人格の形成や変容だけでなく、人格次元を超 えるトランスパーソナルな教育がふくまれる。そのさい人格を観察するこ とによって人格から脱同一化し、気づきの意識を確立することが重要にな る。こうしたトランスパーソナルな教育の鍵となる「気づき」について少 し考察しておきたい。

　気づきとは、自分の内外でいま起こっていることを意識し、それに細か な注意を向けることである。それは価値判断や意味付与をすることなく、 この瞬間に起こっていることを、ありのままに見ることである。言いかえ

ると、気づきとは、観察すること（observation）、観照・目撃すること（witness）、注意を払うこと（attention）である。気づきにおいては、現に起こっていることを回避したり、抑圧したり、変えようとしたりすることなく、それを見つめていく。このような気づきの訓練をすると、意識が目覚め、明晰さが増し、自己の中心が定まり、静けさが増し、プレゼンスが高まる。

　気づきに関して重要なのは、気づきを、感情や思考や意志と並ぶ心理的機能のひとつとしてとらえないことである。気づきは、人格を構成する心理的機能を超えており、独自の存在次元をなし、超越的次元への入口となるものである。精神科医のアーサー・ダイクマン（Arthur J. Deikman, 1929–2013）は、それを「観察する自己」（the observing self）と呼び、「思考的自己」「感情的自己」「行為的自己」から区別する。「観察する自己」は、思考、感情、身体の働きに気づくものであるため、そうした「対象的自己」（the object self）よりも中心にある。「私たちは気づきで・あ・る・。それゆえ、それを観察することはできない。それから離れることはできない。なぜなら、それは自己の中核経験だからである」（Deikman, 1982, p. 103）。ダイクマンによると、「観察する自己は、対象的世界と超越的領域とのあいだの架け橋になることができる。観察する自己の向上や発展がないなら、［根源的リアリティとしての］〈自己〉へのさらなる歩みは起こらない」（p. 176）。

　気づきが独自の次元をなしているという点について、長年、意識研究にたずさわってきたトランスパーソナル心理学者のチャールズ・タート（Charles T. Tart, 1937–　）は、気づきが精神（頭脳）の働きであるとする「精神の旧来の見方」に対して、「精神のラディカルな見方」を提唱した。それによれば、「気づきは、（意識をもたらす）脳の構造と文化的プログラミングに影響される何かであると同時に、肉体的な脳の構造の外部からやってくる何かとして示される」（Tart, 1983, p. 30）。気づきは、脳の生理的機能に還元されるものではなく、それとは次元を異にする意識であり、古くから言われる「魂」のような存在だというのである。タートはグル

ジェフや仏教の研究をふまえ（Tart, 1987, 1994）、気づきのもつ普遍的な意義について、つぎのように述べている。

　　きわめて簡略化するなら，私はただつぎのように言うことによって、高度な霊性の道の本質を要約することができる。すなわち、すべての時間にわたり、あらゆることにオープンに気づきなさい。このたえまない深まりゆく気づき（マインドフルネス）の結果として、ほかのあらゆることが付随してくる。（Tart, 1994, pp. 25–26）

　フレデリック・パールズ（Frederick S. Perls, 1893–1970）が創始したゲシュタルト・セラピーの中心は、気づきの確立である。パールズは「さて私たちがゲシュタルト・セラピーのなかで使っている技法は何なのか。その技法とは、気づきの連続体（a continuum of awareness）を確立することである」（Perls, 1969, p. 51）と述べている。トランスパーソナル心理学者のクラウディオ・ナランホ（Claudio Naranjo, 1932–2019）は、ゲシュタルト・セラピーに見られるような「精神的内容から、気づきそのものへの強調点の移行は、今日のヒューマニスティックでトランスパーソナルなセラピーのもっとも重要な特徴と言えるかもしれない」と述べているが、あわせて「心理療法実践におけるこの躍進は、例によって、それに対応する理論上の躍進に先んじており、（瞑想への関心の高まりにもかかわらず）気づきのトランスパーソナルな本質は適切に理解されてこなかったと思われる」（Naranjo, 1993, p. 198）と指摘している。それゆえ、ナランホは「事実、気づきはトランスパーソナルである。あるいは、以前の言い方を用いれば、スピリチュアルである」（p. 197）という点を明確にしている。

　ゲシュタルト・セラピーとユング心理学にもとづいてプロセスワークというトランスパーソナル・セラピーを開発したアーノルド・ミンデル（Arnold Mindell, 1940– ）は、とりわけ気づきを重視している。たとえば、シャーマニズムをとりあげた『シャーマンズ・ボディ』のなかでは、「プロセスワークもシャーマニズムも、自我を発達させることではなく、変化

に対する気づきを発達させることに焦点を合わせている」（Mindell, 1993, p. 27）と述べている。セラピーにおける自己成長とは、気づきの拡大を意味するのである。

　　個人の成長をプロセス指向の観点から見るなら、個人はその行動を変化させるだけではなく、その注意を拡大するのである。成熟とは、あなたのアイデンティティを支える出来事と、否認され阻害要因となる生の側面——ふだんは注意を払うことのない側面——の両方に対して、注意を払うことを意味する。（p. 34）

カルロス・カスタネダが伝えたヤキ・インディアンの呪術師ドン・ファンの中心的な教えである「心のある道」（the path of heart）についても、ミンデルはつぎのように述べている。

　　心のある道を見いだすには——自然の流れに従うには——自己知よりも、より修練された気づきが必要となる。というのも、心のある道は「易行」であり、太古のタオ（道）であるが、いま起こっていることに対する気づきがなければ、誰もこのタオに従うことはできないからである。（p. 141）

『大地の心理学』のなかで、ミンデルは「気づきは、いかなる形の創造、顕現、意識にも先立つものである。気づきのアプリオリな存在と、その結果として生じる、知ったり不思議に感じたりする傾向は、心理学の基本原理である」（Mindell, 2007, p. 12）と述べている。気づきは意識の基盤にあり、非局在的（nonlocal）、非二元的で、トランスパーソナルなものである。ミンデルは、こうした気づきを「センシェントな気づき」（sentient awareness）と呼ぶ。それは、微細に感じられるという意味である。

E. F. シューマッハー（Ernst Friedrich Schumacher, 1911–1977）は『スモール・イズ・ビューティフル』（講談社学術文庫）のなかで仏教経済学を提

唱したことで知られているが、彼はその人間観において、グルジェフやウスペンスキーの影響を受け、物質、生命、意識（精神）とは次元を異にする「自覚」（self-awareness）を認めている。シューマッハーによると、意識（精神）と自覚の違いを識別することは容易ではない。「自覚の力がほとんど発達していない人は、それを独自の力としてとらえることができず、たんに意識のかすかな延長にほかならないと受けとめがちである」（Schumacher, 1977, p. 21）。自覚は所与のものではなく、むしろ育まれなくてはならない。「自覚の力は本質的に現実の力というよりも、むしろ無限の潜在力である」（p. 22）。シューマッハーは「自覚はあらゆるもののなかで、もっとも稀な力であり、貴重であり、もっとももろい。個人の最高の、しかし概してすばやくすぎ去る達成であり、一瞬存在するが、つぎの瞬間にはあまりにも簡単に消え去る」（p. 23）と述べる。これに対して、「自覚を欠くなら……人は一個の機械のように、機械的に行動し、話し、学び、反応するのであり、偶然に無意図的、機械的に獲得された〈プログラム〉にもとづくことになる。人は自分がプログラムに従って活動していることに気づかないのである」（p. 75）。それゆえ、シューマッハーは、獲得すべき「知識の第一の領域」として、自覚と密接に結びついた注意の力をとりあげている。

　宗教学者のヒューストン・スミスは、永遠の哲学の名著である『忘れられた真理』のなかで、人間の「自己性」は、身体、精神、魂の三層と、その全体を超越し包括するスピリットからなるとしている。このうち魂のひとつの本質的な側面が気づきである。

　　魂は私たちの個性の最終的な場所である。いわば感覚の背後に位置しているので、それは見られることなく、目をとおして見、聞かれることなく耳をとおして聞く。同様に、魂は精神よりも深いところにある。もし精神を意識の流れと同じものとするなら、魂はこの流れの源である。それはまた、その流れの観照者であるが、それ自身は、観察される素材として決してその流れのなかにあらわれることはない。それは

実際、精神の流れの根底にあるだけでなく、個人が通りぬけていくあらゆる変化の根底にある。（Smith, 1976, p. 74）

魂は、感覚（身体）との関係で言えば、決して見られることなく見るものであり、聞かれることなく聞くものである。精神との関係で言えば、思考内容ではなく、思考の流れを観察するものである。魂は身心を超えた位置にあり、観照し、気づく存在である。気づきとしての魂は人間存在のひとつの次元であり、すでにいつでも存在しているが、人格面への同一化によって覆い隠されている。そのため人格からの脱同一化をはかることが求められるのである。

ブッダの「サティ」

古代において気づきの意味をもっとも明確に示したのは、ゴータマ・ブッダである。よく知られている経典『ダンマパダ』のなかには、つぎのような一節（第 2 章第 1 節）がある。

「不死」の道は気づきである。
気づかないことは、死にいたる道である。
気づく人は死なず
気づかない人は死人のごとくである。（Carter & Palihawadana, 2000, p. 6）

また『スッタニパータ』のなかでは、学生アジタが煩悩の流れを止めるものは何かと尋ねたところ、ブッダは「アジタよ。世の中におけるあらゆる煩悩の流れをせき止めるものは、気をつけることである。（気をつけることが）煩悩の流れを防ぎまもるものである、とわたしは説く（1035節）」（中村, 1984, p. 218）と答えている。

ブッダは、英語で mindfulness と訳される「サティ」（*sati*）を瞑想修行の中心に据えている。パーリ語のサティは「気づき」という意味であり、漢字では「念」と表記される。「正念」（*sammā sati*）は、仏教の修行体系

である八正道のなかで瞑想修行の部分をなしている。仏教の基本的な瞑想は、サティ（気づき）を高める実践である。初期仏教の『念処経』（*Satipaṭṭhāna Sutta*）は「サティの確立」を説いたものであり、『マッジマ・ニカーヤ』（中部経典）に収録されている（片山, 1997; Nhat Hanh, 1990）。そこでは「身、受、心、法」という四つの柱を軸にして、気づきの確立をはかることが説かれており、これを「四念処」という。四念処には、身体、感覚、思考という三領域（身、受、心）への気づき（身随観、受随観、心随観）があり、そのなかで、呼吸、動作、身体各部、身体を構成する四元素（地水火風）、身体の無常（死体が分解していく際の九つの相）、快苦などの感受、欲、嫌悪、無知、緊張、落ち着きといったことに気づく。さらに「法」の領域では、五つの心理的障害（五蓋）、五つの集合体（五蘊）、六つの感官（六根、六内処）と六つの認識対象（六境、六外処）からなる十二処、四つの聖なる真理（四聖諦）、七つの覚りの要因（七覚支）に気づくことが説かれている。

　少しだけあげておくと、呼吸については、つぎのように言われている。

　　かれは、念をそなえて出息し、念をそなえて入息します。長く出息するときは〈私は長く出息する〉と知り、あるいは、長く入息するときは〈私は長く入息する〉と知ります。また、短く出息するときは〈私は短く出息する〉と知り、あるいは、短く入息するときは〈私は短く入息する〉と知ります。（片山, 1997, p. 165）

行住坐臥の四威儀については、以下のように言われる。

　　比丘たちよ、比丘は、行っているときは〈私は行っている〉と知り、あるいは、立っているときは〈私は立っている〉と知り、あるいは、坐っているときは〈私は坐っている〉と知り、あるいは、臥しているときは〈私は臥している〉と知ります。かれは、その身が存するとおりに、それを知ります。（p. 166）

242

　「受」（*vedanā*, feelings）の随観については、苦楽とその中間をあげ、つぎのように言われる。

　　比丘たちよ、ここに比丘は、
　　楽を感受すれば〈私は楽を感受する〉と知ります。
　　苦を感受すれは〈私は苦を感受する〉と知ります。
　　非苦非楽を感受すれば〈私は非苦非楽を感受する〉と知ります。（p. 174）

楽や苦に対する気づきが起こらなければ、人は無自覚のうちに楽を追い求め、苦を避けようとすることになる。
　また「心」（*citta*, mind）の随観については、三毒（貪瞋痴）をあげ、つぎのように言われる。

　　比丘たちよ、ここに比丘は、
　　貪りのある心を、貪りのある心であると知ります。あるいは、
　　貪りを離れた心を、貪りを離れた心であると知ります。あるいはまた、
　　怒りのある心を、怒りのある心であると知ります。あるいは、
　　怒りを離れた心を、怒りを離れた心であると知ります。あるいはまた、
　　愚痴のある心を、愚痴のある心であると知ります。あるいは、
　　愚痴を離れた心を、愚痴を離れた心であると知ります。（pp. 175–176）

　『念処経』の導入部分では、「比丘たちよ、この道は、もろもろの生けるものが清まり、愁いと悲しみを乗り越え、苦しみと憂いが消え、正理を得、涅槃を目のあたりに見るための一道です。すなわち、それは四念処です」（p. 164）と述べられている。ここでブッダは、気づき（念）が「涅槃」という究極目標にいたる道であり、身心を超える道であることを示している。
　タイの有名な仏教瞑想の師アチャン・チャーは、修行の一環で本を読み、経典を研究することは必要かという質問に対して、つぎのように答えている。

ブッダの教え（ダルマ）は、本のなかに見つけられるものではない。もしあなたが本当に自分自身で、ブッダが説いたことを理解したいのなら、本に惑わされる必要はない。あなたの精神（心）を見るのだ。どのように感情や思考が去来するのか見るようにしなさい。何にも執着しないように、ただ見るものすべてに気づくようにするのだ。これがブッダの真理にいたる道である。（Kornfield & Breiter, 1985, p. 157）

アチャン・チャーは、気づきとの関連で仏教の核心について、つぎのように述べる。

瞑想の方法はすべて、気づき（マインドフルネス）を開発するのに役立つということにおいて価値がある。ポイントは、気づきを用いて、根底にある真理を見るということだ。この気づきを用いることによって、精神のなかに生じるすべての欲望、好悪、快苦を見つめるのだ。それらが無常で、苦しみで、無我である［実体でない］ことを理解することによって、私たちはそれらを手放す。このようにして、智慧が無明にとってかわり、知識が疑いにとってかわるのだ。（p. 79）

ブッダの気づきの教えは、テーラワーダ仏教圏でヴィパッサナー瞑想として広く実践されている（Gunaratana, 2002; Sayadaw, 2016; ウ・ジョーテカ, 2016）。ヴィパッサナー瞑想の体系では、焦点を定める集中瞑想のサマタ（*samatha*）と、ありのままの観察から無常の洞察へいたるヴィパッサナー（*vipassanā*）とが組み合わせられている。また、サマタとヴィパッサナーは「止観（しかん）」と呼ばれ、大乗仏教のなかでは天台智顗（てんだいちぎ）（538–598）によって『摩訶止観（まかしかん）』や『天台小止観』（関口, 1978）にまとめられ、東アジアの代表的な仏教瞑想となった（蓑輪, 2008）。

東南アジアでヴィパッサナー瞑想を修行したジャック・コーンフィールド（Jack Kornfield, 1945– ）、ジョゼフ・ゴールドスタイン（Joseph Goldstein, 1944– ）、シャロン・ソルツバーグ（Sharon Salzberg, 1952– ）といっ

た人たちがそれを西洋社会に持ち帰って紹介し、それが今日のマインドフルネス運動のひとつの大きな源になっている。マインドフルネスの方法は、呼吸、ボディスキャン（身体感覚）、歩くこと、食べること、聴くこと、感情や思考に対する気づき、ラビングカインドネスといったエクササイズによって構成されているが、それらの多くは『念処経』に記されているものと大差ない（ラビングカインドネス、すなわち「メッター」（*mettā*）は『スッタニパータ』第一章第八経「慈しみの経」に由来する）。マインドフルネスとは、身体、思考、感情といった身心の状態に気づき、それをありのままに明晰に観察する技法である。気づきを確立することによって、人は身心への同一化から離れることができ、そのことが身心の状態にも変化をもたらすと考えられる。マインドフルネスは心理学や脳科学によって実証研究が進められ、医療や心理療法の分野で活用され、教育のなかにも広がっている。それは身心の健康増進に役立つスキルとして、仏教色を排した世俗的マインドフルネスとして発展している。たしかに健康面での効果は重要なものであるが、仏教や永遠の哲学の観点から見れば、それは身心の次元を超えるトランスパーソナルな方法として位置づけられる（中川, 2018）。

クリシュナムルティの教育論

　20世紀になって、教育の長い歴史のなかではじめて「気づき」がひとつの中心的な教育理念として確立されたと言えよう。それを果たした代表的な人物はジッドゥ・クリシュナムルティである。クリシュナムルティは神智学協会に見いだされた人物であるが、協会を離れたあとは、その生涯を講演活動に費やすとともに、リシ・ヴァレー教育センター（インド）、ラジガート教育センター（インド）、ブロックウッド・パーク・スクール（イギリス）、オークグローブ・スクール（アメリカ）といった学校を創設して、教育に深い関心を寄せた。クリシュナムルティは教師や子どもと対話をするなかで「気づきの教育」と呼べるものを指し示している（稲瀬, 2019; Jefferies, 2015; Moody, 2011; Rathnam, 2014）。

クリシュナムルティ

クリシュナムルティは、人間が社会、文化、伝統、宗教、既存の知識、過去などの外的要因によって条件づけられることによって、恐怖、葛藤、混乱、苦しみ、悲しみ、暴力といった状況に陥ることを分析し、条件づけから抜けだす必要性を徹底して強調した。条件づけによって人は既知のものにとらわれ、いまここにあるものにふれることができなくなり、自由と創造性を失うことになる。

教育のなかで条件づけが行なわれることを、クリシュナムルティは強く批判した。学校の生徒に向かってクリシュナムルティは、つぎのように語りかけている。

> あなた方は社会に適合するように教育されます。しかし、それは教育ではありません。それはたんに、あなた方をパターンに順応させるように条件づける過程でしかありません。教育の本当の機能は、あなた方を事務員や判事や首相にすることではなく、あなた方がこの腐った社会の構造全体を理解し、自由に向かって成長するように助けることであり、その結果、そこを突破して、異なる社会、新しい世界をつくれるようにすることです。（Krishnamurti, 1989, p. 22）

社会は人びとの精神（思考）を条件づけることによって、人びとの内面に入り込み、内面から支配する。

> 社会は私たちすべてに影響をおよぼし、たえず私たちの思考を形づくり、外からくる社会の圧力はしだいに内にあるものとして解釈されるようになります。しかし、それがどれほど深く浸透していようとも、それは依然として外部からのものであり、あなた方がこの条件づけを打ち破らないかぎり、内面というようなものはありません。（p. 85）

クリシュナムルティは、内な
る条件づけを打ち破る「反逆」
（revolt）の精神が必要であると
いう。

　真の反逆、本当の革命とは、
　パターンを打ち破り、そこ
　から外に出て探究すること
　です。（p. 84）

　あなた方は、自分が何を信
　じ、何を信じていないのか
　を意識しなくてはなりませ
　ん。このすべてが社会のパ
　ターンであり、あなた方が
　そのパターンに気づき、そ
　れを打ち破らないかぎり、
　自分では自由だと思ってい
　ても、あなた方は依然とし
　て囚人のままです。（p. 85）

　自由は壁の外、社会のパ
　ターンの外にあります。し
　かし、パターンから自由に

上：ラジガート教育センター内の校舎
中：クリシュナムルティが滞在した建物（ラジガー
　　ト）
下：ブロックウッド・パーク・スクール

なるためには、その内容をすべて理解しなくてはなりません。それは
あなた方自身の精神を理解するということです。……それゆえ、自分
を知ること、あなた方のすべての活動、思考、感情に気づくことが非
常に重要なのです。そして、これが教育ではないでしょうか。（p. 85）

クリシュナムルティは、精神を条件づけるのではなく、反対に精神を自由にすることが教育の主要な機能であるとみなす。「教育とは、この条件づけと、そこから抜けだす仕方、この重荷から自由になることについて学ぶ技術である」(Krishnamurti, 2006, p. 99)。精神が条件づけられることを防ぐために、また、条件づけられた精神から自由になるために、クリシュナムルティが強調したのは「全面的な注意」(total attention) や「選択なき気づき」である。

　　真理はどこか彼方にあるのではない。それは現にあるもの (what is) を見ることのうちにある。選択が入り込まない気づきのなかで、あるがままの自分を見ることは、一切の探究の始まりであり、終わりである。(Krishnamurti, 1970, p. 40)

　選択（判断や区別）が働けば、そこに精神が介入することになるので、気づきは選択の入り込まない全面的なものでなくてはならない。気づきを高めることによって、私たちは自分の条件づけを知り、そこから離れていくことができる。「精神は気づきのなかでのみ、すべての条件づけを超えていくことができる。その気づきのなかには全面的な注意がある」(Krishnamurti, 2007, p. 64)。
　クリシュナムルティは、特定の「方式」(formula) を教えることが別の新たな条件づけになるという理由から、方法について語ることをしないが、子どもたちと対話するなかで、ときどき気づきの瞑想を導いている。たとえば、思考や感情の観察について、つぎのように述べている。

　　はじめに、とても静かに坐りなさい。無理やり静かに坐らせようとするのではなく、どんな無理もしないで、ただ静かに坐るか、横になるのです。わかりますか。そして、あなたの思考を見つめなさい。あなたが何を考えているかを見つめなさい。すると、靴やサリーについて考えていたり、自分が言おうとしていることを考えていたり、鳴き

声を耳にしている鳥について考えていることがわかります。そのよう
な思考を追っていって、なぜそれぞれの思考が起こるのかを調べてみ
なさい。自分の思考を変える必要はありません。なぜ、ある思考が自
分の精神のなかに起こるのかを見て、一つひとつの思考と感情の意味
を、無理やりでなく、徐々に理解しはじめるようにしなさい。ある考
えが起こっても、それを非難しないで、それが正しいとか、まちがっ
ているとか、善だ、悪だというように言わないようにしなさい。ただ
それを見つめなさい。すると、あなたは、あらゆる種類の思考や感情
を見るときに働く知覚や意識をもちはじめます。あなたは、あらゆる
隠れた秘密の思考や、あらゆる隠れた動機や、あらゆる感情を知るこ
とになりますが、それらを歪めたり、正しいとか、まちがっていると
か、善いとか悪いとか言わなくなります。あなたが思考を見つめ、と
ても深く分け入っていくと、あなたの精神はとほうもなく繊細で生き
生きとしてきます。精神のどの部分も眠っていません。精神は完全に
目覚めています。

　これはたんに基本にすぎません。そのとき、あなたの精神はとても
静かです。あなたの全存在がとても静かになります。それから、その
静けさのなかを、より深く、より先へと進みなさい——そのすべての
過程が瞑想です。瞑想とは部屋の片隅で言葉を唱えることではありま
せん。ひとつの像について思いをめぐらせることでもありません。何
か生々しい、この世のものでない空想に浸ることでもありません。

　あなたの思考と感情の全過程を理解することは、すべての思考、す
べての感情から自由になり、あなたの精神、あなたの全存在がとても
静かになることです。そして、それも人生の一部であり、その静けさ
をもって、あなたは木を見ることができ、人びとを見ることができ、
空や星を見ることができます。それが生の美しさです。(Krishnamurti,
1974, pp. 59–60)

このように、思考や感情に注意深く気づくことによって、そこから離れる

ことができ、「静かな精神」、すなわち、気づきそのものにとどまることができる。

　クリシュナムルティにおいては「学習」（learning）も第一義的には気づきや観察にほかならない。それは知識を蓄えることとは異なる学習である。「それは純粋な観察である。それは、連続的で、記憶になるような観察ではなく、一瞬一瞬の観察である。……したがって、学習とは純粋な観察である。あなたの外にあることだけでなく、内側で起こっていることに対する観察である——観察者のいない観察である」（Krishnamurti, 2006, p. 22）ここで「観察者のいない観察」（observation without the observer）と言われているが、クリシュナムルティのいう「観察者」とは、過去の知識によってつくられ、その知識を現在の観察に持ち込む主体を意味し、そうした「観察者」なしに純粋に観察することが重要なのである。

　クリシュナムルティによれば、「知性」（intelligence）もまた気づきにほかならない。「知性は、識別や判断や批判的な評価をすることではない。知性とは、現にあるものを見ることである」（Krishnamurti, 1970, p. 155）。クリシュナムルティは「知性は、非常に敏感で、目覚めて、気づいている精神の特質である。知性はいかなる特定の判断や評価にもしがみつかず、非常に明晰に客観的に考えることができる。知性は何にも巻き込まれない」（Krishnamurti, 1974, p. 29）という。気づきを学ぶというのは、過去の条件づけに縛られていない自由な創造的人間を生みだすということである。クリシュナムルティはそれを「生きるための技術」（the art of living）を学ぶことであるとし、教育の中心に据えていた。

　前章でくわしく述べたように、クリシュナムルティの畏友であったオルダス・ハクスリーも気づきの教育の重要性を認め、気づきの技法を多くふくんだ「非言語的ヒューマニティーズ」を提唱していた。クリシュナムルティとともに、ハクスリーは気づきの教育のもう一人の確立者である。

　ここでつけ加えておくと、クリシュナムルティのいう「選択なき気づき」とヴィパッサナー瞑想を結びつける考えが、瞑想指導者のラリー・ローゼンバーグ（Larry Rosenberg, 1932– ）によって示されている（Rosen-

berg, 2013）。ローゼンバーグは最初クリシュナムルティに出会い、選択な
き気づきを試み、その後、禅とヴィパッサナー瞑想を40年以上にわたっ
てつづけ、みずからの体験と研究をふまえて、三つのステップからなる瞑
想の基本的な枠組みを示している。その三つとは、呼吸への気づき、アン
カー（錨）としての呼吸、選択なき気づきである。最初の二つは、ヴィ
パッサナー瞑想を構成するサマタ（注意集中）とヴィパッサナー（ありの
ままの観察）にあたり、これにクリシュナムルティの選択なき気づきが結
びつけられる。呼吸への気づきでは、全身のどこであっても、呼吸が感じ
られるところに注意をとどめるようにする。この訓練は、息が起こるがま
まにし、そこで起こることを受け入れ、ただそこに存在する技術を学ぶこ
とである。つぎに、呼吸をアンカーとして用いる場合、呼吸には軽く注意
をとどめるだけにし、注意をあらゆることに開き、開かれた注意とともに
坐る。このようにして感覚や思考を観察し、ものごとの無常性、自分のあ
り方（無我性）、自分や自分のものに執着することによって生じる苦しみ
を明瞭に見てとり、洞察する。そして選択なき気づきでは、注意を向ける
対象やアンカーをもつことなく純粋に観察する。

　ローゼンバーグによれば、見ることは一種のエネルギーであり、「見る
エネルギー」（seeing-energy）は、それがふれるものを弱めるという。貪欲、
憎しみ、愚かさといった三毒や、恐怖や思考は、見るエネルギーにふれら
れることによって静まっていき、静けさがおとずれる。ローゼンバーグは
みずからの修行をふり返り、つぎのように述べている。

　　40年以上にわたる歩みのなかで、私の道はクリシュナムルティと選
　　択なき気づきに始まり、10年におよぶ禅をへて、30年におよぶ洞察
　　の実践と、呼吸への気づきに導かれた。逆説的なことだが、私の洞察
　　実践が向上するにつれ、呼吸への気づきがジャンプ台となり、注意を
　　向ける対象としての呼吸を必要としなくなった。
　　　これは私の側から故意に引き起こした動きではない。努力や意識的
　　な意図といったものがないまま、気づきそのもの——私の最初の実践

——がこれまでにないほど強くなり、完全なものとしてあらわれてきた。(p. 8)

　ローゼンバーグが身をもって示しているように、クリシュナムルティのいう「選択なき気づき」は最初から簡単に生じるようなものではなく、たとえクリシュナムルティが一切の方式を退けるにせよ、それにいたるうえで呼吸の瞑想のようなものが役に立つのである。

観想的な教師——リチャード・ブラウンの取り組み

　21 世紀に入り、気づきは観想教育のなかで広く実践されはじめている。観想教育は、ホリスティック教育、マインドフルネス教育、スピリチュアリティ教育と重なり合いながら、初等教育から高等教育の全レベルにわたって発展してきている。そこにはスピリチュアルな志向をふくむものから、世俗的なエクササイズ中心のものまである。観想教育については第 1 章でとりあげたが、ここではさらにナーローパ大学のリチャード・ブラウンが取り組んできた観想的な教師の養成について見ておきたい。

　ブラウンは、教師が瞑想に取り組むことによって、「気づきにみちたプレゼンス」(mindful presence) をもった存在になることが重要であるという。「プレゼンスは偶然生じるものではない。それは、教師の心と精神を開いて、それらを明らかにし、コミュニケーションを促進し、知性を研ぎ澄まし、創造性を高めるような瞑想実践をとおして開発される」(Brown, 2011, p. 75)。教師がプレゼンスを保ったまま教授方法を活用できるようにするのが、教師養成における観想教育の課題である。「観想教育は、教師のマインドフルなプレゼンスと効果的な教授方法との相互作用があるとき、豊かなものになる」(p. 75)。教師にとっての課題は、内的な瞑想的資質をいかにして外的な授業に導入するのかということである。

　ブラウンは、基本となる瞑想実践として、坐って呼吸に気づくマインドフルネスの方法をあげている。というのも、それは、いまこの瞬間に存在し、思考を明晰に知り、感情的な平静さを養うことを可能にするものだか

らである。この方法では、姿勢を正す
ことと、そのつど生じるあらゆる経験
に開かれていることが重要である。呼
吸への気づきでは、通常の呼吸にその
まま気づくようにする。呼吸に気づい
ているとき雑念が生じたら、ただそれ
に気づき、手放し、呼吸に注意をもど
すようにする。瞑想はこのくり返しで

書道をするリチャード・ブラウン

あり、練習を重ねると、注意を保つことがより自然にできるようになる。

　そのようにして得られたマインドフルネスの質を教室に持ち込むには、
たとえば、石や木切れのような小さなものに注意を向け、それを、気づき
を想い起こさせるリマインダーとして用いることができる。また自分の身
体の姿勢に気づくことも役に立つ。椅子の感触や、本の手触りのような触
覚も、気づきのリマインダーとして役に立つ。教室のなかを歩いたり、
立っていたりするときには、床にふれる足に注意を向けることができる。
授業中でも呼吸はマインドフルネスを想い起こさせるものとなる。ブラウ
ンは、呼吸が教師と生徒のつながりをつくるものであるという。

　　授業中に呼吸に気づくことは、[生徒との]インタービーイング（相
　　互存在）を想い起こさせてくれ、生徒から感じる分離感をやわらげる
　　方法になる。私たちは生徒に、より大きな開放性と慈悲の気持ちを
　　もって、もっとじかに出会いはじめる。一、二度、呼吸に気づくと、
　　中心が定まり、その場の学習環境につながることができる。(p. 78)

　授業中に教師は自分の思考過程に巻き込まれやすいが、瞑想を取り入れ
ると、思考の動きに気づくことができる。思考にとらわれ、気づきを失っ
たときも、呼吸を想い起こすことによって、気づきをとりもどすことがで
きる。自分の思考に同一化しないことによって、生徒への気づきを高める
ことができる。

私たちが授業中に考えていることや話していることに気づき、同時に
生徒とのつながりに気づくとき、彼らがクラスの動きにいかに反応し
ているのか、より簡単に気づくことができる。そうして私たちは、そ
のときの生徒の必要に見合うように、自分の教え方を変えることがで
きる。(p. 79)

　思考への気づきは、身体への気づきよりも難しい。身体はそこにしっか
り存在しているので気づくことが容易である。それゆえ、ふだんから身体
への気づきの練習を積んでおくことが重要である。そのうえで思考に気づ
くことが容易になる。感情もまた何らかの形で授業のなかに存在している
が、否定的な感情が起こっているときには、その感情に巻き込まれやすい
ので、それに気づくことはいっそう困難になる。しかし、それでも感情に
気づくことができるなら、感情に取り組むことができる。

　瞑想実践のなかでは、たとえそれが厄介なものであっても、私たちは
感情を拒絶しない。それは不可欠の価値ある資源である。マインドフ
ルに瞑想を進めるにつれ、私たちは自分の感情をよく知るようになる。
その感情に気づき、ふれ、やさしく手放し、呼吸にもどってくる。し
だいに私たちは、感情の高まりに慣れてきて、感情的にどう反応して
いるのかを知るようになる。(p. 79)

　ブラウンは「感情を直接体験し、それを穏やかに慈悲深く表現すること
を学ぶのは、観想教育の鍵となる要素である」(p. 80) と述べているが、
彼は、感情に対してチベット仏教瞑想（タントラ）の取り組み方を用いて
いる。それは感情をありのままに受け入れ、観察し、その変容を促すとい
うものである。瞑想で重要なのは、感情の内容にかかわりなく、感情をエ
ネルギー体験としてとらえ、そのエネルギーの動きを観察することである。
感情は自分のなかに生じる強い生命エネルギーにほかならない。怒りなら、
自分のなかに起こった怒りのエネルギーを非難することなく、ただ見るよ

うにする。もし怒りを抑え込んでしまえば、生命エネルギーが抑えられることになる。

　　瞑想実践をとおして、私たちは、感情が生じはじめるときに正確に気づき、その感情の質を感じとり、感情がすぎ去っていくことに気づくことができる。私たちが感情体験とともにあり、しかもそれにとても軽くふれていると、その感情が自分のものであるという気持ちがなくなっていく。感情のエネルギーとの調和があるとき、［感情を包み込む］空間があり、［感情が変化していく］創造性がある。（Brown, 2002, p. 9）

　感情を変えようとすることなく見守っていると、それはもはや脅威ではなくなり、変化していく。怒りは慈悲のエネルギーに変容する。反対に自分の感情と戦うなら、それに支配されることになる。感情に関して重要なのは、それを抑えることなく変容に導くことである。

5　非二元的な気づき

　これまで気づきを教育の文脈のなかでとらえてきたが、気づきはたんにホリスティック教育の方法としてあるのではなく、そこにはさらに深い存在論的意味がふくまれている。気づきは人間の意識の根源にあると考えられる。これは古来よりさまざまに語られてきた。インド思想で言われるアートマン（真我、真の自己）は、ただ「見ているもの」であるとされる。『ブリハドアーラニヤカ・ウパニシャッド』のなかで、アートマンは「見られていないが、見ているものである」（湯田, 2000, p. 77）と言われている。それは決して客体とはならない絶対的な主体である。

　古典ヨーガ（ラージャ・ヨーガ）の経典であるパタンジャリの『ヨーガ・スートラ』でも、アートマンに相当するプルシャは「純粋観照者」であるとされる。心（精神）の作用の止滅がヨーガであり、「心のはたらき

が止滅された時には、純粋観照者たる真我は自己本来の態にとどまることになる」（佐保田, 1980, p. 41）と言われる。チップ・ハートランフトはこの一節を「純粋な気づきがその本質にとどまる」と訳し、つぎのように解説している。

　　純粋な気づきは、実際、たえず変化する本性の一部ではないと彼［パタンジャリ］は主張する。そうではなく、それは、非物質的で、不変、不朽の見ることそのもの（seeing itself）であり、その前で働く本性をただ観察する。「見ることそのもの」ということで、パタンジャリは、たんに私たちの視覚の根底にある気づきを意味しているのではなく、その前で五感のすべてと精神がみずからを呈示する普遍的な知を意味している。純粋な気づきは、見えるもの、音、匂い、味、触覚、思考のすべてを知るものであるが、それらの内のひとつではない。（Hartranft, 2003, p. 3）

　インドを代表する神秘家の一人ラマナ・マハルシ（Ramana Maharshi, 1879–1950）は、つぎのように言う。

　　あなたは気づきである。気づきは、あなたのもうひとつの名前である。あなたは気づきである以上、それに到達したり、それを育んだりする必要はない。（Godman, 1985, pp. 11–12）

　『私は誰か』（Who Am I ?）という有名な小論のなかで、ラマナ・マハルシは、「私」を構成する要素、すなわち粗大身、知覚器官、能動的器官、生気、考える心などを、すべてアートマン「ではない」として退ける。そして、すべての自己同一化を取り去ったあとに残るものが「気づき」＝アートマンである（Maharshi, 2009, p. 37）。私「ではない」として否定されるものは、すべて自己を構成する要素であるが、私たちはそうした要素を自分自身と思い込み、それに同一化している。それは自己に関する根本

的な「無知」であり、真の自己を知ることが「知」である。

　同じく 20 世紀インドの神秘家ニサルガダッタ・マハラジ（Nisargadatta Maharaj, 1897–1981）は、非二元思想（アドヴァイタ・ヴェーダーンタ）の現代の古典と言える『アイ・アム・ザット』で知られているが、マハラジもまた、純粋な気づきが存在の本質であるという。

> すべては気づきのなかに存在している。気づきは死ぬこともなければ、再生してくることもない。それは不変のリアリティそのものである。（Maharaj, 1988, p. 262）

したがって、「あなたが個人ではなく、純粋で静かな観照であり、恐れのない気づきがあなたの真の存在だと悟るとき、あなたは、その存在な の で あ る」（p. 65）。身心や世界は生滅を免れないが、気づきは生滅することのない根本的リアリティである。

> 気づきはそれ自体で存在し、出来事とともに変化することはない。出来事は快いものであるかもしれないし、不快なものかもしれない。重要でないものかもしれないし、重要なものかもしれないが、気づきは同じままである。（p. 437）

　マハラジは、意識（思考）に対する気づきの位置を、つぎのように述べている。

> 気づきは根源的である。それは原初の状態であり、始まりもなく終わりもなく、原因がなく、支えがなく、部分をもたず、変化もない。［これに対し］意識はふれられるものであり、表層へ映しだされたものであり、二元性の状態である。気づきなしに意識はありえない。しかし、深い眠りにあるときのように、意識がなくても気づきは存在しうる。気づきは絶対的であり、意識はその内容において相対的である。

意識はいつも何かに対する意識である。意識は部分的であり、よく変化するが、気づきは全体的で変化することなく、静止し、静かである。そして、それはあらゆる経験の共通の母体である。(p. 29)

ラマナ・マハルシやニサルガダッタ・マハラジは、気づきを確立することをとおして最終的には、根源的な気づきそのものが知られるという。気づきを高めるなかで、気づくもの（観察者）と気づかれるものとのあいだに残っていた微細な二元性は崩れ去り、純粋な気づきだけが残る。つまり、気づきのなかで、気づかれる対象はたえず変化して消え去り、気づくものも純粋な気づきのなかへと溶け去り、純粋な気づきの意識が残るのである。そこでは、あらゆる二元性は消失し、非二元的で純粋な気づきだけがある。

このような非二元的意識が「スピリット」と呼ばれる。ヒューストン・スミスによれば、魂は「個性の最終的な場所」であるが、観照者である魂は「スピリット」へと開かれる。スピリットは「無限なるもの」（the Infinite）であり、そこにいかなる個性的魂も残らない。

もし魂が人間のなかで神と関係する要素であるとすれば、「スピリット」は、神と同一である要素である。……無限という様態における神と同一なのである。「スピリット」は、ブラフマンたるアートマンであり、人間における仏性である。(Smith, 1976, p. 87)

スピリットは無限の純粋な気づきである。デイヴィッド・ロイはそれを「かぎりない気づき」（awareness unbound）と呼び（Loy, 2009）、ジョン・ウェルウッドは「開かれた気づき」（open awareness）や「開かれた基盤」（open ground）と呼んでいる（Welwood, 2000）。また、チョギャム・トゥルンパは「パノラマ的気づき」（panoramic awareness）や「すべてに行き渡る気づき」（all-pervading awareness）と呼び（Trungpa, 1985）、ステファン・ボーディアンは「覚醒した気づき」（awakened awareness）と呼んでいる（Bodian, 2017）。

　ロジャー・ウォルシュ（Roger N. Walsh, 1946–　）とフランシス・ヴォーン（Frances Vaughan, 1935–2017）は「個人とは何か」という論文のなかで、トランスパーソナル心理学の観点から、意識についての見方を整理している。「通常の意識」は、欲求や防衛に従って生じる思考や空想の流れにみたされている。これは広大な無限定の意識が「防衛的に収縮した状態」である。意識は精神のなかに生じる思考に同一化し、それが自己、すなわち、そこから他のすべてのものが見られる中心になる。思考への同一化によって意識の収縮が起こり、自分が何者であるかが限定される。

　　精神が通常、知らないうちに同一化してしまう思考にみちているということを想起するとき、私たちの通常の意識状態は文字通り催眠にかかったような状態であることが明らかになる。いかなる催眠状態とも同じように、そこでは、トランスやそれに伴う意識の収縮について知る必要はなく、催眠以前のアイデンティティ感覚の記憶がある必要もない。トランスのなかでは、私たちが自分だと思うのは、私たちが同一化する思考にほかならない。別の言い方をすれば、まだ脱同一化していない思考が、意識状態、アイデンティティ、現実をつくりだすのである。（Walsh & Vaughan, 1980, pp. 57–58）

　自我は、意識が思考に同一化すると、その思考を核として形成されるため、「根本的には、限定された意識によって生みだされる幻想」（p. 58）である。したがって、人間の成長とは、思考への同一化から離れ、意識の限定を取り除くということである。脱同一化の過程が完全に遂行されるとき、つぎのような事態が生じる。

　　最終的に、気づきはもはや何ものにも排他的に同一化しなくなる。これは根源的かつ持続性のある意識の転換であり、悟りや解脱といったさまざまな名前で知られてきたものである。そこには、もはや何ものに対する排他的同一化もないため、〈私〉と〈私でないもの〉という

二分法は超越され、そのような人たちは自分を無であると同時に、あらゆるものであると体験する。彼らは純粋な気づき（無 no thing）であると同時に、全宇宙（あらゆるもの every thing）である。どんな場所にも同一化しないと同時に、すべての場所と同一化している、つまり、どこにもいないと同時に、あらゆるところにいるため、彼らは空間と場所を超越する。（pp. 58–59）

空間からの脱同一化に加えて、時間からの超越も生じる。

　純粋な気づきというこの最終的状態のなかでは、精神との同一化がないので、変化と同一化している感覚がない。時間は変化の働きである以上、これは時間の外にいる、時間を超越した経験になる。それは永遠として、変化しない今の永遠性として経験される。この見方からすると、時間は同一化による幻想的産物と見られる。（p. 59）

　純粋な気づきは非二元的であり、一体性を生みだす。みずからは無であるので、あらゆるものとひとつであり、そこから愛や慈悲が流れだす。

　このような状態にある人は自分自身を純粋な気づきとして経験し、あらゆるものとひとつであるが何ものでもないので、そうした個人は、自分自身を他のあらゆる人とまったく同一であると経験する。（p. 60）

　ケン・ウィルバーは『万物の歴史』のなかで「この観察する〈自己〉は最終的には、それ自身の源、すなわち、〈スピリット〉それ自身、〈空〉（Emptiness）それ自体を開示する」（Wilber, 1996, p. 199）という。観察する「自己」の本性は、純粋な気づき、純粋な「空」である。観察する「自己」の源は、それ自体は決して対象となることのない純粋な気づきであり、「純粋な観照」（pure Witness）そのものである。ウィルバーの用語では、それは「元因的なもの」（the causal）と呼ばれる意識次元である。

　それ［純粋な観照］は「見るもの」（Seer）であり、見られるいかな
るものでもない。あなたがこの「観照」のうちにとどまるとき、すべ
てあなたが感じるのは、ただ広大な「空」、広大な「自由」、広大な
「広がり」である——小さな主体と客体がすべてそのなかで生じる透
明な開け（opening or clearing）である。（pp. 222–223）

　元因レベルは純粋な空そのものであるが、それが最後には非二元的リア
リティに転ずる。ウィルバーはつぎのように述べる。

　あなたが「観照」のなかへと深く入り込み、「観照」のなかにとどま
るとき、ある時点で、「ここにおいて」観照者になっているという感
覚が完全に消え去り、「観照」は観照されているあらゆるものになる。
元因的なものは非二元的なもの（the Nondual）に道をゆずり、無相神
秘主義（formless mysticism）は非二元的神秘主義（nondual mysticism）
に道をゆずる。「色即是空、空即是色」（Form is Emptiness and Empti-
ness is Form.）である。
　専門的に言えば、あなたは「観照」からも脱同一化し、それをすべ
ての顕現と統合したのである。（p. 226–227）

　観照は、観照されるものから区別されることなく、あらゆるものとひと
つである。純粋な「空」は、あらゆるものの「真如」（suchness）になる
（これは「真空妙有」とも呼ばれる）。つまり、あらゆるものが究極的リ
アリティとして立ちあらわれるのである。
　ウィルバーは『スピリットの眼』（Wilber, 1997）のなかで、魂とスピ
リットについて同様のことを述べている。魂は「超越的な観照者」（tran-
scendental witness）であり、魂が対象に向き合うことをやめ、ただ観照の
なかにとどまるとき、それはスピリットへと溶解し、至高のアイデンティ
ティを実現する。スピリットは純粋な「観照」、純粋な気づきであり、そ
れは魂の本性にほかならない。純粋な気づきとしてのスピリットは、すで

にいつでも存在しており、達成されたり到達されたりする何かではなく、魂はみずからの本質が純粋な気づきであることに目覚めるのである。

> いったんこの観照者の位置を通過すると、魂すなわち観照者それ自身は溶解し、そこには非二元的な気づき（nondual awareness）の戯れだけがある。その気づきは、対象を見ることなく、すべての対象と完全にひとつになっている（禅では「空を味わうようなものだ」という）。主体と客体の隙間は崩れ去り、魂は超越され、溶け去る。そして純粋な霊的、非二元的気づきが生じる——それは非常に単純で、明白で、明らかなものである。（p. 47）

観照のなかにやすらぐとき、すべてが観照のなかで生じることになる。観照はもはや対象から分離したものではなくなり、あらゆるものとひとつである。あらゆるものは、純粋な気づき、スピリットのなかで生じ、スピリットの顕現である。

> 私は純粋で単純な「観照」のなかにとどまるとき、「観照」そのものは、それが観照しているものから離れた、分離したものや実体ではないということに気づきはじめる。すべてのものが「観照」のなかで生起する。そのため、「観照」そのものは、すべてのもののなかに消え去る。（p. 292）

あらゆるものは純粋な気づきのなかで生じ、気づきと分かれたものではない。私は、気づきのなかにあらわれる青空であり、太陽であり、雲である。私が世界のなかにあるのではなく、私は世界であり、それである。あらゆるものは、純粋な非二元的気づきの開けのなかで、それとひとつになってあらわれる。身心からなる人格をふくめて、あらゆるものが気づきのなかで生じており、スピリットの顕現にほかならない。このようにウィルバーは非二元的な気づきを強調することによって、純粋な気づきと一体

になった究極的リアリティを描きだしている。つまり、現実世界はそのありのままの姿で、純粋な空、スピリット、究極的リアリティなのである。

　このように気づきの道は最終的に、純粋で非二元的な気づきの覚醒へといたる。それはすでに存在している意識の本性とみなすことができるが、そうした意識の覚醒にいたる過程では、さまざまな困難に遭遇するものである。たとえば、チョギャム・トゥルンパは「私たちは、スピリチュアルな技術をとおしてエゴ中心性を強めているのに、スピリチュアルな発達をとげていると思い込み、みずからを欺くことができる」（Trungpa, 1973, p. 3）と述べている。トゥルンパはこうした歪曲を「スピリチュアルな物質主義」（spiritual materialism）と呼んでいるが、スピリチュアルな発達のなかでは、微細なエゴイズムが隠れて存在しつづけることが多い。また、スタニスラフ・グロフ（Stanislav Grof, 1931– ）等が指摘しているように、さまざまな内容の突発的なスピリチュアル・エマージェンシーに見舞われることもある（Grof & Grof, 1992; Grof & Grof, 1989）。ウィルバーもトランスパーソナル・レベルの病理とその対処法をあげている（Wilber, Engler, & Brown, 1986, chaps. 4–5）。そのため、東洋の諸伝統では、すぐれた指導者の導きや助けが不可欠だと考えられてきた。

6　創造的に生きるということ

　私は故・上田閑照先生（1926–2019）を囲むある集まりのとき、先生の著書にサインを求めたところ、上田先生は「外は広い、内は深い」という言葉を書いてくださり、その横に「鈴木大拙先生」と書き添え、「これは鈴木大拙先生の言葉です」と話された。この含蓄のある言葉をとおして、人間は外と内の両方の世界に生きているが、どちらもかぎりない世界であり、外に広がる世界は無限に広く、内に広がる世界は無限に深いということが感じとられる。私はそのような意味で、この言葉を受けとめている。人間はまことに小さい有限な存在にすぎないように見えるが、一方では無限なものに包まれ、浸透されている。その意味では人間そのものが無限で

ある。人間は有限と無限がひとつになった存在である。キルケゴール
（1996）は「人間は無限性と有限性との、時間的なものと永遠なものとの、
自由と必然との綜合、要するに、ひとつの綜合である」（p. 27）と述べて
いる。

　人間は、死によって終わる生と永遠との綜合である。生滅を免れない無
常なる物質と普遍的意識とがひとつになった存在、自然性と霊性の融合で
ある。西田幾多郎（1870–1945）は、相矛盾するものがひとつであること
を「絶対矛盾的自己同一」と呼んだが、人間の全体性は、有限と無限の絶
対矛盾的自己同一のなかにあらわれる。私たちは有限の人格として世界の
なかに存在し、人格を超えた無限な存在としては世界に属してはいない。
世界のなかにいながら世界にいないというのが人間の存在様式である。

　絶対矛盾的自己同一を、鈴木大拙は『日本的霊性』（1944 年）のなかで
「超個の人」という概念でとらえている。

　　超個の人は、既に超個であるから、個己の世界にはいない。それ故、
　　人といってもそれは個己の上に動く人ではない。さればといって万象
　　を撥って、そこに残る人でもない。こんな人はまだ個己の人である。
　　超個の人は個己と縁のない人だということではない。人は大いに個己
　　と縁がある、実に離れられない縁がある。（鈴木, 2008, pp. 68–69）

超個の人は個人を超えていると同時に、有限な個人でもある。大拙によれ
ば、超個の人が個己の一人ひとりであり、この一人ひとりが超個の人であ
るという自覚が「日本的霊性」にほかならない。

　また、井筒俊彦は『意識と本質』（1983 年）のなかで「東洋の哲人」に
ついて、つぎのように述べている。

　　いわゆる東洋の哲人とは、深層意識が拓かれて、そこに身を据えてい
　　る人である。表層意識の次元に現われる事物、そこに生起する様々の
　　事態を、深層意識の地平に置いて、その見地から眺めることのできる

人。表層、深層の両領域にわたる彼の意識の形而上的・形而下的地平には、絶対無分節の次元の「存在」と、千々に分節された「存在」とが同時にありのままに現われている。（井筒, 1983, p. 12）

　ホリスティック教育においても重要なのは、有限な人格と無限な意識を統合することである。人間の存在はその表層においては有限な個的人格であり、その根底で気づきというトランスパーソナルな中間次元（魂）をへて、深層では、かぎりない純粋な気づき（スピリット）に開かれている。人間のホリスティックな開花とは、人格形成に終わることなく、気づきの確立をとおしてスピリットの次元へと開かれることである。そうした根源的意識が覚醒することによって、人格的自己をふくめた存在世界が根底から変容され、ありのままの現実が無限な広がりと深みをもって経験される。ホリスティック教育は、人間が多次元の統合を実現し、そのようにして存在の全体性を生きることを探究するものである。その結果、人間はこの現実世界のなかで、有限な人格と無限な意識を統合した存在として創造的に生きていくことになる。

　最後に、そのような生き方について、トビン・ハートの『四つの徳』から見ておきたい（Hart, 2014）。ハートはそのなかで「プレゼンス」「心ハート」「智慧」「創造」という四つの包括的な徳（virtues）からなるマトリックスを描きだしている。ハートがいう「徳」は、アメリカ先住民のいう「メディスン」や「パワー」に相当するものである。ハートは真善美との関連で、真は「智慧」に、善は「心」に、美は「プレゼンス」に相当するとし、さらに真善美に「声」（voice）を加えて、それを「創造」に対応させている。

　　これら四つの本質的な徳——プレゼンス、心、智慧、創造——は、私たちの人間性を成長させ、自分の道を見つけだすためのマトリックスを形成する。これらの内的アートと内的技術は、私たちに智慧を授けるわけではないが、そのかわりに賢明に行動する能力を与えてくれる。

それらは私たちに美を授けるわけではないが、そのかわりに、注意や知覚を変化させ、意識を開いて美を知覚することができるようにしてくれる。それらは私たちを善にするわけではないが、慈悲深い行為の基盤を見つけることを助けてくれる。それらは私たちに創造性を授けるわけではないが、私たちが想像し、自分自身を用いることを助けてくれる。これらの本質的な力（パワー）は、私たちがそれらを世界のなかで具体化するにつれ、私たちの生の中心をとおしてあらわれてくる。(p. 326)

　ハートは「四つの徳」を構成する十六の特質をあげ、「プレゼンス」には、感じること、フォーカシング、観照すること、オープンであること、「心」には、慈悲、共感、感情、つながること、「智慧」には、導き、新しい可能性、明晰さ、識別、「創造」には、意志、想像、独自性、召命をあげている。これらの特質を働かせることによって四つの徳が育まれる。

　これら四つの徳をホリスティック教育の四つの次元に結びつけるなら、プレゼンスは気づきに、智慧は精神（思考）に、心は感情に、創造は身体にかかわっていると言えよう。ここで重要なのは、身体、感情、思考から離れて気づきにいたる方向とは逆に、徳は、プレゼンス、心、智慧、創造の順に展開していくということである。プレゼンスに始まり、感情と思考を働かせ、最後に、身体を伴う創造がおとずれる。ここには気づきに根ざした、ものごとの生成、創発、具体化のプロセスが描かれている。プレゼンスは現実世界のなかで「声」をもつのである。

　ハートは真善美に「声」をつけ加えた理由を、つぎのように述べている。

　創造はすべてのものをとおして働くエネルギーであり、個人において、自分自身の声を見つけ、新しい可能性を想像し、行動を起こし、私たちが意志するように人生をつくっていく能力のうちに具体化される。……創造は、ほかの三つの方向性のバランスをとり、プレゼンス、心、智慧の力を、私たちをとおして世界のなかに導き入れるうえで本質的なことである。(p. xxv)

　このように、身体、感情、思考から離れて気づきを高めていく上昇の道
は、そのまま下降の道へと折り返し、気づきから感情と思考をとおして身
体にまでもどってくる。このような往還運動、向上・向下の運動の全体が
ホリスティック教育の道であり、私たちがこの世界のなかで自由に創造的
に生きていくことを可能にするものである。

［文献］

浅井雅志（2016）『持続するエピファニー──文学に表象されたエロティシズム
　　と霊性』松柏社.

Aurobindo, S., & The Mother. (1956). *Sri Aurobindo and The Mother on education.*
　　Pondicherry, India: Sri Aurobindo Ashram.

Blavatsky, H. P. (2018). *The key to theosophy.* Dumfries & Galloway, UK: Anodos
　　Books.（初版 1889）（ブラヴァツキー『神智学の鍵』田中恵美子訳, 竜王文庫,
　　1987.）

Bodian, S. (2017). *Beyond mindfulness: The direct approach to lasting peace, happiness,
　　and love.* Oakland, CA: Non-Duality Press.

Brown, R. C. (2002). Taming our emotions: Tibetan Buddhism and teacher education. In
　　J. P. Miller & Y. Nakagawa (Eds.), *Nurturing our wholeness: Perspectives on spiritu-
　　ality in education* (pp. 3–12). Brandon, VT: Foundation for Educational Renewal.

Brown, R. C. (2011). The mindful teacher as the foundation of contemplative pedagogy.
　　In J. Simmer-Brown & F. Grace (Eds.), *Meditation and the classroom: Contemplative
　　pedagogies for religious studies* (pp. 75–83). Albany, NY: State University of New
　　York Press.

Burkhard, G. (1997). *Taking charge: Your life patterns and their meaning* (C. von Arnim,
　　Trans.). Edinburgh, UK: Floris Books.（ブルクハルト『バイオグラフィー・ワー
　　ク入門』樋原裕子訳, 水声社, 2006.）

Carter, J. R., & Palihawadana, M. (Trans.). (2000). *The Dhammapada.* Oxford, UK: Ox-
　　ford University Press.

Childre, D., & Martin, H., with Beech, D. (2000). *The HeartMath solution.* New York:
　　HarperCollins.

Deikman, A. J. (1982). *The observing self: Mysticism and psychotherapy.* Boston: Bea-
　　con Press.

Godman, D. (Ed.). (1985). *Be as you are: The teachings of Sri Ramana Maharshi.* London: Arkana, Penguin Books.（ゴッドマン編『あるがままに——ラマナ・マハルシの教え』福間巖訳, ナチュラルスピリット, 2005.）

Grof, C. & Grof, S. (1992). *The stormy search for the self.* Los Angeles: Jeremy P. Tarcher/Perigee.（グロフ & グロフ『魂の危機を超えて——自己発見と癒しの道』安藤治, 吉田豊訳, 春秋社, 1997.）

Grof, S. & Grof, C. (Eds.). (1989). *Spiritual emergency: When personal transformation becomes a crisis.* Los Angeles: Jeremy P. Tarcher.（グロフ & グロフ編著『スピリチュアル・エマージェンシー——心の病と魂の成長について』高岡よし子, 大口康子訳, 春秋社, 1999.）

Gunaratana, B. H. (2002). *Mindfulness in plain English.* Boston: Wisdom Publications.（グナラタナ『マインドフルネス——気づきの瞑想』出村佳子訳, サンガ, 2012.）

Gurdjieff, G. I. (1992). *Beelzebub's tales to his grandson: An objectively impartial criticism of the life of man.* New York: Viking Arkana.（グルジェフ『ベルゼバブの孫への話——人間の生に対する客観的かつ公平無私なる批判』浅井雅志訳, 平河出版社, 1990.）

Hart, T. (2014). *The four virtues: Presence, heart, wisdom, creation.* New York: Simon & Schuster / Hillsboro, OR: Beyond Words Publishing.

Hartranft, C. (2003). *The Yoga-sūtra of Patañjali: A new translation with commentary.* Boston: Shambhala.

稲瀬吉雄（2019）『クリシュナムルティとの木曜日——生をつらぬく自己教育のヒント』コスモス・ライブラリー.

岩間浩（2008）『ユネスコ創設の源流を訪ねて——新教育連盟と神智学協会』学苑社.

岩間浩編著（2016）『三浦関造の生涯』竜王文庫.

井筒俊彦（1983）『意識と本質——精神的東洋を索めて』岩波書店.

Jefferies, K. (2015). *Awake: Education for enlightenment.* Santa Fe, NM: Mariposa Press.

ジョンソン, R. M.（2016）『完全につながる——コネクション・プラクティス』きくちゆみ, 森田玄訳, ハーモニクス出版.

片山一良（1997）『中部（マッジマニカーヤ）根本五十経篇 I』大蔵出版.

キルケゴール（1996）『死にいたる病』桝田啓三郎訳, ちくま学芸文庫.

Kornfield, J., & Breiter, P. (Eds.). (1985). *A still forest pond: The insight meditation of Achaan Chah.* Wheaton, IL: Theosophical Publishing House.（アーチャン・チャー『増補版 手放す生き方——静かなる森の池のごとく心を変容させるタイ森林僧の教え』コーンフィールド＆ブライター編, 星飛雄馬, 花輪陽子, 花輪俊行訳, サンガ, 2016.）

Krishnamurti, J. (1970). *The only revolution* (M. Lutyens, Ed.). London: Victor Gollancz. （クリシュナムルティ『クリシュナムルティの瞑想録——自由への飛翔』大野純一訳, 平河出版社, 1982.）

Krishnamurti, J. (1974). *Krishnamurti on education.* New York: Harper & Row. （クリシュナムルティ『英知の教育』大野純一訳, 春秋社, 1988.）

Krishnamurti, J. (1989). *Think on these things* (D. Rajagopal, Ed.). New York: Harper-Collins. （初版 1964）（クリシュナムルティ『子供たちとの対話——考えてごらん』藤仲孝司訳, 平河出版社, 1992.）

Krishnamurti, J. (2006). *The whole movement of life is learning: J. Krishnamurti's letters to his schools.* Bramdean, UK: Krishnamurti Foundation Trust. （クリシュナムルティ『アートとしての教育——クリシュナムルティ書簡集』小林真行訳, コスモス・ライブラリー, 2010.）

Krishnamurti, J. (2007). *As one is: To free the mind from all conditioning.* Prescott, AZ: Hohm Press. （クリシュナムルティ『静かな精神の祝福——クリシュナムルティの連続講話』大野純一訳, コスモス・ライブラリー, 2011.）

Loy, D. R. (2009). *Awareness bound and unbound: Buddhist essays.* Albany, NY: State University of New York Press.

Maharaj, S. N. (1988). *I am that: Talks with Sri Nisargadatta Maharaj* (M. Frydman, Trans.; S. Dikshit, Rev. & Ed.). Durham, NC: The Acorn Press. （初版 1973）（フリードマン英訳, ディクシット編『アイ・アム・ザット 私は在る——ニサルガダッタ・マハラジとの対話』福間巌訳, ナチュラルスピリット, 2005.）

Maharshi, S. R. (2009). *The collected works of Ramana Maharshi* (11th ed.). Tiruvannamalai, India: Sri Ramanasramam. （オズボーン編『ラマナ・マハルシの言葉』柳田侃訳, 東方出版, 1996.）

Miller, J. P. (1999). *Education and the soul: Toward a spiritual curriculum.* Albany, NY: State University of New York Press. （ミラー『魂にみちた教育——子どもと教師のスピリチュアリティを育む』中川吉晴監訳, 晃洋書房, 2010.）

Mindell, A. (1993). *The shaman's body: A new shamanism for transforming health, relationships, and community.* New York: HarperCollins. （ミンデル『シャーマンズボディ——心身の健康・人間関係・コミュニティを変容させる新しいシャーマニズム』富士見幸雄監訳, 青木聡訳, コスモス・ライブラリー, 2001.）

Mindell, A. (2007). *Earth-based psychology: Path awareness from the teachings of Don Juan, Richard Feynman, and Lao Tse.* Portland: Lao Tse Press. （ミンデル『大地の心理学——心ある道を生きるアウェアネス』富士見幸雄監訳, 青木聡訳, コスモス・ライブラリー, 2009.）

蓑輪顕量 （2008）『仏教瞑想論』春秋社.

Moody, D. (2011). *The unconditioned mind: J. Krishnamurti and the Oak Grove School.*

Wheaton, IL: Theosophical Publishing House.

Moore, J. (1991). *Gurdjieff: The anatomy of a myth*. Shaftesbury, UK: Element Books. （ムア『グルジェフ伝――神話の解剖』浅井雅志訳, 平河出版社, 2002.）

中川吉晴（2018）「〈永遠の哲学〉とマインドフルネス」, 飯塚まり編『進化するマインドフルネス』創元社.

中村元訳（1984）『ブッダのことば――スッタニパータ』岩波文庫.

Naranjo, C. (1993). *Gestalt therapy: The attitude and practice of an atheoretical experientialism*. Nevada City, CA: Gateways / IDHHB Publishing.

Nhat Hanh, T. (1990). *Transformation & healing: The sutra on the four establishments of mindfulness*. Berkeley, CA: Parallax Press. （ティク・ナット・ハン『ブッダの〈気づき〉の瞑想』山端法玄, 島田啓介訳, 野草社, 2011.）

Ouspensky, P. D. (1987). *In search of the miraculous: Fragments of an unknown teaching*. London: Arkana, Penguin Books. （ウスペンスキー『奇蹟を求めて――グルジェフの神秘宇宙論』浅井雅志訳, 平河出版社, 1981.）

Perls, F. (1969). *Gestalt therapy verbatim* (J. O. Stevens, Ed.). Moab, UT: Real People Press. （パールズ『ゲシュタルト療法バーベイティム』倉戸ヨシヤ監訳, ナカニシヤ出版, 2009.）

ペスタロッチー（1959）「白鳥の歌」『ペスタロッチー全集　第 12 巻』長田新編, 佐藤正夫訳, 平凡社.

Rathnam, A. (2014). *The whole teacher: Transformational approaches for awakening the teacher within*. Saarbrücken, Germany: LAP Lambert Academic Publishing.

Rosenberg, L., with Zimmerman, L. (2013). *Three steps to awakening: A practice for bringing mindfulness to life*. Boston: Shambhala. （ローゼンバーグ『〈目覚め〉への 3 つのステップ――マインドフルネスを生活に生かす実践』藤田一照訳, 春秋社, 2018.）

佐保田鶴治（1980）『解説ヨーガ・スートラ』平河出版社.

Sayadaw, V. M. (2016). *Manual of insight* (Vipassanā Mettā Foundation Translation Committee, Trans.). Somerville, MA: Wisdom Publications.

Schumacher, E. F. (1977). *A guide for the perplexed*. New York: Harper & Row. （シュマッハー『混迷の時代を超えて――人間復興の哲学』小島慶三, 斎藤志郎訳, 佑学社, 1980.）

関口真大（1978）『現代語訳　天台小止観』大東出版社.

Sinnett, A. P. (1885). *Esoteric Buddhism* (5th ed., Annotated & Enlarged). London: Chapman and Hall. （初版 1883）

Smith, H. (1976). *Forgotten truth: The primordial tradition*. New York: Harper & Row. （スミス『忘れられた真理――世界の宗教に共通するヴィジョン』菅原浩訳, アルテ, 2003.）

Steiner, R. (1987). *Die Erziehung des Kindes vom Gesichtspunkte der Geisteswissenschaft / Die Methodik des Lehrens und die Lebensbedingungen des Erziehens*. Dornach, Switzerland: Rudolf Steiner Verlag.（シュタイナー『霊学の観点からの子供の教育』高橋巖訳, イザラ書房, 1986.）

Steiner, R. (1994). *Theosophy: An introduction to the spiritual processes in human life and in the cosmos* (C. E. Creeger, Trans.). Great Barrington, MA: Anthroposophic Press.

Steiner, R. (1998). *Gegenwärtiges Geistesleben und Erziehung*. Dornach, Switzerland: Rudolf Steiner Verlag.（1923 年の講義録）（シュタイナー『現代の教育はどうあるべきか』佐々木正昭訳, 人智学出版社, 1985.）

Steiner, R. (2014). *Theosophie: Einführung in übersinnliche Welterkenntnis und Menschenbestimmung* (15 Auflage). Basel, Switzerland: Rudolf Steiner Verlag.（シュタイナー『神智学』高橋巖訳, ちくま学芸文庫, 2000.）

Steiner, R. (2017). *Die Geheimwissenschaft im Umriss* (11 Auflage). Basel, Switzerland: Rudolf Steiner Verlag.（シュタイナー『神秘学概論』高橋巖訳, ちくま学芸文庫, 1998.）

シュタイナー, R.（2017）『社会問題としての教育問題――自由と平等の矛盾を友愛で解く社会・教育論』今井重孝訳, イザラ書房.

杉本良男（2018）『ガンディー――秘教思想が生んだ聖人』平凡社.

鈴木大拙（2008）『日本的霊性』大東出版社.

高橋巖（1986）『若きシュタイナーとその時代』平河出版社.

Tart, C. T. (1983). *States of consciousness*. El Cerrito, CA: Psychological Processes.

Tart, C. T. (1987). *Waking up: Overcoming the obstacles to human potential*. Boston: Shambhala.（タート『覚醒のメカニズム――グルジェフの教えの心理学的解明』吉田豊訳, 大野純一監訳, コスモス・ライブラリー, 2001.）

Tart, C. T. (1994). *Living the mindful life: A handbook for living in the present moment*. Boston: Shambhala.

得丸さと子（2010）『ステップ式 質的研究法―― TAE の理論と応用』海鳴社.

Trungpa, C. (1973). *Cutting through spiritual materialism*. Boston: Shambhala.（トゥルンパ『タントラへの道――精神の物質主義を断ち切って』風砂子・デ・アンジェリス訳, めるくまーる, 1981.）

Trungpa, C. (1985). *Meditation in action*. Boston: Shambhala.（トゥルンパ『仏教と瞑想』日生明樹訳, UNIO, 1996.）

ウ・ジョーテカ（2016）『自由への旅――「マインドフルネス瞑想」実践講義』魚川裕司訳, 新潮社.

Walsh R. N., & Vaughan, F. (1980). What is a person? In R. N. Walsh & F. Vaughan (Eds.), *Beyond ego: Transpersonal dimensions in psychology* (pp. 53–62). Los Ange-

les: J. P. Tarcher.（ウォルシュ & ヴォーン編『トランスパーソナル宣言――自
我を超えて』吉福伸逸編訳, 春秋社, 1986.）

ワシントン, P.（1999）『神秘主義への扉――現代オカルティズムはどこから来
たか』白幡節子, 門田俊夫訳, 中央公論新社.

Welwood, J. (2000). *Toward a psychology of awakening: Buddhism, psychotherapy, and
the path of personal and spiritual transformation.* Boston: Shambhala.

Wilber, K. (1996). *A brief history of everything.* Boston: Shambhala.（ウィルバー『万
物の歴史』大野純一訳, 春秋社, 1996.）

Wilber, K. (1997). *The eye of spirit: An integral vision for a world gone slightly mad.*
Boston: Shambhala.（ウィルバー『統合心理学への道――「知」の眼から「観
想」の眼へ』松永太郎訳, 春秋社, 2004.）

Wilber, K., Engler, J., & Brown, D. P. (1986). *Transformations of consciousness: Con-
ventional and contemplative perspectives on development.* Boston: Shambhala.

湯田豊（2000）『ウパニシャッド――翻訳および解説』大東出版社.

第6章　気づきとサイコシンセシス
──ホリスティック教育の授業から

1　ホリスティック教育を実践する

　私は留学を終えて帰国した 2000 年以降、いくつかの大学でホリスティック教育に関する科目を担当してきた。そこでは講義だけでなく体験的な実習を取り入れるようにしてきた。前章でホリスティック教育の方法原理を示したように、実習では、ホリスティック教育の多次元的人間観に即して、人格次元（身体、心、精神）にかかわるエクササイズと、トランスパーソナルな次元（気づき）にかかわるエクササイズを取り入れている。いずれのエクササイズにおいても重要なのは、精神の働きである「内なる批判者」（inner critic）の統制（批判的な評価や価値判断）をゆるめ、身心ともにリラックスし、目覚めた意識を保ち、エクササイズのなかで生じることを、ありのままに受け取ることである。

　人格レベルのアプローチは、人格を構成する身体、心（感情）、精神（思考）に適切に働きかけ、それらの開発と統合をはかるということである。また各個人においては、身体活動（感覚・運動）、感情、思考のいずれかの機能が優位になっているため、そうした人格における「個性」を知ることが重要である。個性を理解するには、気質、性格、タイプに関する諸理論を用いることができるが、たとえば、九つのタイプをとりあげるエニアグラム（Enneagram）は、もっともくわしいタイプ論を提供している（Frager, 1994; Riso & Hudson, 1999）。

　人間をドーナッツにたとえるなら、人間ドーナッツは、身体、感情、思考を素材としてつくられ、ドーナッツの一個一個の形や色や味が異なるように個性にも違いがある。ドーナッツの真ん中には穴が開いており、ここは気づきの空間である。人間の存在とは、この中空の穴をふくめた全体で

ある。この穴は外の空間ともつながっており、気づきは個人に限定されないことをあらわしている。

　気づきは、それ自体として体系的に訓練されることは少なく、ほとんどの人で未開拓である。しかし、気づきが開発されれば、身体、心、精神からなる人格を超えるトランスパーソナルな次元が開かれる。気づきを確立することは「自己」や「私」や「魂」を見つけるということである。また、人は気づきのなかで人格を観察し、人格の諸機能の自動反応から抜けだすことができる。そのような自動反応を止めることによってはじめて、それを変えることができる。それゆえ気づきは、身体、心、精神がその条件づけから離れ、本来の可能性を実現するうえで不可欠なものである。気づきをとおして、身体はアレクサンダー・ローエン（Lowen, 1990）がいう「優美さ」（gracefulness）を、感情は愛や慈悲を、精神は知性や智慧を獲得することができる。

2　気づきの技法

センサリー・アウェアネス

　気づきの技法は、私が授業のなかで重視しているものである。気づきを高めるにはさまざまなアプローチがある。マインドフルネスのエクササイズは、気づきを高める効果的な訓練になる。マインドフルネスについては数多くの解説書があり、詳細は省くが、呼吸、ボディ・スキャン、歩行、味わうこと、思考や感情の観察といった基本的な方法がある（たとえばWilliams & Penman, 2011 参照）。ほかにも身体感覚への気づきを高めるさまざまな技法があるが、なかでもセンサリー・アウェアネス（Sensory Awareness）は重要である。ソマティクスの提唱者であるトーマス・ハンナは、センサリー・アウェアネスを、ソマティック教育を代表するものとみなしており、またソマティクス研究の第一人者であるカリフォルニア・インテグラル研究所（CIIS）のドン・ハンロン・ジョンソンが客員教授（立命館大学大学院）として来日したときも、センサリー・アウェアネス

のエクササイズが行なわれた。

　センサリー・アウェアネスは、ドイツのエルザ・ギンドラー（Elsa Gind-ler, 1885–1961）と、彼女の協力者であるスイスの音楽家ハインリッヒ・ヤコービ（Heinrich Jacoby, 1889–1964）によって生みだされたものであるが（Jacoby, 1983）、ギンドラーの弟子であるシャーロット・セルヴァー（Char-lotte Selver, 1901–2003）がドイツからアメリカに渡ったのち、その地でさらに発展することになった。体育教師であったギンドラーは若い頃、結核にかかるが、治療を受けられる余裕のなかった彼女は、自分のからだのなかで起こっている微細なプロセスに注意深く気づき、病気にかかっている側の肺を休ませるようにして、呼吸を整えた。そして一年後には結核は治っていた。その後ギンドラーは、からだの働きを感じとるアプローチを発展させ、それを「人間についてのワーク」（Arbeit am Menschen）や「調和的身体教育」（Harmonische Körperausbildung）などと呼んでいた。

　1940年代、セルヴァーのニューヨークのクラスには、エーリッヒ・フロムやフレデリック・パールズも参加していたという。フロムは死後に刊行された『あることの技法』（Fromm, 1983）のなかで、気づきに関する重要な見解を述べている。またパールズは、気づきを重視するゲシュタルト・セラピーの創始者である。その後、セルヴァーはアラン・ワッツと一緒にセミナーを開くようになり、西海岸に移ってからは、設立間もないエサレン研究所でセンサリー・アウェアネスを行ない、鈴木俊隆（1904–1971）がいたサンフランシスコ禅センターとも協力関係を結んでいる。

　センサリー・アウェアネスでは、立つこと、歩くこと、坐ること、横になって休むことといった人間の四威儀（行往坐臥）を調べる。それらの動きをゆっくりと行ない、ふだんはしないような動きも取り入れて、そのつど自分のからだに起こることに繊細な注意を向ける。私の授業では、セルヴァーの夫であったチャールズ・ブルックス（Charles Van Wyck Brooks, 1912–1991）の『センサリー・アウェアネス』（Brooks, 1982, 新版 Selver & Brooks, 2007, 邦訳, 誠信書房）を参考にし、いくつかのレッスンを行なっている。たとえば、立っていることから始め、つぎに歩いてみる。そのあ

と床に仰向けに横たわり、床とからだの関係を調べて、横になっていることと休んでいることの違いを感じとってみる。

センサリー・アウェアネスでは、ふれるということが重視される。相手にふれる、ものにふれる、何かを味わう、香りをかいでみる、屋外で自然にふれる、といったさまざまなことを試してみる。そうすることによって、人間がいつでもかかわりのなかに生きる存在であることが実感される。実習では、ペアを組んで相手の足や頭をもちあげることを行なってみる。このとき、横になっている人は、相手に足や頭を預けているか、それとも自分で動かしているか、受けとめる側も相手のからだを感じとっているか、自分勝手に動かしていないかといったことが調べられる。レッスンのなかで起こることは、すぐに評価しないで、ありのままに感じとってみる。レッスンに「正しい」答えがあるわけではなく、そのつどの実験的な探究がすべてである。このような実習においては、自分自身に対する気づきだけでなく、相手に対する気づきや、その場に対する気づきが高められる。高められた気づきのなかで、自分も他者もあるがままに存在することができる。

ジョンソンの授業では、エクササイズのあとすぐにシェアリングをすることはなく、参加者は長い時間をとって、みずからの体験を文章にしたり、絵に描いたりした。そのようにして体験が自分のなかに統合されていくための時間がとられた。ジョンソンは、長年の経験から、そのようにしていると話していた。

ブルックスの本は実際のワークショップのように書かれていて使いやすい。最近では、セルヴァーのワークショップの逐語録をもとにした『センサリーアウェアネス──つながりに目覚めるワーク』（Littlewood & Roche, 2004, 邦訳, ビイング・ネット・プレス）も新しく刊行され

授業中のドン・ハンロン・ジョンソン

276

ている。これらの本は参考になるが、専門の訓練を受けたプラクティショナーをゲストに呼べるときは、その方にレッスンをやっていただくようにしている（日本にも「センサリーアウェアネス・ジャパン」という団体がある）。また、センサリー・アウェアネスの紹介者である伊東博氏（1919–2000）はみずからの「ニュー・カウンセリング」（伊東, 1999）のなかに、また高橋和子氏（2004）は「からだ気づき」のなかにセンサリー・アウェアネスを取り入れている。長年ボディワークの研究に取り組んできたグラバア俊子氏（南山大学名誉教授）は「五感の力」を高めるレッスンを提唱している（グラバア, 2013）。ゲシュタルト・セラピーは、いまここでの気づきを重視する方法として参考にすることができる（Oaklander, 1988; Perls, Hefferline, & Goodman, 1951; Stevens, 1989）。同様に、フォーカシング、ハコミ・セラピー、プロセス・ワークなども気づきを重要な部分としてふくんでいる。ティク・ナット・ハンのグループが考案した「マインドフル・ムーブメント」という体操は、気づきのための簡単なエクササイズである（Nhat Hanh & Vriezen, 2008）。

ノータイム・アサインメント

　教室のなかでソマティック・エクササイズを行なうときは、部屋の使い勝手がわるく、空間的に大きな制約があることが多い。そこで、どんなところでも使える簡単なエクササイズを紹介しておく。カリフォルニア州立大学のロバート・ロンドン（Robert London, 1947– ）は客員教授（同志社大学）として担当したホリスティック教育の授業のなかで、「ノータイム・アサインメント」という、時間をかけなくてもよいエクササイズを毎週の宿題として出していた。それにはつぎのようなものがある（本人の許可を得て紹介する）。

- からだの一ヵ所に注意を向ける。たとえば、手に注意を向ける。これを午前10時から午後6時までの8時間、1時間毎に各1分間行なってみる。1分間注意を向けることは簡単であるが、それを毎時

間忘れないでおくのは容易ではない。

● 足に注意を向ける。公園でも森のなかでも静かなところを選んで、目的地を定めないで、足に注意を向けながら 20 分間歩いてみる。

● 「三つの呼吸」（Three Breaths）。これは禅僧のエズラ・ベイダ（Ezra Bayda）が提唱している簡単で効果的な目覚めのエクササイズである。

ロバート・ロンドン

まず、息が鼻に入ってくることに注意を向け、息のひんやりとした感覚に気づくようにする。つぎの呼吸では、その感覚をとどめながら、部屋に注意を向ける。そして息と部屋の感触に注意をとどめながら、最後の呼吸で全身に気づくようにする。からだの個々の部分ではなく、全体を感じてみる。ベイダによると、これはいつでもできる簡単なエクササイズであり、私たちの生活の大半の時間を占める「目覚めた眠り」（waking sleep）のなかにあって、いまここにあることへの目覚め（waking up）を促すものである（Bayda, 2009, pp. 67–71）。

「三つの呼吸」は、ベイダのいう「三点の気づきの瞑想」（Three Point Awareness Meditation）を短縮したものである（pp. 111–115）。この瞑想は目を開けて背筋を立てて行なう。まず呼吸では、息が鼻から入り、出て行く感覚に気づくようにする。つぎに胸の中心に気づきを向け、そこで息の感覚を感じるようにする。そして腹の感覚に気づくようにする。最後に三つの場所で同時に息の出入りを感じとるようにして 3 回呼吸する。とくに胸の中心が重要である。これが三点の最初の点である。第二の点は環境への気づきである。呼吸に注意を少し残したまま、部屋の空間に気づくようにする。呼吸と環境の二つに同時に気づくようにする。これができるようになれば、

最後の第三の点は、その空間にある身体全体に気づくことである。瞑想中は、それらのあいだを行ったり来たりしてもかまわない。そして徐々に、三点に同時に気づくことができるようになる。雑念にとらわれたときには、いったん呼吸に立ち返り、三つの呼吸を使い、最初に胸の中心、つぎに環境、そして全身をアンカーとして気づきを確立していく。気づきはこれら三点にだけ限定されるのではなく、いったん気づきが生まれると、そのなかにあらゆるものが入ってくる。ベイダはそれを「存在の気づき」（Being Awareness）と呼んでいる。

　さらに、どこでもほんの少しの時間でできる簡単な方法は、「私はここにいる」と心のなかで唱えることである。息を吸い込み、胸の中心に気づき、息を吐くとき、静かに「私は」と言う。つぎに2回目に息を吸い込むとき、胸の中心に気づいたまま、まわりの環境に注意を向け、息を吐くとき「ここに」と言う。そして3回目に息を吸い込むとき、呼吸と環境に注意をとどめたまま身体の全体に気づき、息を吐くとき「いる」と言う。

- 一日を開始するとき最低2分程度、意図的に自分を豊かにするようなことをしてみる（かける時間は各自の制約に応じて変えてよい）。たとえば、ヨーガをしてみる。バルコニーに出てコーヒーを飲んでみる。ひとつのことをつづけてもよいし、いくつか試してもよい。ロンドンは教師に向けて、つぎのような問いをあげている。「今日一日、私の生徒やほかの人に対してプレゼンスを保てるようにするために、この一日を始めるにあたって何ができるだろうか」。

- 「しないこと」（not-doing）をする。少なくとも毎日1回は「しないこと」をしてみる。これは習慣的に同じことをするのではなく、それをしないようにするということである。「しないこと」というのは何もしないということではなく、いつもの行動パターンが起こりそうになったら、それをしないで、オープンになって、その状況で実際に必要とされていることを「見る」ということである。たとえ

ば、私たちが生徒に向かっていつもと同じように反応（ほめたり、叱ったり）しそうになったら、そのように反応しないで、もっと適切な行動が何かを見てとるまで待つことによって、「しないこと」をすることができる。「しないこと」はそのつど自発的に起こるものであるが、一日のなかで「しないこと」ができそうな場面を想定してやってみてもよい。「しないこと」の課題に取り組むには、簡単すぎず、難しすぎないものがよい。また、エクササイズの前後と最中の感情や思考を観察してみる。

- リラクゼーションを日常生活に組み入れ、それが私生活だけでなく仕事にもどんな効果をおよぼしているのかを観察する。一日のはじめに行なってみる。特定の場面や部分にフォーカスしてもよい。たとえば、食事中はリラックスしてみる。肩や腹など一ヵ所を一日中リラックスさせておく。散歩やヨーガやランニングをしているときにリラクゼーションを取り入れてみる。その前後と最中の感情や思考を観察してみる。

- 誰かの話を聞いているときの自分の聞き方に気づくようにする。同僚や生徒の話を注意深く聞くようにし、聞くときにどんなパターンが起こっているかを調べてみる。そして、注意深く聞くことを妨げているものと、注意深く聞くことを容易にするものが何であるかを調べてみる。注意深く聞くことができないとき、どんな感情や思考が起こっているのかを観察する。そのとき、それを無理やり抑えたり、変えたりしないで観察する。課題はやりやすいように調整してもよい。たとえば、これに要する時間を1時間だけと決めておくとか、そうせざるをえない状況に身を置いてみるなどである。

- 各課題をつうじて観察したことを、30分未満で書きとめるようにする。

　これらの課題は、ロンドンの30年以上にわたるスピリチュアルな探究と教師生活から生まれたものである。課題遂行にあたって重要なのは「内

省」（reflection）と「観察」（observation）を区別することである。内省というのは、体験をふり返ることであり、観察はいまこの瞬間の体験を見ることである。課題においては観察することが求められ、価値判断をしないで、たとえ認めたくないものでも、そのとき起こっているパターンを見るようにする。たとえば、注意深く聞くという課題では、聞くことができている、あるいは、聞くことができないということを観察する。注意深く聞くことによってパターンに変化が起こることもある。ある教師は、手に負えない生徒に対し、それまでのように説教をするのではなく、10分間、話を聞くことにした。そしてその生徒について知らなかった多くのことを発見し、生徒も話を聞いてもらえたことで大きく変化したという。生徒が必要としていたのは、誰かに聞いてもらうことだったのである。ノータイム・アサインメントは、教師がどのようなパターンをもって教えているのかを、ありのままに見ることを可能にする。そうしたパターンを調べて、それにかわるパターンについても知ることができる。

　ロンドンは講義のなかで、J. G. ベネットのエネルギー論について話した。ベネットは全部で十二種類のエネルギーを区別している（Bennett, 1994, 2010）。これら十二のエネルギーは三つのカテゴリーに分けられる。下位の四つは「機械的エネルギー」（mechanical energies）に属し、下から「拡散的エネルギー」（dispersed energy, 熱など）、「志向的エネルギー」（directed energy, 運動、重力、電気、磁力など）、「凝縮的エネルギー」（cohesive energy, 化学結合によってできた物質）、「可塑的エネルギー」（plastic energy, 固有性を保持しつつ変化する物質）の四種類である。中間の四つは「生命エネルギー」（life energies）に属し、「建設的エネルギー」（constructive energy, 生体を組織化する力）、「生命的エネルギー」（vital energy, 成長力や活力）、「自動的エネルギー」（automatic energy, 自動的な機能、動き）、「感覚的エネルギー」（sensitive energy, 思考、感情、身体の経験への気づき）の四種類である。上位の四つは「宇宙的エネルギー」（cosmic energies）に属し、「意識的エネルギー」（conscious energy, 個人を超えた意識）、「創造的エネルギー」（creative energy, 宇宙や人間における創造力）、「統一

的エネルギー」（unitive energy, あらゆるものを統合する力）、「超越的エネルギー」（transcendent energy, 至高の源泉）の四種類である。

　私たちは日常生活の大半を「自動的エネルギー」のレベルでおくっているが、身体、感情、思考の諸機能に気づくとき「感覚的エネルギー」が働くようになる。それにつづく「意識的エネルギー」は、感覚的エネルギーを超えたトランスパーソナルな意識である。この意識的エネルギーはもはや個人に属していない。このレベルでは、私たちが意識を所有するのではなく、逆に意識が私たちを所有する。それをベネットは「私が意識化される」（I am conscioused.）と表現し、「意識は個人化されておらず、局在化されていない。それはどこにでもある」（Bennett, 1994, p. 47）という。ロンドンが紹介した気づきのエクササイズは、たしかに小さなものではあるが、それは「自動的エネルギー」を超え、「感覚的エネルギー」を呼び覚ますためのものである。

あなたはいまどこにいるのか

　同じく客員教授（同志社大学）として来日したトビン・ハートは、その講義のなかで毎回のように「あなたはいまどこにいるのか」（Where are you now?）という問いから始めた。学生は数分間、目を閉じて、この問いを自分にしみ込ませる。そこにはさまざまな気づきが生まれる。ハートはこの方法について、つぎのように説明している。

授業を行なうハート教授

　少し時間をとって、リラックスする。深い呼吸を数回する。そうする方がいいなら目を閉じる。あなたがいまこの瞬間にいるところに波長を合わせる。あなたはいまどこにいるのか。前のことを思っているだろうか。過去にあったことを何度もやり直そうとしているだろうか。友だちや家族との状況につ

いて感情的にひっかかっているだろうか。どのくらい自分のからだの
なかにいるだろうか。頭のなかにいるだろうか。あなたの外を漂って
いるだろうか。あなたの前方を探っているだろうか。苦痛にみちたへ
んぴな場所に釘付けになっているだろうか。あなたの人生の途上で、
あなたがどのあたりにいるのか、答えがあらわれてくるだろうか。少
しのあいだ、ただ気づくようにし、いまあなたがどこにいて、それが
どのように感じられるのかということに気づくようにしてみる。

　こうした多くのエクササイズと同様に、これは日常の活動のなかに
拡げることができる。「いま私はどこにいるのか」（Where am I
now?）は一種の個人的なチェックイン（確認作業）として内面化され、
自覚を導くものになるかもしれない。私たちはチェックインを知らせ
る特定のリマインダーを見つけることができる。たとえば、電話が鳴
るとき、歩くとき、何かをちびちびと飲むとき、歯を磨くときなどで
ある。（Hart, 2014, p. 57）

3　サイコシンセシス

教育としてのサイコシンセシス

　私が授業に取り入れているものにサイコシンセシス（Psychosynthesis）
がある。私はトロントにいたとき、オンタリオ教育研究所で学位を取得し
たアン・マルヴァニー博士（Anne Mulvaney）のサイコシンセシス講座に
通っていたことがある。そのような経験もあり、帰国後、授業にサイコシ
ンセシスを取り入れるようになった。

　サイコシンセシスは、イタリア人の精神科医ロベルト・アサジョーリ
（Robert Assagioli, 1888–1974, アサジオリとも表記される）が 20 世紀初頭
に生みだしたホリスティックな心理学体系である。サイコシンセシスは自
己実現にかかわる意識構造論と実践技法を兼ね備えた体系であり、ヒュー
マニスティック心理学の主要な理論のひとつであるだけでなく、トランス
パーソナル心理学の先駆的な体系としても知られている。ピエロ・フェ

ルッチによると「アサジョーリのアプローチは、たんに（エネルギーや集中やリラクゼーションのような、ひとつのことを増大させる）自己改善の一種ではなく、（何かを取り除こうとする）セラピーの一種でもない。むしろそれが目的とするのは、全体性を喚起し、人間の心の新しくより広い参照枠を生じさせることである」（Ferrucci, 1982, p. 22）。サイコシンセシスは心理的治療の方法であるが、それ以上に、ホリスティックな自己成長のための教育方法でもある。アサジョーリはつぎのように述べている。

> ［サイコシンセシスは］統合的教育の方法である。それは、子どもや青少年のさまざまな能力の開発を助けるだけでなく、自分の真のスピリチュアルな本性を発見し、実現して、その導きのもと、調和的で光輝く有能な人格をつくりあげることを助けるものである。（Assagioli, 1971, p. 30）

このようにサイコシンセシスはホリスティックな教育モデルであり、たとえば、ダイアナ・ウィットモア（Diana Whitmore）の『喜びの教育──サイコシンセシス教育入門』（Whitmore, 1986, 邦訳, 春秋社）は、ホリスティック教育のひとつの体系とみなすことができる。ウィットモアは、カリフォルニア大学サンタ・バーバラ校で合流教育を学び、エサレン研究所にもかかわった人物であり、イギリスを中心に活動している。

アサジョーリとサイコシンセシスの発展

アサジョーリはヴェニスで生まれ育ち、1904年に一家がフィレンツェに移住したのち、1906年にフィレンツェ大学の医学生になった。アサジョーリは1907年にはスイスのチューリヒにおもむき、オイゲン・ブロイラーのもとで精神科医としての訓練を受け、ユングとも知り合っている（ユングとは生涯にわたり親交がつづいた）。こうした経緯もあり、1910年に彼が提出した学位論文は精神分析に関するものであった。フロイトはユングを介してアサジョーリのことを知っていた。

　アサジョーリは医学を学んでいたが、若い
頃から教育に対して強い関心を寄せており、
21歳（1909年）のときに発表した論文では
「心理教育」（psychagogy）というアプローチ
を提唱している。これは心理学（psychology）
と教育学（pedagogy）をたんに折衷したもの
ではなく、人間の生涯にわたる潜在的可能性
の実現を目指すものである。

ロベルト・アサジョーリ

　アサジョーリはイタリアに最初に精神分析
を紹介した一人であり、精神分析の活動にかかわっていたが、その後しだ
いに限界を感じるようになり、1912年には「統合」（synthesis）に焦点を
合わせた心理学を求めるようになった。1926年、アサジョーリはローマ
に「文化と心理治療の研究所」をつくり、サイコシンセシスという言葉を
公式に使いはじめた。彼はこの年『サイコシンセシス──新しい癒しの方
法』という英文冊子を刊行している。このようにしてサイコシンセシスは、
精神分析をふくめ、さまざまな方法を取り入れ、心身の問題を治療するだ
けでなく、人間の全体的な成長にかかわる体系として生みだされた。アサ
ジョーリの生涯をくわしく調べたペートラ・グッギスベルク＝ノチェッ
リは、つぎのように述べている。

　　このようにして、「心理教育」が「サイコシンセシス」を生みだした。
　　アサジョーリは、科学のあらゆる分野、とくに人間科学に対して、そ
　　してスピリチュアルな実践の諸分野に対して大いなる開かれた姿勢を
　　とり、彼の先駆的な洞察のすべてをサイコシンセシスのなかに取り入
　　れた。彼が意図したのは、個人の自己変容について教育することであ
　　り、各個人を自分自身の運命の共著者にするということである。
　　（Guggisberg Nocelli, 2017, p. 29）

　1933年に、「文化と心理治療の研究所」は「サイコシンセシス研究所」

（Istituto di Psicosintesi）と改称された。1930 年代には、アサジョーリの二つの重要論文がイギリスの有名誌 *The Hibbert Journal* に発表されている。それは、サイコシンセシスの基本原理を述べた「力動的心理学とサイコシンセシス」と、スピリチュアル・エマージェンシーに関する先駆的論文「スピリチュアルな発達とそれに付随する病理」である。

アサジョーリは医師としての科学的訓練を受けているが、プラトンやダンテなどの古典的教養だけでなく、サンスクリット語をふくめれば八つの言語に通じ、古今東西の宗教や神秘思想を深く理解していた。アサジョーリが知り合った人物には、ブーバー、タゴール、鈴木大拙、ウスペンスキー、フランクル、マズロー、アリス・ベイリーなどがいる。彼の母親と妻は神智学徒であり、彼自身も神智学に接し、ヨーガや瞑想を実践していた。

アリス・ベイリー（Alice Ann Bailey, 1880–1949）は自伝のなかで、アサジョーリとの交流について記している。著名な神智学徒であったベイリー（アーケイン・スクールの創始者）は、のちにエラノス会議を創設した神智学徒オルガ・フレーベ＝カプタイン（Olga Fröbe-Kapteyn, 1881–1962）の招きで、1931 年、スイスとイタリアのあいだに位置するマジョーレ湖畔の彼女の別荘を訪れている。ベイリーとアサジョーリはこのアスコナの地で出会い、二人とも 31 年と 32 年の会議で講演を行なっている（エラノス会議は翌 33 年に始まる）。この会議のときの模様をベイリーは、つぎのように述べている。

> アサジオリ博士の講演はアスコナ会議の最高の呼び物でした。彼はその後もフランス、イタリア、イギリスで講演し、彼を通して注がれる霊的なパワーは、多くの人を刺激して人生における新たな献身に向かわせる手段になりました。（ベイリー, 2010, p. 272）

アサジョーリはサイコシンセシスを科学的・心理学的な実践体系として打ち立てたが、そのなかに、彼が学生時代から親しんでいた東洋思想や、

神智学などの秘教の教えを取り入れ、統合したのである。ただし、アサジョーリにとって重要だったのは、スピリチュアリティの定式化や組織化といった形式的側面ではなく、個人の実存的でスピリチュアルな体験であり、治療や自己変容に用いることのできる実践的な教えのほうであった。

　第二次世界大戦による中断をはさみ（1940年にはアサジョーリは平和主義者のかどで投獄された）、戦後、アサジョーリはフィレンツェで活動を再開した。その後、彼の活動は、イギリス、フランス、アメリカへと広がっていき、1957年にはサイコシンセシス研究財団がアメリカで設立された。1930年代の二論文を収録した主著『サイコシンセシス』は最初この財団から1965年に刊行されている。1961年には「サイコシンセシス研究所」がフィレンツェで再開された。そして1960年代以降、イタリア国内だけでなく、世界各地にサイコシンセシス研究所がつくられていった（Gugginsberg Nocelli, 2017, chaps. 1–3; Hardy, 1987, chap. 1）。

　サイコシンセシスは自己実現のための体系であるが、それは心理療法だけでなく、当初より他の分野でも活用されている。アサジョーリは、人間を分離した個人ではなく関係的存在とみなしていたので、対人関係や社会集団や国家のためのサイコシンセシスを構想し、平和な国際社会の建設に強い関心を寄せていた。

　アサジョーリの第一の後継者は、トリノ出身でフィレンチェに拠点を置くピエロ・フェルッチである。第4章で述べたように、ローラ・ハクスリーはアサジョーリと知り合っており、ローラの甥のフェルッチがサイコシンセシスを発展させることになった。フェルッチの『内なる可能性』（Ferrucci, 1982）はサイコシンセシスの最良の入門書である。また、トランスパーソナル・セルフの実現にいたる多様な道を描きだすことは、アサジョーリが最後に試みようとして果せなかったプロジェクトであるが、フェルッチは『人間性の最高表現』（Ferrucci, 1990）のなかで、それを完成させている。

意識モデルと実践の枠組み

　サイコシンセシスは、ホリスティックな人間観にもとづき、人間の多次元性にかかわる実践理論である。サイコシンセシスには、卵形であらわされる意識の地図がある（図1）。

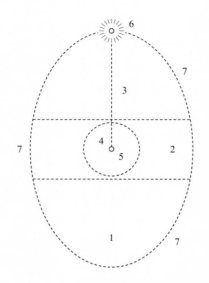

1. 下位無意識
2. 中位無意識
3. 上位無意識・超意識
4. 意識領域
5. 意識的自己
6. 高次の自己
7. 集合無意識

図1　意識の卵形図形（Assagioli, 1971, p. 17）

1　「下位無意識」（the lower unconscious）——身体的生命を方向づける心理的活動、衝動、抑圧されたコンプレックス、夢、精神病理をもたらす無意識。

2　「中位無意識」（the middle unconscious）——潜在意識、すなわち、意識領域へ容易に移行する部分、意識化される以前の精神活動。

3　「上位無意識」ないし「超意識」（the higher unconscious or superconscious）——高次の直観、インスピレーション、芸術や哲学や科学の源泉、利他的な愛のような高次感情、高貴な衝動、観照意識、至高経験など。

4　「意識領域」（the field of consciousness）——直接意識されている人

格領域。人格を構成する感覚、イメージ、思考、感情、欲望、衝動
などの流れ。

5　「意識的自己」（the conscious self）ないし「私」（I）——純粋な自己
意識、気づきの中心。人格を構成する内容（意識領域）とは異なる。
意識的自己は「パーソナル・セルフ」（personal self）とも呼ばれ、
またたんに「セルフ」と呼ばれるときもある。

6　「高次の自己」（the higher Self）——「スピリチュアル・セルフ」や
「トランスパーソナル・セルフ」とも呼ばれる。意識的自己の上方
にある不滅の真の自己、上位無意識の核心。意識的自己は高次の自
己の反映である。

7　「集合無意識」（the collective unconscious）——全体的な心理的環境。
個人の心理に浸透する。

　サイコシンセシスの過程は大きく「パーソナル・サイコシンセシス」と
「トランスパーソナル・サイコシンセシス」の二段階に分けられる。パー
ソナル・サイコシンセシスでは、下位無意識と意識領域をふくめた人格の
あり方をくわしく調べ、人格を構成しているさまざまな要素の支配から脱
同一化することを試みる。それとともに「意識的自己」（パーソナル・セ
ルフ）を発見し、その自己を中心として諸要素を統合し、それらをコント
ロールできるようにする。このようにして人格の再構成と、より完全な開
発がはかられる。つぎに、トランスパーソナル・サイコシンセシス（当初
は「スピリチュアル・サイコシンセシス」と呼ばれた）では、人格次元を
超え、上位無意識との結びつきをつくりだし、パーソナル・セルフと「高
次の自己」を統合することが目指される。このような二段階からなる枠組
みは、前章で示したホリスティック教育の方法原理と一致するものである。

サブパーソナリティ

　まずパーソナル・サイコシンセシスをとりあげる。ここで取り組まれる
のは「サブパーソナリティ」（subpersonalities）である。私たちは自分のこ

とを、分割不可能な一貫した存在だと思っているかもしれないが、それは
実際には多数のサブパーソナリティによって構成されている（平松, 2001;
Rowan, 1990）。私たちは、そのつどの状況に応じて優勢になるサブパーソ
ナリティに同一化し、それに支配されている。フェルッチはつぎのように
述べている。

> サブパーソナリティとは、パーソナリティの全領域のなかに、生の
> 多様性として共存している心理的衛星である。個々のサブパーソナリ
> ティは、それ自身のスタイルと動機をもっており、しばしば他とは著
> しく異なっている。……
> 　私たちは一人ひとりが群衆である。そこには、反逆者や知識人がい
> て、誘惑者や主婦がいて、怠け者や審美家がいて、組織家や美食家が
> いる——それぞれにそれ自身の神話があり、一人の人間のなかで、多
> かれ少なかれ居心地よく群れをなして存在している。それらが調和的
> 共存からほど遠いこともしばしばである。（Ferrucci, 1982, p. 47）

サイコシンセシスでは個々のサブパーソナリティをくわしく調べるが、
それをつうじてサブパーソナリティの特性を理解するとともに、サブパー
ソナリティから「脱同一化」する。

> 私たちは、あるサブパーソナリティを認知したら、その外側に出て、
> それを観察することができる。サイコシンセシスでは、この過程は脱
> 同一化（dis-identification）と呼ばれる。（p. 49）

私たちはたえず何らかのサブパーソナリティに同一化しており、サブパー
ソナリティが入れ替わっても、何かと同一化していることに変わりはない。
私たちがサブパーソナリティに同一化しているかぎり、サブパーソナリ
ティによって支配され、規定される。これに対し、サブパーソナリティか
ら脱同一化することによって、自己の中心に立ち返ることができる。アサ

ジョーリはこの重要な原則を、つぎのように定式化している。

> 私たちは自分が同一化しているあらゆるものに支配される。私たちは自分が脱同一化したあらゆるものを支配し、コントロールすることができる。（Assagioli, 1971, p. 22, 原文イタリック体）

　サブパーソナリティから脱同一化することによって、意識的自己（セルフ）を中心にして、サブパーソナリティを修正し、パーソナリティ全体に調和的な統合をもたらすことが可能になる。

> サブパーソナリティ・ワークの究極の目的は、自分自身のサブパーソナリティを深く知ることによって、セルフや中心の感覚を高め、その結果、多数のサブセルフが分裂し、争うかわりに、私たちが再度ひとつになるということである。（Ferrucci, 1982, p. 53）

意識的自己（セルフ）は、サブパーソナリティとは異なる次元にあり、それらに気づく観察者である。セルフはつねに存在しているが、「意識領域」（意識内容）への同一化のために、その存在が隠されている。

脱同一化とパーソナル・セルフ

　アサジョーリは、意識的自己を実現する方法として、身体感覚、情動や感情、欲望、精神などを内的に観察する「脱同一化」のエクササイズをあげている。アサジョーリはつぎのように述べている。

> これらの事実を証拠として、身体、感情、精神は、経験や知覚や行動の道具であることが示される。つまり、そうした道具は変化し、無常であるが、「私」によって支配され、訓練され、意図的に利用されることが可能である。「私」の本質は何かまったく異なるものである。「私」は単純で、変化することがなく、恒常的で、自己意識的であ

る。「私」の経験はつぎのように定式化することができる。「私は私である（I am I.）。純粋意識（pure consciousness）の中心である」。(Assagioli, 1971, p. 117)

ここでアサジョーリは、身体、感情、精神とは次元を異にする「私」（意識的自己、セルフ）に言及している。「私」は純粋意識（気づき）の中心であり、推移する意識内容に影響されることなく、恒常的に存在している。
　アサジョーリがつくりだした脱同一化のためのエクササイズは以下のとおりである。

　　からだを心地よいリラックスした状態にし、目を閉じます。それができたら、つぎのように言います。
　　私は身体をもっている。しかし、私は私の身体ではない。私の身体は健康や病気といった、いろいろな状態になる。休息がとれていたり、疲れていたりする。しかし、それは私のセルフ、真の「私」とは何も関係がない。私の身体は外の世界で経験したり行動したりするための貴重な道具である。しかし、身体はたんなる道具でしかない。私は身体を大切に扱う。よい健康状態を保つように心がけるが、身体は私のセルフではない。私は身体をもっている。しかし、私は私の身体ではない。
　　私は感情をもっている。しかし、私は私の感情ではない。感情は多様で、矛盾しあい、変化するが、私は希望や絶望、喜びや苦痛をもつときでも、いらだちや平静さの状態にあっても、私がいつも「私」のままであり、私のセルフであることを知っている。私は自分の感情を観察し、理解し、判断することができ、さらに徐々に感情を支配し、方向づけ、利用することができるので、そのような感情が私のセルフでないことは明らかである。私は感情をもっている。しかし、私は私の感情ではない。
　　私は欲望をもっている。しかし、私は私の欲望ではない。欲望は身

体的、感情的な衝動によって、あるいは外的な影響によって引き起こされる。また欲望は、惹きつけるものや嫌いなものが変わると、変化し、矛盾しあう。私は欲望をもっている。しかし、それらは私自身ではない。

　私は知性をもっている。しかし、私は私の知性ではない。私の知性はよく発達し、よく働いたり、それほどでなかったりもする。私の知性は訓練されていなくても、それを教育することができる。知性は内界と外界に関する知識の器官である。しかし、それは私のセルフではない。私は知性をもっている。しかし、私は私の知性ではない。

　「私」が意識の内容（感覚、感情、欲望、思考）から脱同一化したのち、私は純粋な自己意識の「中心」であることを認識し確信する。私は「意志」の「中心」であり、私のすべての心理的過程と身体を支配し、方向づけ、活用することができる。（pp. 118–119）

このエクササイズは短縮化すると以下のようになり、声に出して言ってもよい。

　私は身体をもっている。しかし、私は私の身体ではない。
　私は感情をもっている。しかし、私は私の感情ではない。
　私は欲望をもっている。しかし、私は私の欲望ではない。
　私は知性をもっている。しかし、私は私の知性ではない。

「私」は身体、感情、欲望、知性ではなく、それらから脱同一化することによって、はじめて純粋意識の中心として立ちあらわれてくる。アサジョーリは、さきのエクササイズに関連して、つぎのような問いをつけ加える。

　それなら、私はいったい何なのか。私の自己アイデンティティから、私の人格、私の自我をなす身体的、感情的、精神的内容を放棄したあ

とに、何が残るであろうか。それは、私自身の本質——純粋な自己意識と自己実現の中心である。それは私の個人的な生のたえず変化する流れのなかにあって、恒常的な要素である。それは私に、存在、永続、内的な確かさの感じを与えてくれる。私は、私のセルフを、純粋な自己意識の中心として認識し確信する。私はこの中心が静的な自覚をもつだけでなく、力動的な力をもっていることを認識する。それは、すべての心理的過程と身体を観察し、支配し、方向づけ、活用することができる。私は気づきと力の中心である。(p. 119)

　興味深いことに、このエクササイズは、ラマナ・マハルシが述べたことと同じである。前章でも少しふれたが、ラマナ・マハルシは『私は誰か』という小論の冒頭部分で「私は誰ですか」という問いかけに対して、「私」を構成している諸要素をすべて「私ではない」(I am not ....) と否定する。つまり、粗大身、それは私ではない。五つの知覚器官（聴覚、触覚、視覚、味覚、嗅覚）、それは私ではない。五つの能動的器官（言語器官、運動器官、理解器官、排泄器官、生殖器官）、それは私ではない。五つの生気、それは私ではない。考えごとをする心でさえ、それは私ではない。これにつづけて「もし私がこれらのものでないならば、私は誰ですか」という問いかけに対して、それらをすべて「これではない」(not this) と否定したあとに残る「気づき」(Awareness)——私はそれである、と答えている(Maharshi, 2009, pp. 36–37)。
　ラマナ・マハルシが言っている「ではない」という部分は、古代ウパニシャッドの哲人ヤージュニャヴァルキヤが用いた「そうではない」(neti)にまで遡るものである（湯田, 2000, p. 122）。アートマン（真我）は、何か限定できるものではなく、否定的に「ではない」「ではない」としか言えないのである。また、ヤージュニャヴァルキヤにおいて、アートマンは決して見られることのない（対象となるものではなく）「見ているもの」であるとされている。同様にアサジョーリがいう「純粋な自己意識の中心」としてのセルフも、見ているものとして存在している。

294

　アサジョーリの脱同一化のエクササイズは、フェルッチにおいては、気づきとしてのセルフを強調するものになっている（Ferrucci, 1982, pp. 66–67）。

1　あなたの身体に気づいてください。

　　しばらくのあいだ、あなたが意識することのできるあらゆる身体感覚に、ただ中立的に注意を向けてみます。何も変えようとしないでください。

　　たとえば、あなたの座っている椅子にあなたの身体がふれている感覚とか、足が地面についている感覚、皮膚に衣服がふれている感覚に気づいてください。

　　あなたの呼吸に気づいてください。

　　十分に身体感覚を調べたと感じたら、そこを離れて、つぎのステップに進みます。

2　あなたの感情に気づいてください。

　　いまあなたは、どんな感情を経験していますか。

　　あなたが生活のなかでくり返し感じる主要な感情は何でしょうか。明らかに肯定的なものと否定的なものを考えてみてください。愛といらだち、嫉妬とやさしさ、憂うつと高揚などです。

　　価値判断をしないでください。あなたのいつもの感情を、科学者が調査をするときのような客観的態度で眺めてください。

　　十分にできたら、そこから注意を移し、つぎのステップに進みます。

3　注意をあなたの欲望に向けてください。

　　さきと同じく公平な態度で、あなたの生活を動機づけている主要な欲望を調べてみます。あなたは、しばしばいずれかの欲望に同一化していることでしょう。しかし、いまはそれらの欲望を並べて、調べてみてください。

　　では欲望から離れて、つぎのステップに進みます。

4　あなたの思考の世界を観察します。

　　ある考えが浮かんできたらすぐ、つぎの考えが浮かんでくるまで、それを見てください。そのようにしてつづけます。何も考えていないと思っても、そのような思いもひとつの考えなのだということに気づいてください。あなたの意識の流れを、それが流れていくとおりに見てください。記憶、意見、ばかげた思い、議論、イメージといった流れです。

　　数分間これをつづけたら、この領域の観察も終わりにします。

5　あなたの感覚、感情、欲望、思考を見てきた者——観察者は、それが観察してきた対象と同じではありません。これらの領域を観察してきたのは誰でしょうか。それは、あなたのセルフです。セルフはイメージでも思考でもありません。セルフはこれらすべての領域を観察し、それらすべてと異なる本質です。そして、あなたはその存在です。声に出さずに、こう言ってください。「私はセルフである。純粋意識の中心である」。

　　約2分間、このことに気づくようにします。

　フェルッチのエクササイズは、仏教における四念処（ヴィパッサナー瞑想）や今日のマインドフルネスに近いものである。ただしフェルッチの場合には、気づく主体としての「セルフ」が明確に言及されている。セルフは「私たちの存在のもっとも基本的で、きわだった部分——言いかえると、中核」（p. 61, 原文イタリック体）である。

　　この中核は、私たちの人格を構成している要素（身体感覚、感情、思考など）のすべてとは、まったく異なる本性をもっている。その結果、それは統一する中心として働き、諸要素を方向づけ、それらに有機的な全体の統一をもたらすことができる。（p. 61）

　人格の「意識領域」を構成する身体感覚、感情、思考は、観察する意識

のなかでは、つねに変化するが、観察者であるセルフは変化することがない。「セルフは、私たちのなかにあって、永遠に同じでありつづける唯一の部分として定義することもできる」（p. 61, 原文イタリック体）。

トランスパーソナル・サイコシンセシス

　パーソナル・サイコシンセシスは、意識領域からの脱同一化をとおして、中心となるパーソナル・セルフを見いだし、それを軸にして人格の統合と自己実現を促進するものである。したがって、それは人格レベルにおいて非常に重要なプロセスである。

　しかし、サイコシンセシスには、さらにトランスパーソナル・サイコシンセシスの段階がある。それは上位無意識や高次の自己とのつながりを回復し、高次の自己に目覚めるということである。自己実現には人格レベルの自己実現に加えて、さらに高次な自己実現があり、サイコシンセシスはそれら両方を認めている。

　　　サイコシンセシスを他の多くの心理学的理解の試みから区別するものは、スピリチュアル・セルフと超意識の存在について私たちがとる立場である。それらは、フロイトによって非常にうまく記述された本能的エネルギーと同じほど基本的である。私たちは、スピリチュアルなものは人間の物質的部分と同じほど基本的だと考えている。（Assagioli, 1971, p. 193）

　フェルッチも、セルフを見いだしたのちに起こるプロセスについて、「いったん純粋意識（パーソナル・セルフ）が、個人的アイデンティティを構成し、それを埋めつくす通常の心理的諸要素から離れると、それは自然に、その源（トランスパーソナル・セルフ）へと上昇していく傾向がある」（Ferrucci, 1982, p. 69）と述べている。サイコシンセシスにおいては、パーソナル・セルフはトランスパーソナル・セルフと直接結びついており、その投影や影とみなされる。インド思想の言葉で言えば、トランスパーソ

ナル・セルフはアートマン（真我）に相当し、トランスパーソナル・サイコシンセシスは真我実現の過程にほかならない。

意志のはたらき

　アサジョーリは『意志のはたらき』という著書を残しているように、心理的機能のなかでは、とくに意志を重視していた。彼は「おそらくもっとも特徴的な点は、意志に対して置かれた強調であり、サイコシンセシスのなかで、それに中心的な位置が与えられているということである。意志はセルフの本質的な機能であり、あらゆる選択、決定、関与に不可欠な源である」（Assagioli, 1971, p. 5）と述べている。セルフには気づきという面に加えて意志の側面があり、この点がサイコシンセシスの大きな特徴である。セルフはただ気づくだけでなく、意志によって人格の諸要素を方向づけたり、調整したり、統合したりすることができる。心理的機能には、感覚、情動・感情、衝動・欲望、想像、思考、直観がふくまれるが、意志はそれらを超えてセルフに接している。

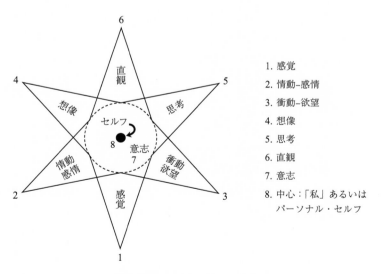

1. 感覚
2. 情動–感情
3. 衝動–欲望
4. 想像
5. 思考
6. 直観
7. 意志
8. 中心：「私」あるいは
　パーソナル・セルフ

図2　スターダイアグラム（Assagioli, 1974, p. 13）

この関係を示したスターダイアグラム（図2）について、アサジョーリはつぎのように述べている。

> 意志はダイアグラムの中心に位置し、意識的な「私」、すなわちパーソナル・セルフと直接にふれあっており、それらのあいだに密接なつながりがあることが示される。意志をとおして「私」は他の心理的機能に作用し、それらを調整し、方向づける。（Assagioli, 1974, pp. 12–13）

アサジョーリが意志をとりあげるのは、無意識的衝動や環境の影響を強調する決定論的な人間観に対し、人間の自由と主体性を強調するためである。また、セルフに意志のはたらきを認めることによって、人格や現実生活をただ観照するだけでなく、それらに積極的に関与する面が示されることになる。言いかえると、意志によって、みずから選んで対象に同一化することができるのである。アサジョーリによれば、意志にはパーソナル・セルフの意志として「強い意志」、「巧みな意志」、「善い意志」があり、さらにトランスパーソナル・セルフの意志として「トランスパーソナルな意志」がある。トランスパーソナルな意志とは、人間を超越へと導き、「宇宙的意志」とひとつになるものである。

ピエロ・フェルッチの集中講義

日本でサイコシンセシスの紹介に尽力されてきた内科医の平松園枝氏、および片桐ユズル氏の協力を得て、2010年9月に、ピエロ・フェルッチを客員教授（立命館大学大学院）として日本に招き、集中講義をしていただくことができた。以下は、講義を聴講していた村上祐介氏による講義記録である（フェルッチと村上氏の了解を得て収録する）。

*　　　　　*　　　　　*

講義は基本的に、まず、あるひとつのテーマについて、心理学、哲学、神話、逸話などから広範な知見を用いた説明が行なわれ、ついでフェルッ

チの誘導でワークが行なわれたのち、シェアリング、質疑応答という流れでなされた。また、どのような質問に対しても、「気になることは、そのときに聞くことが一番」というスタンスで受け止めてくださり、国内で行なわれる通常の講義よりも、参加者の質問への応答に多くの時間が費やされ、その見識と懐の深さが感じられた。

講義中のフェルッチと通訳の片桐ユズル氏

　第一日目のおもな内容は、（1）サイコシンセシス概論、（2）同一化と脱同一化、（3）意志、（4）サブパーソナリティであった。まず、自分の肩書や役割についてではなく、名前と、興味のあること、好きなこと、嫌いなことなど、何かひとつ自分についての話をするように促された。これと関連づける形で、限定的な自己イメージやふだんの役割から離れ、自分とは何かについての理解を得るという、サイコシンセシスの基本的な考えが紹介された。ついで卵形図形をもとに、下位無意識、中位無意識、セルフ、超意識など、サイコシンセシス理論における「心」のとらえ方が説明され、各意識レベルでの体験や記憶を想起するというワークが行なわれた。

　「同一化と脱同一化」では、プラトンの「魂」（soul）への言及が引用された。それによると、人間の魂は海の底に沈んだ彫刻のようなもので、陸に引きあげ、余計なものを取り除く必要があるという。そうすることによって、感情、記憶、経験、欲求などに同一化している自分から、それらにふり回されない、執着のない自分、すなわち、「私」の純粋な感覚（pure sense of *I*）を見つけることができるのである。

　さらに、フェルッチが、サイコシンセシスのアイディアにさえ同一化しないことが重要であること、すなわち、サイコシンセシスでさえ絶対的なものとみなさず、それ自体がドグマ的にならないことの重要性について話

したことは印象深かった。

　同一化と脱同一化については、円をイメージし、円の外でネガティブ感情と同一化したのち、円（セルフ）にもどり、つぎに、円の外でポジティブ感情に同一化したのち、再度円の中心にもどるというワークを行なった。ここでも、ポジティブ感情にさえ同一化しないという点が興味深かった。また、台風の目の真ん中が静かなように、センター（中心）で自分自身を発見するというとき、象徴的な中心をたんに頭のなかだけで理解するのではなく、身体の動作を伴って円に出入りし、同一化と脱同一化のサイクルを体験したことも、理解を助ける一因となったように思われる。

　「意志」については、（1）これまで意志を使えなかったり、他人にふり回されたりしたこと、（2）自分の意志を使ったこと、（3）もっと意志を使え、決断力がついていれば、どのような将来になり、何をしているか、ということについて内省するワークが行なわれた。（1）と（2）については、その結果どのようなことが起きたかをふり返るきっかけとなり、意志を行使すべきタイミングや、自分の進むべき道に対する意志のはたらきを再確認することとなった。

　一日目の最後は「サブパーソナリティ」についてのワークが行なわれた。サブパーソナリティとは、自分の存在を形成するさまざまな人格であり、それぞれが力をもち、支配しようとしあっているというものである。講義で実施されたワークでは、まず、他者と一緒にいるときの自分や、自分のおもな性格の側面についてふり返り、五つのサブパーソナリティを探しだした。その後、画用紙に大きな円を描き、それを六等分し、それぞれの領域に、イメージされるサブパーソナリティの欲求や感情を自由に書きだした。このとき、何かを書こうと思って書くのではなく、わきあがってくることを書くようにと指示があった。これは、それぞれのサブパーソナリティのもつポテンシャルについて考えるきっかけになるからである。また、さらに別のサブパーソナリティが自分自身のなかに存在しており、このワークが始まりにすぎないという意味で、六等分されたうちの一領域は空白のままにしておくように言われた。

二日目は、サブパーソナリティや同一化に関する質疑の時間がとられたのち、（1）超意識、（2）対立の統合、（3）ダンテの『神曲』がおもなテーマとなった。まず「超意識」では、外的な変化ではなく、内なる革命の重要性が語られた。それによって、本来私たちがもつ愛、自由、静けさ、遊び、喜び、調和といった特質を見つけだすことができるのである。超意識の中心は「トランスパーソナル・セルフ」、すなわち純粋な意識であり、いかなるドグマとも関係のないものであるが、人間の全体性を理解するには超意識を理解する必要がある。そのひとつの方法として、静寂のなか丘にある（特定の宗教的背景をもたない）寺院に一筋の光が入り込むというイメージワークが行なわれた。

　つぎに「対立の統合」では、光と闇、男性性と女性性、喜びと哀しみといった反対のものをいかに統合するのかという話に移り、幸せと哀しみが同居するモーツァルトの音楽がその一例として紹介された。また、人生は多面的であり、対立極の両方を許容できるようなスペースをもつことが重要であると言われた。このことについて受講生から、真善美の反対のものでさえ統合しなければならないのかという質問が出たが、フェルッチは「垂直方向における両極」（一方が善、もう一方が悪というように価値を扱うもの）と、「水平方向における両極」（男性性と女性性のように価値を扱わないもの）という考えを紹介し、まずは水平方向の両極を考え、統合するようにという回答であった。

　これに関して、愛や光といった、それ自身に支配されたいと思えるようなものからも脱同一化する必要があるのかという質問が受講生から投げかけられた。善、愛、光などに対するスタンスは、トランスパーソナル心理学やスピリチュアリティの問題を考えるにあたって看過できない重要なテーマであるように思われるが、フェルッチは、シャドーは誰にでもあり、その部分を受け入れていく必要があり、サイコシンセシスにおいては、どの側面も否定しないと話された。光が存在するから闇が存在し、闇が存在するから光が存在するように、一見すると相反する両極に対して統合的な立場をとることや、どちらかの極のみに固執しないことが、個の成長に

302

とって重要であることを認識する機会になった。

　対立の統合のワークとして、まず、自分のなかの葛藤や対立するペアをひとつ選び、一枚の紙を二分割したものに、それぞれのイメージを描いた。つぎに、教室の端と端にそれぞれの絵を置き、両端を行き来して、つねにもう片方のイメージを残したまま、行き着いた側のイメージと一体化し、最後に中央、すなわち、セルフにもどるという方法が紹介された。

　二日目の最後は、ダンテの『神曲』に関する講義だった。数十枚もの挿絵や写真をスライドで映しながら、『神曲』の概要や、それぞれの罪や罰が象徴する社会生活場面での出来事、ヴェルギリウス（ダンテの導き手）がクライエントの導き手として良いモデルであることなどが話された。アサジョーリは、この『神曲』が、サイコシンセシスが何であるかをよく表現していると語っていたそうである（邦訳『サイコシンセシス』pp. 320–324 参照）。

　三日目は、パーソナル・サイコシンセシスとトランスパーソナル・サイコシンセシスについての話があり、その後（1）関係性、（2）理想のモデル、（3）思考、（4）内なる叡智といったテーマが扱われた。まず「関係性」では、ソーシャルサポートや他者を許すことなどについての話があった。その後、自分にとって一番大切な関係のリストを作成し、そこから重要な5人を選び、画用紙に描いた五枚の葉のクローバーに、それぞれの関係がどのようなもので、どのような期待、身体感覚、やり残しなどがあるかについてイメージし、わきあがるものを描くというワークを行なった。また、二人一組で、絵から感じられたことをシェアする時間もとられた。フェルッチからは、ある関係性について、こんなふうであればとか、いまできることなどを思いついた場合、それを紙に書き出したり、投函しない手紙を書いたりするといった方法があることも紹介された。手紙を書くことにより、無意識的な変化が生じることもある、とのことであった。

　「理想のモデル」では、オスカー・ワイルドの物語が引用され、わるいイメージをすることで自分の人生を限定してしまうことになるという想像力の話がなされた。自分が発達させることのできる資質について、現実に

即した形で「つぎにこうなりたい」というような創造的な計画をくり返しイメージし、意識にのぼらせることの重要性が説かれ、また、現実に対する認識力が低い人に想像力のワークを用いるときのリスクについて説明があった。その後、自分がなりたいものや、発達させたいクオリティについて、視覚的、感覚的にイメージし、細胞のひとつひとつがそれをもっていることを想像するというワークが行なわれた。

「思考」については、meditation（瞑想）の語源であるという *metron* や、想像（imagination）と思考（thinking）の違いについて説明があった。また思考すること、自分の頭で考えることによって自尊感情が向上し、感情的な人は感情から離れることができるということが話された。思考のワークでは、たとえば「喜び」というトピックであれば、喜びと幸福の違いは何か、喜びに共通するものは何かというように、ひとつのトピックについてさまざまな角度から考え、小グループでシェアリングを行なった。

三日目の最後のテーマは「内なる叡智」であった。フェルッチは、人が抱える問題は、その問題が起こったのと同じレベルでは解決することが難しいため、問題の外に出て、内なる叡智に出会う必要があるという。内なる叡智からの答えは、期待していたような形で出てくるとはかぎらないし、ユーモアを伴っていたり、少し遅れてやってきたり、シンクロニシティのような形で外の環境から来たりすることもある。また、本物の答えには、アハー体験、喜び、状況や場面の転換といった特徴がふくまれることが説明された。その後、内なる叡智に関連する賢者を扱ったワークが行なわれた。

最終日は、（1）『オデュッセイア』、（2）美（beauty）がテーマだった。『オデュッセイア』は、英雄オデュッセウスが、故国へもどる途上でさまざまな困難を克服し、無事帰還するというストーリーで、妻ペネロピや息子テレマコスの苦悩、巨人サイクロプスとの遭遇などが描かれたギリシアの長編叙事詩である。フェルッチによれば、この作品は、家に帰る、すなわち、自分自身にもどるという「自分への旅」をモチーフにしたものであり、そのなかには元型的テーマが多くふくまれているという。紙面の都合

上、詳細は割愛するが、ダンテの『神曲』と同様、いくつものスライドにそって、登場人物やストーリーの展開に象徴されていることが解説された。一通りの解説が終わったあと受講生から思わず拍手が起こったように、フェルッチの巧みな解説によって、ストーリーの展開が非常にリアルに感じられたことが印象的であった。

　その後、スタディ・グループ（少人数によるグループ活動）の時間がとられ、ここまでの講義に対する疑問や意見がシェアされた。ここでも、脱同一化が感情から距離をとるという特徴をもっていることから、感情から切り離されることになるのではないか、また、感情から遠い人が多いように見受けられる日本の現状では、むしろ同一化が重要なのではないかなど、同一化と脱同一化に関する議論が行なわれた。フェルッチは、脱同一化を「冷たいものではなく、自由や空間が広がることとしてとらえてほしい」と答えていた。また、ポジティブ感情との同一化について、それ自体はすばらしいことかもしれないが、その感情は継続するわけではなく、感情が途切れたときに自分を見失うことになるため、そのとき「中心」にもどることができればよいのだ、と説明された。

　ここで中心とは「セルフ」を指していると思われるが、この点について『内なる可能性』には、脱同一化を無味乾燥なものと感じていた人が、脱同一化と同一化のプロセスを実際に行なってみて、以前より、自分で選択して同一化することができるようになったという体験報告が引用されている。これに対してフェルッチは、つぎのようにコメントしている。

　　この報告は、脱同一化が、自分で選択した場合は、私たちのどんな部分との同一化にも妨げにはならない事情を明らかに示しています。逆にこの能力は拡大できるのです。避けたいのは、パーソナリティのどの過程とでも、選ばずに、気づかないでいて、ずっと同一化してしまうことなのです。……反対にセルフに立ち還ることで、私たちは感情に再び息吹を与え、偏見を意見に変えることができるのです。（邦訳『内なる可能性』pp. 72–73）

すなわち、「セルフと同一化していれば、どんな意識内容でも観察し調整し方向づけ、超えることも容易なので」（p. 71）あり、感情や思考に対して、それを抑圧したり、無視したりするのではなく、十全に気づいてかかわることができるのである。込み入った議論はここでは避けたいが、脱同一化にせよ、同一化にせよ、「感情から距離をとる」といった局所的な理解だけでは不十分であることは言うまでもなく、感情表現の問題もふくめ、ワークをする人の特性をふまえた理論的、実践的な包括的理解が必要であると言える。

　最後のテーマは「美」に関するものであった。フェルッチによれば、アサジョーリの最後のプロジェクトとして、トランスパーソナル・セルフへいたるさまざまなスピリチュアルな道をまとめることがあったという。その道には、「瞑想」、「行動」（シュヴァイツァーやマザー・テレサなど）、「科学」（知識の道、アインシュタインなど）、「踊りと儀式」、「献身」、「意志」（英雄、危険なことをあえてすること）、「勇気」（リンドバーグなど）があり、「美」はそのひとつに位置づけられる。フェルッチによれば、美は簡単な道であるが、それを所有しようとしたり、それに執着してしまったりする危険があるという。美についての説明のあと、美を見つけるワークが行なわれた。まず二人組になり、それぞれの美の体験（これまでの体験でも、これから体験したいことでもよい）をよく聴きあった。そのあと、たがいに相手の内なる美（inner beauty）を感じ、イメージする時間をとり、わき起こったイメージを相手に伝えあった。

　フェルッチは講義の終盤に、スピリチュアルな道の美しさに目を向けてみてはどうだろうかと話していた。それは、甘く誘惑的な言葉で装飾され、見かけのきらびやかさを売りにする安易な自己成長ではなく、同一化と脱同一化、対立の統合といった内容に見られるように、善と悪、光と闇といった人間のあらゆる側面を見つめ、より包括的に、それらに取り組んでいく営みのなかに見いだされるものではないだろうか。サイコシンセシスそのものにさえ同一化しないと言い切るフェルッチから、本講義をとおして、その生きた哲学と、たえまない統合へのプロセスの一端を学べたよう

に思う。(以上、村上祐介)

イメージワーク

　ユング派にもアクティブ・イマジネーションという方法があるが、サイコシンセシスでも、イメージワークが重視されている。しかし、これはサイコシンセシスの技法がイメージワークだということではない。アサジョーリの主著『サイコシンセシス』の大半を占める第II部は技法編にあてられ、数多くの技法が紹介されている(たとえば、自伝、日記、質問紙、心理テスト、読書、身体運動、リラクゼーション、呼吸法、催眠、瞑想、音楽や芸術の活用、創造的表現、シンボルや言葉の活用、意志の訓練など)。重要なのは、各個人の特性に合わせ、さまざまな技法を有効かつ的確に用いることである。このことを確認したうえで、イメージワークについて述べることにする。アサジョーリはイメージの重要性については、つぎのように述べている。

　　イメージを喚起し創造するという厳密な意味でのイマジネーションの機能は、意識的および無意識的な側面やレベルの両方において、人間の心のもっとも重要で、自発的な活動的機能のひとつである。(Assagioli, 1971, p. 144)

　ここで「活動的機能」と言われているのは、「イメージや精神上の画像は、それらに対応する身体的状態や外的行為を生みだす傾向がある」(p. 144, 原文イタリック体)という意味である。イメージすることによって身体に変化が生じたり、行動に結びついたりするということである。それゆえアサジョーリは「イマジネーションの技法を実施することは、さまざまな機能の統合に向かう最良の方法のひとつである」(p. 144)としている。

　私は授業のなかで、パーソナル・サイコシンセシスに関しては、サブパーソナリティとインナーチャイルドのイメージワーク(「船と乗客」と

「家と子ども」)、トランスパーソナル・サイコシンセシスに関しては、「バラの園」「宇宙への旅」「山上の賢者」といったイメージワークを用いているが、これらはアサジョーリやフェルッチがつくったイメージワークを多少アレンジしたり、独自に考案したりしたものである。授業でイメージワークをするときには音楽を流し、あらわれたイメージを、あとでクレヨンを用いて絵に描いてもらっている。ゆるやかな音楽を用いるのは場の雰囲気を変え、イメージの世界に入りやすくするためであり、ドローイングを行なうのは、イメージが非言語的で感情を帯びているため、色や形でイメージを表現し、感情を解放するためである。また絵にすることによってイメージが記録され、それを見ることによって、いつでもイメージを呼びもどすことができる（なお以下では、授業のなかで、大学2-4年生が描いた絵を紹介する）。

　イメージは準感覚的なものであり、イメージをするときは、五感でイメージするようにする。視覚イメージだけでなく、音（聴覚）や肌の感触（触覚）、味覚や嗅覚や運動感覚といったものもイメージにふくまれる。したがって、イメージ誘導のなかでは、いろいろな感覚にかかわる言葉を織りまぜるようにしてある。個々のイメージワークは10分程度にしてあり、長いものでも15分くらいである。私の経験では、あまり時間が長いと、集中が途切れてしまい、眠気にのみ込まれることにもなる。そのためイメージ誘導の言葉はなるべく簡潔なものにしている。イメージをするときには、最初から最後まで誘導の言葉に忠実に従おうと努力するのではなく、リラックスし、受け身になり、イメージが生じたら、それが自然に展開していくのを許すようにする。なおイメージをしていて調子がわるくなるようなら、いつでも中断してよいと伝えておく（実際にはそのようなことは起こっていない）。

　イメージに登場する場所は海辺や森や高原など、自然が豊かな場所が多い。サブパーソナリティのイメージワーク「船と乗客」は、フェルッチが授業のなかで行なったものである。イメージの最後で丘（高いところ）に登るのは、そうすることによってサブパーソナリティが本来の資質を見せ

るからである。インナーチャイルドのイメージ「家と子ども」では、家が登場するが、家や建物のなかは無意識をあらわしている。インナーチャイルドは下位無意識の生命力と感情をあらわすが、抑圧され忘れられていることが多いので、小さな子どもをイメージし、その子どもと親しくなることによって、下位無意識とのつながりを回復するようにする。バラや賢者や宇宙はトランスパーソナルなイメージである。バラは伝統的に魂や高次の自己のシンボルとされている。バラが花開くイメージは、ハートが開くことを意味し、愛のエネルギーを活性化する。花のつぼみのイメージをすることによって、私たちの本質が内からあらわれてくる過程をイメージすることができる。

　「山上の賢者」では、山へと登ることになるが、上へ向かっていくイメージは、上位無意識のなかを高次の自己に向かって上昇していくことを意味する。山の高さは、イメージする人の心理的水準（制限）を反映しているので、上位無意識に到達するために、あえて高い山をイメージする。頂上で出会われる賢者はトランスパーソナル・セルフを象徴している。トランスパーソナル・セルフに結びつくために賢者と対話をしてみる。ほかのイメージでもそうだが、「内なる対話」はイメージワークのなかで重視していることである。イメージや絵は、意識のさまざまな次元とのつながりをつくりだすために役立てられる。そのため、描いた絵は目につくところに貼りつけておき、イメージのなかの登場人物と対話をつづけるとよい。「宇宙への旅」では、地上に制約された視点を超え、鳥の視点を得て宇宙空間にまで上昇し、宇宙とひとつになる。これは宇宙意識のイメージである。

　また、サイコシンセシスにはふくまれていないが、私はソマティック・エクササイズのなかでも、ボディ・イメージを取り入れている。江戸時代の白隠禅師（1686–1769）が『夜船閑話』のなかで伝えている「軟酥の法」（鎌田, 1982）を行なってみて、それを絵に描くことをする。「軟酥の法」は、禅病で苦しんでいた白隠が、京都白河の山中に住む白幽子という仙人から学んだ観想法である。これは、頭上に鴨の卵くらいの大きさで、

色や香りが清浄な軟酥が乗っていて、それが体温によって溶けて流れだし、その液が頭全体を潤し、さらに肩から腕、胸から腹にかけて流れ落ち、内臓にもしみ込みわたり、脚を温め、身心を治していくというイメージである。「軟酥の法」はボディ・スキャンと組み合わせて行なったりすることもできる。またワークをする前後で身体の絵を描いて、違いを知ることもできる。

　イメージワークは、問題解決、癒し、イメージ療法、学習、スポーツ、演技など、さまざまな分野で用いられているが、サイコシンセシスにおいては特定の効果を求めるのではなく、自己探究や自己理解のために用いられる（サイコシンセシスの CD には、平松園枝「心の別荘」シリーズがある）。

「船と乗客」

　椅子にふれているからだを感じてみます。背中を立てて、まっすぐに座ります。ゆったりと呼吸をします。息をするたびにリラックスしていきます。目は閉じても、少し開けていてもかまいません。

　いまあなたの目の前には海が見えます。海の手前には港が見えます。その風景を眺めてみてください。どんな海でしょうか。海からは風が吹いてきているかもしれません。潮の香りもします。

　港の桟橋には大きな船がついています。あなたはいま船の近くまで行ってみます。それはどんな船でしょうか。船を眺めていると、なかから人が出てきます。つぎつ

学生が描いたイメージ1「船と乗客」

ぎにいろんな人が降りてきます。あなたはそれらの人を眺めます。そのなかには気になる人もいます。それらの人を覚えておきます。桟橋には船を降りた人たちが集まっています。あなたは自分の気になった人たちを探してみます。そして一番気になる人の前にやってきます。

　この人がどんな人なのか、よく見てください。その姿や顔や表情を見ます。この人としばらく話をしてみることにします。その人がどんな人なのかを尋ねてみます。何をしているのか、どこから来たのかなど、どんなことでもかまいません。この人のことを知るようにします。

　二人で桟橋を離れ、港の近くにある小高い丘の方へと歩いていきます。一緒に丘を登ります。丘の上までくると、そこにあるベンチに座ります。そこからは海と船が見えます。丘を登ると、この人の印象が何か変わったでしょうか。ベンチに座っているこの人を見てください。いまはどんな人に見えますか。

　この人とはまたいつでも会うことができますので、いったんお別れの挨拶をします。

　あなたの座っている椅子をよく感じてみます。少し足先を動かしてみます。手の指を動かしてみます。背中から首、頭、顔を感じて、目に少し力をもどして、自分のペースで、ゆっくりと目を開けていきます。

「家と子ども」

　椅子にふれているからだを感じてみます。背中を立てて、まっすぐに座ります。ゆったりと呼吸をします。息をするたびにリラックスしていきます。目は閉じても、少し開けていてもかまいません。

　いまあなたの目の前には一軒の家が見えます。その家をよく眺めてください。どんな家でしょうか。家の形や色を見てください。その家は何でできていますか。家のまわりを歩いてみます。何が見えるでしょうか。まわりには、ほかの家、道、木、川などがあるかもしれません。そこは町中でしょうか。田舎でしょうか。それとも森のなかでしょうか。聞こえてくる音を聞いてください。いろんなものにふれてもかまいません。少し家のま

わりを歩き回ってみます。

　では、これから家のなかに入っ
ていきます。家の前にもどってき
てください。玄関から扉を開け
て、なかに入っていきます。玄関
のなかはどうなっていますか。廊
下が見えますか。家のなかに入っ
てみてください。部屋はたくさん
あるでしょうか。広い部屋でしょ
うか。いろんな部屋を見てみま
す。部屋のなかはどうなっていま
すか。どんなものがありますか。
それにさわってみてもかまいませ
ん。二階があれば、行ってみま
す。家のなかを探検してみます。

学生が描いたイメージ２「家と子ども」

　すると、いまあなたの目の前に小さな子どもが姿をあらわします。その
子どもをよく見てください。顔の表情、髪型、目、手、服装……。その子
どもは何かしているでしょうか。どんな気持ちでしょうか。楽しそうにし
ていますか。喜んでいますか。さみしそうでしょうか。ふてくされていま
すか。怒っていますか。

　では、この子どもと少し話をしてみます。あなたから話しかけてみてく
ださい。「こんにちわ」「いま何をしているの」「どんな気持ちなの」など、
何でもかまいません。この子どもとしばらくのあいだ話をすることにしま
す。子どもが何も話さなくても、子どもと一緒にいてあげます。

　子どもに何かしてもらいことがあるか、たずねてみてください。「いま
何かしてもらいたいことありますか」と聞いてみます。そして、その望み
をかなえてあげてください。あなたは何でもしてあげることができます。
望みはいくつでもかまいません。子どもが満足するまでつづけてください。

　では、今日はここで、この子どもと別れることにします。この子どもと

はいつでも会うことができますから、いったん別れの挨拶をします。別れの挨拶がすんだら、子どもから離れていきます。そして家から外へと出ます。

　それでは、あなたの座っている椅子をよく感じてみます。少し足先を動かしてみます。手の指を動かしてみます。背中から首、頭、顔を感じて、目に少し力をもどして、自分のペースで、ゆっくりと目を開けていきます。

「バラの園」

　椅子にふれているからだを感じてみます。背中を立てて、まっすぐに座ります。ゆったりと呼吸をします。息をするたびにリラックスしていきます。目は閉じても、少し開けていてもかまいません。

　では、これからバラの園に行ってみることにします。

　いまあなたの目の前には、とても美しい庭があります。あなたは、その入口をくぐりぬけて、庭のなかに入っていきます。これまでに見たこともないような美しいところです。あなたは庭のなかを歩いてみます。いろんな花が咲いています。その美しい色を眺めてみます。その心地よい香りをかいでみます。葉や茎にもふれてみます。

　庭のなかを歩いていくと、その真ん中にバラの木があります。そのバラの木の前まで行ってみます。そのバラの木をよく見てください。花びらがどんな色をしているのか、どんな形をしているのか、よく見てみます。その匂いをかいでみます。

　そのバラの木の枝の先には、つぼみの花があります。あなたは、そのつぼみを眺めます。あなたが見つめていると、つぼみがゆっくりと開きはじめます。花びらが一枚一枚ゆっくりと開いていきます。花びらは光に照らされて、美しく輝いています。とてもいい香りがしてきます。バラの中心を見つめていると、そこに何か見えるかもしれません。それはどんなものでしょうか。

　あなたがバラに見とれていると、あなたのハートも花開いていきます。花びらが開いていくにつれ、あなたのハートのつぼみも開いていきます。

あなたはいま、自分が花開いていくのを感じています。あなたのハートがゆっくりと開いていきます。

とてもいい香りがただよってきます。あなたの香りがバラの香りと混じりあって広がっていきます。あなたの足からも根が伸びて、バラの根とつながっていきます。あなたはいまバラとひとつになっています。その美しい庭にある草花とひとつにつながっています。

しばらくのあいだ、このやすらぎと豊かさを感じてみます。

学生が描いたイメージ3「バラの園」

あなたの座っている椅子をよく感じてみます。少し足先を動かしてみます。手の指を動かしてみます。背中から首、頭、顔を感じて、目に少し力をもどして、自分のペースで、ゆっくりと目を開けていきます。

（邦訳, アサジョーリ『サイコシンセシス』pp. 325–326, フェルッチ『内なる可能性』pp. 184–185, ホイットモア『喜びの教育』pp. 324–325 参照）

「山上の賢者」

椅子にふれているからだを感じてみます。背中を立てて、まっすぐに座ります。ゆったりと呼吸をします。息をするたびにリラックスしていきます。目は閉じても、少し開けていてもかまいません。

では、これから山に登っていきます。

あなたはいま谷にいます。夏の朝です。緑がとても豊かな谷です。草花が咲き乱れています。小川が流れていて、水の音が聞こえてきます。さわやかな風を感じます。

　谷から上を見あげると，とても高い山が見えます。山の中腹は雲に隠れています。頂上が見えます。あなたはこの山に向かって歩きはじめます。山のふもとにつづく森に入っていきます。森のなかは涼しく、ひんやりとしています。落ち葉や小枝を踏みしめる感触が伝わってきます。森のなかの山につづく道を歩いていきます。

　その道はしだいに坂道になってきます。はじめはおだやかな道です。そして、しだいに急な坂道になってきます。あなたはとても身軽に登っていくことができます。どんどん登っていきます。まわりの木も少なくなってきます。草原に出ます。草原のなかを進んでいきます。草原を通り抜けると、岩がゴロゴロとした山道がつづいています。あなたは岩に手をかけながら、どんどん登っていきます。とても身軽に登っていくことができます。

　すると、あたりに霧がたちこめてきます。あなたはいま雲のなかに入っていきます。少し涼しく感じます。周りはよく見えませんが、岩に手をかけて、どんどん登っていきます。霧が晴れて、雲の上にまで出てきます。あたり一面が晴れ渡っています。空がとても青く透き通っています。空気はすみきっていて、とても気持ちがいいです。

　あなたがさらに登っていくと、頂上が近づいてきます。もうすぐ頂上にたどりつきます。あなたはいま山の頂上にまでやってきました。あたりを見回してみます。遠くの山々、谷や森が見えます。いま登ってきた道が見えます。遠くに川や海が見えるかもしれません。いまあなたはとても高いところにいます。

　頂上にはひとつの建物がありま

学生が描いたイメージ4「山上の賢者」

す。ひっそりと静まっています。あなたはその建物の方に向かって歩いていきます。目の前に建物があります。そして扉を開けてなかに入っていきます。建物のなかは静まりかえっています。部屋の真ん中に光が差し込んでいるところがあります。あなたはそこまでいき、光のなかに立ちます。

　すると、あなたの前に、ひとりの人物が姿をあらわします。その人はどんな人でしょうか。その人は智恵と愛にみちあふれています。あなたは、その人に話しかけます。何か聞きたいことがあれば、質問をしてみます。どんなことでもかまいません。聞いてみてください。その人は、やさしく答えてくれます。あなたは答えに耳を傾けます。しばらくのあいだ対話をつづけます。

　この人とはまたいつでも会うことができるので、いったん別れることにします。この人と別れの挨拶をします。挨拶がすんだら、入ってきた扉から建物の外に出ます。すみきった青空と太陽の光を目にします。とてもすがすがしい感じがします。

　では、この部屋にもどってきます。足先を少し動かしてみます。手の指を動かしてみます。背中から首、頭、顔を感じて、目に少し力をもどし、自分のペースでいいので、ゆっくりと目を開けていきます。

（邦訳, フェルッチ『内なる可能性』pp. 206–208, 332–333, ホイットモア『喜びの教育』pp. 314–316, 326–328 参照）

「宇宙への旅」

　椅子にふれているからだを感じます。背中を立てて、まっすぐに座ります。ゆったりと呼吸をします。いろんな思いや考えが出てきても、そのままにしておきます。目は閉じても、少し開けていてもかまいません。

　では、これから遠くまで旅をしてみることにします。

　あなたはいま自分が鳥になったところをイメージします。どこまでも高く飛べる鳥です。タカ、ワシ、カモメ、フェニックスのような想像上の鳥でもかまいません。鳥になって上空を舞います。視界が広がります。下を見ると、山、森、草原、川、湖、海などが見えます。目の前には雲や空が

見えます。気流の鳴る音が聞こえます。心地よい風が肌にふれます。

　自分がいる町を上から眺めてみます。建物や道路、公園や学校が見えます。町に近づくと、自分が生活している場所が見えます。知っている人も見えます。自分がいつもしていることが見えます。

　では、そこから高度をあげていきます。高く昇っていくと、都市やまわりの平野や山々が見えてきます。さらに上昇していくと、日本の島々の輪郭が見えてきます。そしてさらに上昇していくと、海

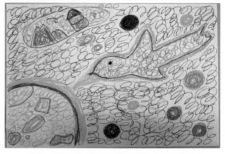

学生が描いたイメージ5「宇宙への旅」

や大陸が見えてきます。さらに昇っていきます。すると地球の姿が見えてきます。青い地球が目のなかに見えます。

　では、向きを宇宙の方に向けて、地球から離れていきます。いまあなたは宇宙のなかを飛んでいます。ほかの惑星が近づいてきます。惑星の側を通りすぎます。はてしない宇宙のなかを漂っていきます。何が見えるでしょうか。どんな音が聞こえるでしょうか。肌の感触はどうでしょうか。しばらくのあいだ宇宙のなかを自由に飛んでいきます。

　あなたの前方に小さな光が見えてきます。その光に向かって近づいていきます。近づいていくと、目の前に地球が見えてきます。いまあなたは地球に向かってもどっています。あなたの目の前には、青く輝く地球が大きく見えてきます。この地球に向かって降りていきます。大陸や海が見えます。日本の島も見えてきます。あなたがいる町が見えてきます。どんどん降りていきます。あなたの目の下には、あなたがいまいる建物が見えてきます。部屋のなかにいる自分の姿が見えてきます。そこに向かって舞い降

りていきます。宇宙を旅してきたあなたが地上のあなたとひとつに溶け合います。その感じを味わってみてください。鳥になって見たことは、すべてあなたのなかに吸収されていきます。

　ゆっくりとこの部屋にもどってきます。少し足先を動かしてみます。手の指を動かしてみます。背中から首、頭、顔を感じて、目に少し力をもどして、自分のペースでいいので、ゆっくりと目を開けていきます。

（邦訳, フェルッチ『内なる可能性』pp. 324–325 参照）

謝　　辞

　村上祐介氏（桃山学院教育大学）はピエロ・フェルッチの講義録を快く提供してくださった。また、平松園枝氏は本章の原稿を読んで貴重な助言をくださった。ここに記してお二人に感謝を申しあげる。

[文献]

Assagioli, R. (1971). *Psychosynthesis: A manual of principles and techniques.* New York: The Viking Press.（初版 1965）（アサジョーリ『サイコシンセシス——統合的な人間観と実践のマニュアル』国谷誠朗, 平松園枝訳, 誠信書房, 1997.）

Assagioli, R. (1974). *The act of will.* Harmondsworth, UK: Penguin Books.（アサジョーリ『意志のはたらき』国谷誠朗, 平松園枝訳, 誠信書房, 1989.）

Assagioli, R. (2007). *Transpersonal development: The dimension beyond psychosynthesis.* Findhorn, UK: Inner Way Productions.（原著初版 1988）

ベイリー、A.（2010）『未完の自叙伝』高橋孝子, 土方三羊訳, AAB ライブラリー.

Bayda, E. (2009). *Zen heart: Simple advice for living with mindfulness and compassion.* Boston: Shambhala.

Bennett, J. G. (1994). *Deeper man.* Santa Fe, NM: Bennett Books.（初版 1978）

Bennett, J. G. (2010). *Energies: Material-vital-cosmic.* Petersham, MA: J. G. Bennett Foundation.（初版 1964）

Brooks, C. V. W. (1982). *Sensory awareness: The rediscovery of experiencing.* Santa Barbara, CA: Ross-Erikson.（初版 1974）（ブルックス『センサリー・アウェアネ

ス——「気づき」自己・からだ・環境との豊かなかかわり』伊東博訳, 誠信
書房, 1986.）

Brown, M. Y. (1983). *The unfolding self: Psychosynthesis and counseling*. Los Angeles: Psychosynthesis Press.（ブラウン『花開く自己——カウンセリングのための サイコシンセシス』国谷誠朗, 平松園枝訳, 誠信書房, 1999.）

Brown, M. Y. (1993). *Growing whole: Self-realization on an endangered planet*. New York: HarperCollins.

de Mille, R. (1976). *Put your mother on the ceiling: Children's imagination games*. Harmondsworth, UK: Penguin Books.

Feldenkrais, M. (1977). *Awareness through movement: Health exercises for personal growth*. New York: Harper & Row.（フェルデンクライス『フェルデンクライス 身体訓練法——からだからこころをひらく』安井武訳, 大和書房, 1982.）

Ferrucci, P. (1982). *What we may be: Techniques for psychological and spiritual growth through psychosynthesis*. Los Angeles: Jeremy P. Tarcher.（フェルッチ『内なる可 能性』国谷誠朗, 平松園枝訳, 誠信書房, 1994.）

Ferrucci, P. (1990). *Inevitable grace: Breakthroughs in the lives of great men and women: Guides to your self-realization*. Los Angeles: Jeremy P. Tarcher.（フェルッチ 『人間性の最高表現——その輝きを実現した人びと』上下, 平松園枝, 手塚郁 恵訳, 誠信書房, 1999.）

Ferrucci, P. (2009). *Beauty and the soul: The extraordinary power of everyday beauty to heal your life* (V. R. Ferrucci, Trans.). New York: Jeremy P. Tarcher/Penguin.

Firman, J., & Gila, A. (2002). *Psychosynthesis: A psychology of the spirit*. Albany, NY: State University of New York Press.

Frager, R. (Ed.). (1994). *Who am I?: Personality types for self-discovery*. New York: G. P. Putnam's Sons.

Fromm, E. (1993). *The art of being*. London: Constable.（フロム『よりよく生きると いうこと』小此木啓吾監訳, 堀江宗正訳, 第三文明社, 2000.）

Fugitt, E. D. (1983). *"He hit me back first!": Creative visualization activities for parenting and teaching: Self-esteem through self-discipline*. Rolling Hills Estates, CA: Jalmar Press.（フューギット『子どもと親と教師のためのやさしいサイコシン セシス』平松園枝, 手塚郁恵訳, 春秋社, 1992.）

グラバア俊子（2000）『新・ボディワークのすすめ——からだの叡智が語る私・ いのち・未来』創元社.（初版 1988）

グラバア俊子（2013）『五感の力——未来への扉を開く』創元社.

Guggisberg Nocelli, P. (2017). *The way of psychosynthesis: A complete guide to origins, concepts, and the fundamental experiences with a biography of Robert Assagioli* (E. Seagraves, Trans.). Lugano, Switzerland: Author.（私家版）

Hardy, J. (1987). *A psychology with a soul: Psychosynthesis in evolutionary context*. London: Arkana, Penguin Books.

Hart, T. (2014). *The four virtues: Presence, heart, wisdom, creation*. New York: Simon & Schuster / Hillsboro, OR: Beyond Words.

平松園枝（1989）「心の別荘」［CD］, 1「草原」, 2「木もれ陽」, 3「朝焼けの海」, Epic/Sony Records（現在の取扱先, ジョイファンデーション）

平松園枝（2001）『好きな自分、嫌いな自分、本当の自分――自分の中に答えが見つかる方法』大和出版.

平松園枝（2011）『サイコシンセシスとは何か――自己実現とつながりの心理学』トランスビュー.

伊東博（1999）『身心一如のニュー・カウンセリング』誠信書房.

Jacoby, H. (1983). *Jenseits von 'Begabt' und 'Unbegabt': Zweckmässige Fragestellung und zweckmässiges Verhalten: Schlüssel für die Entfaltung des Menschen* (2 Auflage, S. Ludwig, Hrsg.). Hamburg: Christians Verlag. (Jacoby, *Beyond 'gifted' and 'ungifted': Asking appropriate questions and appropriate behavior: The key to unfold the human being's capacities*, A. Brewer & S. George, Trans. Bloomington, IN: Xlibris, 2018.)

鎌田茂雄（1982）『白隠 夜船閑話・藪柑子』講談社.

Littlewood, W. C., & Roche, M. A. (Eds.). (2004). *Waling up: The works of Charlotte Selver*. Bloomington, IN: Author House.（セルバー『センサリーアウェアネス――つながりに目覚めるワーク』齊藤由香訳, ビイング・ネット・プレス, 2014.）

Lowen, A. (1990). *The spirituality of the body: Bioenergetics for grace and harmony*. New York: Macmillan.（ローエン『からだのスピリチュアリティ』村本詔司, 国永史子訳, 春秋社, 1994.）

Maharshi, S. R. (2009). *The collected works of Ramana Maharshi* (11th ed.). Tiruvannamalai, India: Sri Ramanasramam.（オズボーン編『ラマナ・マハルシの言葉』柳田侃訳, 東方出版, 1996.）

McKenna, M. (1977). *The serenity book: Sensory awareness training and how it can change your life*. New York: Rawson Associates Publishers.

Nhat Hanh, T., & Vriezen, W. (2008). *Mindful movements*［DVD］. Berkeley, CA: Parallax Press.

Oaklander, V. (1988). *Windows to our children: A Gestalt therapy approach to children and adolescents*. Highland, NY: The Center for Gestalt Development.

Perls, F., Hefferline, R. F., & Goodman, P. (1951). *Gestalt therapy: Excitement and growth in the human personality*. New York: Dell.

Riso, D. R., & Hudson, R. (1999). *The wisdom of the enneagram: The complete guide to psychological and spiritual growth for the nine personality types.* New York: Bantam Books.（リソ & ハドソン『新版 エニアグラム 基礎編——自分を知る 9 つのタイプ』『エニアグラム 実践編——人生を変える 9 つのタイプ活用法』二分冊, 高岡よし子, ティム・マクリーン訳, KADOKAWA, 2019.）

Rowan, J. (1990). *Subpersonalities: The people inside us.* London: Routledge.

Selver, C., & Brooks, C. V. W. (2007). *Reclaiming vitality and presence: Sensory awareness as a practice for life: The teachings of Charlotte Selver and Charles V. W. Brooks* (R. Lowe & S. Laeng-Gilliatt, Eds.). Berkeley, CA: North Atlantic Books.

Stevens, J. O. (1989). *Awareness: Exploring, experimenting, experiencing.* London: Eden Glove Editions.（スティーブンス『気づき——ゲシュタルト・セラピーの実習指導書』岡野嘉宏, 多田徹佑, リード恵津訳, 社会産業教育研究所, 1982.）

高橋和子, からだ気づき教育研究会監修（2004）『からだ——気づき学びの人間学』晃洋書房.

Williams, M., & Penman, D. (2011). *Mindfulness: An eight-week plan for finding peace in a frantic world.* New York: Rodale.（ウィリアムズ & ペンマン『自分でできるマインドフルネス——やすらぎへと導かれる 8 週間プログラム』佐渡充洋, 大野裕監訳, 創元社, 2016.）

Whitmore, D. (1986). *Psychosynthesis in education: A guide to the joy of learning.* Rochester, VT: Destiny Books.（ホイットモア『喜びの教育——サイコシンセシス教育入門』手塚郁恵訳, 平松園枝解説, 春秋社, 1990.）

湯田豊（2000）『ウパニシャッド——翻訳および解説』大東出版社.

第7章　いじめについて

　最後に本章では、日本の教育において深刻な問題になっている「いじめ」について考察をする。この短い章のなかで述べられることは決して多くはないが、論点を絞って考えてみる。

1　暴力的世界に生きる

　いじめは社会に広がる暴力のひとつであり、日本の社会に特有とも言える暴力形態である。いじめは、子どもの集団だけでなく、閉鎖的な集団が形成されるところでは、どこでも起こりうる。

　人類の長い歴史のなかで、暴力のない社会はおそらく存在したためしがないであろう。暴力は姿形を変えて、どんな社会にもあらわれる。強い者が弱い者を支配し抑圧するなかで、暴力的構造が生まれてくる。現代社会のなかにも暴力は蔓延している。暴力は社会のなかだけでなく、個々の人間のなかにも存在している。個人の場合には、それは性格や行動、心身の疾患などにあらわれる。社会のなかに生きる私たちは、たがいの自我をめぐる権力闘争にあけくれ、そのなかで蓄積された負の否定的感情を、他者や自分自身に対して暴力として放出する。これは人間の社会において避けがたいことであるように思われる。

　しかし、人間の暴力性を認めたからといって、決して暴力を受け入れてよいわけではない。困難を承知のうえで、社会や個人のなかに潜んでいて見えにくい暴力を明るみにだし、人間性や社会を改善し、暴力を超えていくための努力を惜しむべきではない。実際、これまで無数の人たちが暴力問題の改善に取り組んできたはずである。

　いじめの問題に対しても、私たちはその改善に向けて最大限の努力をし

なくてはならない。しかし同時に、私たちはたえず暴力のなかで生きてい
かなくてはならないという現実を認識しておく必要がある。制度的な取り
組みとは別に、暴力的世界のなかで一人ひとりがいかに生きていくのかと
いう実存的課題がある。本章では、この問題をとりあげてみたい。

2　日本的集団の特性

　いじめは日本社会の集団的構造のなかで発生し、深刻化する暴力現象で
ある。日本では強力な一神教的伝統がないため、絶対者との垂直的関係の
なかで個人が確立されるといった形の個人主義は成立しない（作田, 1996,
p. 37）。そのかわり、日本人は集団を自分の拠り所とする。集団に溶け込
み、集団意識を自分のなかに取り入れ、相互に依存しあう関係を足場とし
て自分を成り立たせる。日本人にとって所属集団は何にもまして重要な存
在である。集団に受け入れてもらわなくてはならない、人から嫌われては
ならない、人を喜ばせなければならないといった強迫的な衝動は、多くの
人たちの意識を規定している。集団に受け入れられるかどうかが自己の存
在の命運を握るので、大半の人が集団の価値基準に合わせた同質の存在に
なるように努力し、それと同じことが集団内の他者に対しても暗黙のうち
に強要される。それによって集団としての凝縮力が高まり、集団全体の能
力が発揮されることになる。

　集団の能力が高いというのはポジティブな面であるが、その一方で、日
本的集団は構造的にいじめを生みだすことになる。日本的集団のなかでは、
権力は集団の側に付託されているので、匿名の他者が主導権を握っている。
それに対して個人は弱い存在でしかなく、つねに他者の圧倒的な力にさら
される。集団のなかで生きるのは、安心や安全を確保することだけにとど
まらず、つねに他者からの評価や圧力にさらされながら生きていくことを
意味する。

　日本の学校では、個人の力を鍛えることや、個人の欲求を明確にするよ
うな取り組みは少ない。むしろ反対に、クラスのまとまりや、友だちとの

きずな、助け合う関係といった日本的集団の価値観が優先される。たしかにそのような価値観は否定されるものではないが、その場合には、子どもは集団的性格を身につけ、集団意識のもとで生活することになる。自分の存在を集団にゆだねていると、子どもにとって人とのつながりは、支えになると同時に潜在的な脅威にもなる。どの子どもも、いじめの対象となる恐怖を潜在的に抱きながら、集団に順応することになる。

　何らかの事情で、子どもに蓄積されている負の感情がクラスのなかに放出され、それが特定の誰かに向けられると、いじめが発生する。集団のなかにあるとき、いじめを受ける被害者には逃げ場はなく、恐怖と苦痛がもたらされる。いじめには排除の構造があるが、いじめられる側は排除されるという形で、集団の歪んだ秩序のなかに組み込まれる。とくに自分の支えが集団にしかない場合には、そこから逃走することは容易ではない。それゆえ、たとえいじめられても、それを隠したりすることになる。被害者にとって、そのような状況は耐えがたい苦痛と絶望感をもたらし、自信を喪失させ、恐怖に支配された人格を生みだすことになりかねない。

3　いじめ対策の導入

　本考察は、集団における個人の実存的な生き方を問題にするが、誤解のないように言っておくと、それはクラスや学校でいじめ対策をしなくてもよいということでは決してない。いじめ問題に対しては、あらゆる取り組みが積極的に導入されるべきであり、とりわけ実存的な問いに意識的に向き合う以前の児童に対しては、学校の内外で大人たちによる保護やケアが不可欠である。いじめ対策は少なくとも三つのレベル、すなわち、いじめの予防、いじめへの緊急対応、いじめの治療に分けて考えられる。

　たとえば、社会的・感情的学習（SEL）は、いじめの予防に一定の効果が期待できるであろう。SEL には暴力防止や対立解決のためのさまざまなプログラムがふくまれており、子どもは、怒りや悲しみといった感情の認識、感情への対処法、問題解決法、対人関係のつくり方など、基本的な

感情リテラシーを学ぶことができる。またマインドフルネスのエクササイズはストレス低減に効果的であることが知られている。マインドフルネスは、暴力に結びつく反応の行動化を遅らせ、反応を柔軟に変え、子どもに落ち着きを取り戻させることができ、生徒指導の面で効果が期待される（Lantieri, 2008）。

　日本の学校では、明るく元気で仲のよいクラスのようなものが理想のイメージとされており、世間からもそのような期待が寄せられる。しかし、それはかえって学校の硬直した構えを生みだし、問題を認識することを妨げ、対処が遅れることにつながる。問題があることは教育の失敗のように受けとられ、非難を招くことになる。しかし、日々問題が生じるのは当然のことであり、学校教育は、問題の有無という非現実的な観点からではなく、問題に対してどんな取り組みをしているのかという点から評価されるべきであろう。また、子どもに明るい面だけを求めすぎると、負の感情は排除され、「影（シャドー）」として他者に投影されることになり、結果的にいじめを誘発することになる。

　いじめへの緊急対応では、被害者の安全を確保することが最優先されなくてはならない。危険を回避するために、安心してすごせる学校外の居場所（シェルター）やフリースクールなどが必要であり、カウンセラーやスクールソーシャルワーカーの支援が求められる。ここでは地域コミュニティのさまざまなリソースが役立てられる。子どもの虐待について発言をしてきたアリス・ミラー（Alice Miller, 1923–2010）は、子どもの味方になる「事情をよく知る証人」（der wissende Zeuge, the enlightened witness）がいることが、子どもが暴力によって破壊されないために重要であることを強調している（Miller, 1988, p. 220）。いじめに関しても、地域のなかで「事情をよく知る証人」をふやす取り組みが重要である。

　さらに、緊急対応ののちも、被害にあった子どもには継続的な治療やケアが必要となることがある。最近では、トラウマに対応する身心セラピーもいろいろと紹介されている（リヴァイン＆クライン, 2010; ヴァン・デア・コーク, 2016）。また、いじめを引き起こした子どもに対しても治療的

326

な対応が必要となることがある。

4　バリ島における負の感情の浄化システム

　学校やクラスのコミュニティは閉鎖的なものになりやすい。そうしたコミュニティを開放的で柔軟なものにできるなら、いじめのリスクは減少すると思われる。たとえば、授業を選択性にして、クラスがつねに同じメンバーだけで構成されないようにすることができる。しかし、それは小学校や中学校では難しいことである。どんなコミュニティにせよ、それが閉鎖的なものであれば、必然的に負の感情が内部に蓄積される。それをどのように解消するかはコミュニティの課題であり、コミュニティの知恵が試されるところである。しかし、学校という空間は、負の感情の存在を最初から締め出しているので、そのような発想をもつことが難しい。そのため負の感情は見えないところに蓄積され、個人を標的にして噴出する。

　コミュニティ全体で負の感情を浄化している例がバリ島に見られる。私はバリ島を訪れた際、川手鷹彦氏（1957– , 芸術家、治療教育家）のご好意で何度か「魔女ランダの舞」を見る機会にめぐまれた。川手氏はバリ・ヒンドゥー芸能の最高峰と呼ばれた故デワ・マデ・ライ・メシ師のもとで研鑽をつみ、ランダの舞い手にまでなった人物である。ランダの舞は正式には「チャロナラング」と呼ばれる舞踊劇であり、娘を国王に嫁がせる望みを果たせなかった寡婦チャロナラングが魔女ランダに変身して、疫病を蔓延させるという物語である。バリの年周期である 210 日ごとに巡ってくるオダラン祭のなかで、ランダの舞は、最後に行なわれるもっとも神聖な儀式である（中村, 2001）。

　私が祭を見学した当日、劇を上演する一団は、周囲を山に閉ざされた小さな村に出向いていっ

川手鷹彦氏

た。私たちが村に着いたときには、村人はすでに総出になっていた。夕方にガムランの演奏とともに村の子どもたちの踊りが始まり、その後、女性の踊り手や役者たちによってチャロナラングが演じられていく。着飾った踊り手は妖艶な踊りを披露し、役者たちの劇がつづき、魔女退治に向かう刺客が出てきて村人たちの笑いをさそう。このときすでに深夜である。この場面が終わると、あたりの空気は一変し、村人たちが騒然としはじめる。そのとき魔女ランダが寺院の狭い門から姿をあらわす。「面を掛ける」ことにより一種のトランス状態(「クスルパン」)に入ったランダは、悪霊を呼び寄せる台詞を唸るように唱え、あたりかまわず動きまわる。動きはしだいに激しさを増し、最後はどこに向かって走り出すかわからなくなる。まわりの男たちはその様子を見て、ランダを取り押さえ、祭壇へ運んでいく。ランダの面が外され、舞い手に聖水が注がれて、舞い手は正気にもどる。こうしてランダの舞は終了する。

　バリ島では、村に蓄積された負のエネルギー(穢れ)を、村人立ち会いのもと、こうした芸術的な宗教儀礼のなかで解き放ち、浄化している。ランダを舞う僧侶は、村全体の悪を一身に引き受け、それを変容する。それはたしかに危険を伴うことである。川手氏は「黒魔術師(に見える)ランダに村人たちは自らの内の闇を投影し、また流し込む。その時こそ、ランダ舞が浄化の役目を果たし始める時なのである」(川手, 2013, p. 55)という。ランダは境界を越えて闇の世界へと入っていく。これについて師の孫デワ・メシ・バユ・ヌガラ氏は、つぎのように述べている。

　　けれどもそのような境域に居るときにこそ、舞い手は神々への深い信
　　仰を持ち、それに応える神々よりの守護と愛を感じ、そしてそのこと
　　により舞い手は「危険な行為」から守られ、救われ、それが、村と村
　　人たちの魂の浄化を励起するのだ。(p. 43)

　このようにランダの舞は、コミュニティ全体の宗教儀礼をとおして、村人のなかに蓄積された負の感情を浄化するものになっている。これに対し

て、学校やクラスをふくめ、今日の日本では、ランダの舞に見られるような
コミュニティ全体による浄化儀礼はほとんど望むべくもない。いじめは、
負の感情が変容されることなく、制御されないまま、破壊的に表出されて
いるような状況であると言えよう。

5　負の感情と筋肉の鎧

　負の感情をコミュニティの文化的装置をとおして変容することができな
いとき、それは多くの場合、個人内部の解決策にゆだねられることになる。
私たちが生きていくうえで、怒り、悲しみ、恐れといった負の感情を抱く
ことは避けがたいが、私たちはそれらを自己のうちで統制する身心の仕組
みを構築するのである。このことに最初に着目したのはウィルヘルム・ラ
イヒ（Wilhelm Reich, 1897–1957）であり、彼の考えはその後、アレクサ
ンダー・ローエンなどによって広められた。ライヒが発見したのは、負の
感情は、自分でコントロールのできる随意筋を緊張させることによって身
体の内側に押しとどめられるということである（Reich, 1972）。たとえば、
悲しみは泣くことによって表現されるが、それは、眼、口、のど、胸、み
ぞおち、腹をふくめた動きのなかで表現される。これに対し、息を詰め、
のどを締めつけ、みぞおちや腹を硬くすることによって泣くことが抑制さ
れる。怒りは大声や、背中から肩、腕にかけての激しい動きによって表現
されるが、あごを引き締め、肩を引き、胸を緊張させることによって動き
が止められる。

　もちろん一時的に感情表現を抑えても問題はない。しかし、この抑止が
たえずくり返されると、筋肉の緊張が慢性化する。ライヒはこれを「筋肉
の鎧」（muscular armor）と呼び、ローエンは「ブロック」（block）と呼
んでいる。筋肉の鎧とは、筋緊張の固定化によって感情抑止の仕組みが身
体に構造化され、無意識の体制にまでなったことを意味する。ライヒや
ローエンは、筋肉の鎧（ブロック）ができやすい部位として、眼のまわり、
口のまわり、あご、のど、首の裏、肩、腕、胸、みぞおち、腹、腰などを

あげている（Lowen, 1973）。筋肉の鎧化に伴って呼吸は浅くなる。感情を抑えるには、呼吸を抑えないといけないからである。このように筋肉の鎧は、負の感情に対する個人的な解決策であるが、これは決して望ましい解決策ではない。なぜなら、私たちはそれによって生き生きとした感情を感じられなくなり、生命エネルギーが抑えられるからである（図1）。

　いじめにおいても、このような感情の抑圧は、いじめを誘発する要因に

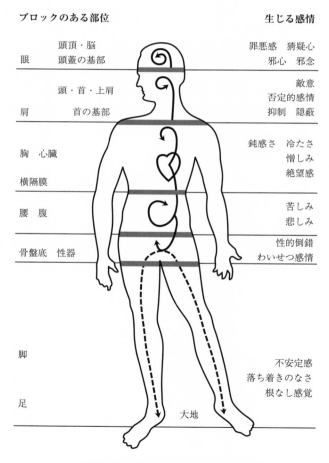

図1　慢性的筋緊張による感情の流れの中断
（ローエン『うつと身体──〈からだ〉の声を聴け』春秋社, 2009, p. 364）

なると考えられる。ライヒはそれを「感情的疫病」（emotional plague）と呼んでいる。つまり、筋肉の鎧を身につけ感情を抑圧している人は、みずからの防衛体制を維持するために——それに加え、抑圧された負の感情が生みだす無意識の攻撃性に駆られて——自分だけでなく他者に対しても生き生きとした感情表現を妨げ、生きた生命を抑圧してしまうのである。ライヒ（1979）はそれを『キリストの殺害』のなかで描きだしているが、感情的疫病による生きた生命の殺害は、いじめが発生する仕組みそのものである。それゆえ、いじめとは、他者の生命を破壊することをとおして、みずからの生命を破壊しつづけることにほかならないと言えよう。

　ローエンのバイオエナジェティックスと呼ばれる治療技法は、筋肉のブロックを解消し、生命エネルギーの流れを高めるためのものである。またローエンは、ブロックの形成を予防するためのエクササイズも考案している（Lowen & Lowen, 2003）。最近のトラウマ治療のなかでも、ピーター・ラヴィーン（Peter A. Levine）のソマティック・エクスペリエンシングのように、身体感覚に注意を向け、自然な身体反応に従い、ブロックされていたエネルギーを解放するものがある（Levine, 1997）。感情リテラシーの教育においても、たんに感情を管理するだけでなく、感情の解放と変容をはかれるような取り組みが教えられるべきである。たとえば、ドン・ハンロン・ジョンソンが指摘するように、それはソマティック教育をつうじて教えることができる。

　　体育のクラスは、若者に、筋肉と感情の関係を探究するための機会を
　　与えられる理想的な場所である。訓練を受けたソマティック教師は、
　　怒りや嫉妬や恥といった体験を使って、生徒たちに、自分自身と相手
　　についての、より深い感覚を与えることができる。（Johnson, 1992,
　　p. 193）

　また、マインドフルネスは感情変容にも役立つ方法であり、負の感情をありのままに観察し、それを手放すなかで感情エネルギーの変容がはから

れる（Nhat Hanh, 2001）。

6　独りになる

　以上のように、いじめに対する取り組みは、学校やクラスに導入可能な
プログラムから、コミュニティにおけるソーシャル・サポート、さらに根
本的にはコミュニティの浄化儀礼やソマティック教育にいたるまで、さま
ざまなレベルで考えることができる。そうした取り組みの必要性を認めた
うえで、それと同時に問わなくてはならないのは、私たち一人ひとりが日
本的集団のなかで、いかに生きていくのかということである。これは、自
分自身の人生について思いをはせるようになる思春期以降、誰もが向き合
わなくてはならない実存的課題である。もとより、それをサポートするこ
とは、教育の本来の使命でもある。

　ここでとりあげたいのは、個人が集団にとらわれない生き方である。言
いかえると、集団にいながらも、自分の存在を確認するとき他者に依存し
ないで、自分自身に対して意識を向けるということである。集団を自分の
拠り所としないということは、端的に言えば「独り」（aloneness）になる
ということである。しかし、独りになることは孤独になることではない。
二つはまったく別のことがらである。孤独（loneliness）というのは、たと
え他者から物理的に離れていても、依然として他者に依存し、他者に対し
て、みずからの欠乏をみたす何かを求めている状態である。これに対し、
独りになるというのは、他者への心理的依存を手放し、外に向かっていた
意識を自分自身へと向け直すということである。

　クリシュナムルティは「独りである」ことについて、つぎのように述べ
ている。

　　人は独りでなくてはならない。しかし、この独りであることは、孤立
　　することではない。この独りであることは、貪欲、嫌悪、暴力の世界
　　から、そのすべての細部をふくめて自由になることを意味し、苦痛に

みちた孤独と絶望から自由になることを意味する。(Krishnamurti, 1970, p. 49)

　たとえば、夏目漱石は「私の個人主義」という講演のなかで、ロンドン留学中に、それまでの「他人本位」のあり方をやめ、「自己本位」の立場へ転じたと述べている。

　　私はこの自己本位という言葉を自分の手に握ってから大変強くなりました。彼ら何者ぞやと気慨<ruby>気慨<rt>きがい</rt></ruby>が出ました。今まで茫然<ruby>茫然<rt>ぼうぜん</rt></ruby>と自失していた私に、此処<ruby>此処<rt>ここ</rt></ruby>に立って、この道からこう行かなければならないと指図をしてくれたものは実にこの自我本位の四字なのであります。(三好, 1986, p. 115)

他者の意見や考えに追随することをやめ、自分自身に向き直ることから、のちの夏目漱石が生まれたのである。
　独りになるとは、物理的に他者から離れることではなく、アイデンティティ意識の変容である。私たちのアイデンティティは大部分、集団によって与えられ、他者によって構成されている。精神科医の R. D. レイン (Ronald David Laing, 1927–1989) が言っているように、「人の最初の社会的アイデンティティは、その人に与えられるものである。私たちは、まさしく言われたとおりの者になるのである」(Laing, 1969, p. 78)。子どもは決してありのままの存在として受け入れられず、別の誰か (somebody) になるように条件づけられる。したがって、アイデンティティが他者によって構成されたものであれば、自分のなかで他者が支配的に存在していることになる。独りになるとは、そうした内なる他者から離れ、他者によって構成されていない「私」を見つけだすということである。現代インドの神秘家である OSHO (1931–1990) は、「自分自身を見いだすことは、人の生涯においてもっとも偉大な発見である。そして、この発見は、あなたが独りであるときにのみ可能である」(OSHO, 2001, p. 195) と言っている。

しかし、独りになるには勇気がいる。ニーチェは『ツァラトゥストラはこう言った』のなかで「精神の三つの変化」について述べている（Nietzsche, 1975, pp. 25–27）。すなわち、精神が「ラクダ」から「ライオン」をへて、「子ども」へと変化するということである。「ラクダ」とは、集団に属し、伝統的な価値観を担う生き方のことを指す。ラクダの生き方では、より多くの荷を背負い忍従することが評価される。これに対し、「ライオン」は自由と創造を求めて反逆する精神である。「子ども」は創造の運動とひとつになった無垢な精神である。ニーチェによれば、私たちが創造的に生きるためには、ラクダからライオンの段階へと進まなくてはならない。ラクダは自己を押し殺して集団に同一化しているが、ライオンはその同一化を打ち破り、自己を回復しようとする。その結果、聖なる子どもの「生の肯定」にいたるのである。独りになるというのは、ラクダであることをやめ、ライオンの生き方を選ぶことである。

　ルドルフ・シュタイナーは『ニーチェ みずからの時代と闘う者』（1895年）のなかで、ニーチェに深く共感しながら、ニーチェの示した自由で、創造的で、力強い生き方について以下のように述べている。

　　ツァラトゥストラは、人びとがどうあるべきかについて、いちいち指図しようなどとは思っていない。ただ、一人ひとりがみずからに立ちかえるように求め、「あなたをあなた自身に委ねなさい。あなただけに従いなさい。あなた自身を徳や知恵や認識の上に置きなさい」、とだけ言いたいのだ。ツァラトゥストラは、みずからを求める者に語る。共通の目標を求める大衆に対してではなく、彼同様、わが道を行くものに対して、彼の言葉は向けられている。わが道を行くものだけがツァラトゥストラを理解する。なぜなら、そういうものは、ツァラトゥストラが次のように語ることはない、と知っているから。「見よ、これが超人である。彼のようになれ」。

　　ツァラトゥストラは、次のように語る。「私は自分を求めた。私はあなたがたに教える通りの人間だ。行って、あなたがた自身を求めな

さい。そうすれば、超人になれる」。（シュタイナー, 2016, p. 56）

「超人」とは、自分の外にある理想や目標を自分よりも上に置いて、それに服従する人ではなく、人生の意味を自分自身のなかに求めるような個人である。シュタイナーはつぎのように述べている。

> 真実なのは、個々の人間だけであり、この個々の人間の本能と衝動だけである。自分の個性の要求を大切にするときにのみ、何が自分の人生の目標なのかを知ることができる。自分を否定して、自分を手本に似せようとしても、決して「完全な」人間にはなれない。自分の中から実現されたいと迫ってくるものを、実現するときが、完全な人間になれるときなのである。人間の活動が意味をもつのは、非個人的、外的な目的に仕えるときなのではない。人間の活動は、その活動そのものの中に意味をもっているのだ。（p. 51）

ヘルマン・ヘッセの小説『デーミアン』（1919 年）は、主人公シンクレアの成長をとおして、自己が自分自身にいたる道筋を描いた作品である。ヘッセもまたニーチェに深く影響を受けた人物であるが、「どんな人間の一生も、つまりは己へと向かう道だ。試行錯誤の道、かろうじて見える小道」（ヘッセ, 2017, p. 11）と述べる一方で、それが困難な道であり、「人間にならずじまいで終わる者も少なくない」（p. 11）と述べる。しかし、人は誰もが自分自身になろうと努力する。「ぼくらはみな、おなじ深淵から生まれでた。深淵からの試みであり、企てであるぼくらはそのあと、それぞれの目標に向かって邁進する」（p. 12）。物語の最初では、ひどいいじめにあって苦しんでいたシンクレアも、デーミアンとの出会いをとおして自分自身の試行錯誤の道を歩んでいく。そして人生の意味について、ついにひとつの洞察がおとずれる。「覚醒した人間にとっての義務は、自己を探求し、自分の形を決め、己の道がどこへ通じていようと敢然と突き進むこと、ただそれだけだったんだ」（p. 198）。さらにヘッセは、つぎのよ

うに述べている。

　　すべての人に与えられている本当の使命とは、自己自身に辿り着くこと、この一点に尽きる。詩人だろうが、いかれた人間だろうが、預言者だろうが、犯罪者だろうがかまわない。そんなことはその人にとって重要な問題ではない。それどころか、結局どうでもいいことだ。大事なのは、自分の運命を見いだすことだ。自分で選んだものじゃない。そして、その運命を徹底して生き抜くことだ。(p. 199)

　内なる他者の集団から離れ、独りになるなかで、人は「私」にたどりつく。くり返し言っておくと、それは決して集団から物理的に距離を置くという意味ではない。それは現実には不可能であり、必要でもない。仮にまったく人気のないところにいるからといって、自分のなかに集団的心性が存在しているなら、集団から離れたことにはならない。集団から離れるというのは、自分のなかにある内なる集団から脱同一化するということである。それは世界のなかにいながらも、世界にとらわれないあり方である。日本にトランスパーソナル心理学を紹介した故・吉福伸逸氏（1943–2013）はある講演のなかで、こう述べている。

　　ヒマラヤの洞窟の中に住んでいようが、われわれは世界内存在なんですね。だから、スーフィーの言葉でいわれる「世界の中にありながら世界に属さない」というふうなところに行ってほしいんです。超えるんじゃないんですよ、世界にいながら属さないんです。属さないっていうことは縛られないってことなんです。社会からどう思われようと、世間からどう思われようと、そんなことは関係ないんですよ。(吉福, 2015, p. 148)

　では、独りになるには、どうすればいいのか。OSHO によれば、それに必要なのは「気づく」ことや「見る」ことである。

それは、あなたが山にこもらなくてはならないということではない。あなたは市場のなかでも独りであることができる。それはただ気づいている、目覚めている、見ている、自分がただ見る存在（watchfulness）だということを忘れないでいる、という問題である。そのとき、あなたはどこにいようと、独りである。あなたは群衆のなかにいるかもしれない、山のなかにいるかもしれないが、それに違いはない。あなたは同じ見る存在である。（OSHO, 2001, p. 176）

　本書のなかでくり返し述べてきたように、ここでも、気づきや見ることが重要な働きをする。私たちのアイデンティティは集団的なものであるため、私たちの反応のほとんどは集団に対するものである。したがって、内なる集団から離れるには、自分に生じる反応をよく見なくてはならない。反応を観察し、それを手放すことができれば、集団から脱同一化することができる。自分自身への気づきを高めることが、独りになる道なのである。

7　至高なるものに出会う

　人は独りになることによって自分自身に立ち返ることができる。このとき何か新しいことを知ったり、誰かと出会ったりすることが、しばしば、その後の人生にとって決定的に重要な意味をもつ。そうした存在にかかわるなかで、人は自分の道を見つけだすことができる。夏目漱石の場合は、文芸に対する立脚点を新しく建設するために、文芸には縁のない書物を読みはじめたと述べている。『デーミアン』では、主人公のシンクレアはデーミアンをはじめ、ピストーリウスやエヴァ夫人との出会いをとおして自分自身にいたる。逆説的だが、他者と出会うことによって、独自の世界が開かれるのである。

　このとき出会われるのは、自分を引き上げ、内面を豊かにしてくれるものであり、その意味において、その個人にとって「至高なるもの」である。たとえば、文学、芸術、思想、宗教、科学、スポーツ、サブカルチャーな

ど、およそあらゆる方面に無数の偉大な先人たちがいる。そのような人物やその仕事を知ることによって、私たちは自分を豊かにすることができる。身近にそのような存在がなくても、過去に生きた人物や、物語に登場する存在や、ひとつの作品が導きになることもある。これは決して他者に依存し追従するということではなく、他者に出会うなかで自分の潜在的可能性が明るみに出されるということである。

　そのような存在は、矢野智司氏の言葉を借りれば「純粋贈与者」である（矢野, 2000, 2008）。矢野氏は、ソクラテスやツァラトゥストラ、また夏目漱石や宮澤賢治の作品に描かれた人物を例にあげ、純粋贈与者としての教師について、つぎのように述べている。

　　ソクラテス型の先生は、共同体の外部で「溶解体験」によって生まれ、「純粋贈与者」として共同体に戻り、共同体と外部との境界線で弟子を生みだす。ソクラテスが広場で頼まれもしないのに対話という贈与を繰り返したように、このタイプの先生は、溢れ出るものを見返りなしに人々に贈与しようとする。しかし、彼らが贈与するのは、生きるうえで役に立つ知識でもなければ、世界をよりうまくコントロールする技能や技術ではない。彼らは「ほんたうは何か」を問い、直接的な対話によって弟子の意味世界に亀裂を入れ、新たな自己の生まれ変わり（生の「最初」）をもたらす先生である。このような先生は、制度化することのできない一回かぎりの先生であるということで「最初の先生」と呼ばれるべき先生である。（矢野, 2008, pp. 81–82）

　「最初の先生」としての教師は、みずからが共同体の外へと出て、死と再生をとげ、共同体の外部で得た「至高性」を生きる存在である。人は独りになるとき、内なる共同体から離れて外へと出ていき、そこで純粋贈与者とめぐりあい、新たな創造をなす存在へと変容する。矢野氏が言うように、こうした変容をもたらすものは人間である必要はなく、自然をふくめて、さまざまなものが至高なるものとして立ちあらわれる。

　第3章で「善友」についてふれたが、ブッダの教えでは、善友を得ることが何よりも重要なこととされている。私たちは幸運であれば、至高なるものを介して、ともに道を歩む善友にめぐりあうこともある。そのなかでは、独自の道を歩む人たちのあいだで、目には見えない結びつきが生まれる。

　大人は子どもに対して、恐れることなく独りになり、自分の世界をつくってもよいというメッセージを伝え、至高なるものとの出会いの可能性を開き、子どもが自分の道を見つけられるように助けるべきであろう。一人ひとりの個人が自分自身に立ち返り、みずからの人生を生きるとき、人は集団や社会に対しても、その人にしかできない独自の貢献を果たすことであろう。

［文献］

ヘッセ, H.（2017）『デーミアン』酒寄進一訳, 光文社.

Johnson, D. H. (1992). *Body: Recovering our sensual wisdom.* Berkeley, CA: North Atlantic Books & Somatic Resources.

川手鷹彦（2001）「『魔女ランダ』への道——バリというトポスにおける特殊と普遍」, 中村雄二郎, 木村敏監修『講座 生命』第5巻, 河合文化教育研究所.

川手鷹彦（2013）『「魔女ランダ」への道』花の家.

Krishnamurti, J. (1970). *The only revolution* (M. Lutyens, Ed.). London: Victor Gollancz.（クリシュナムルティ『クリシュナムルティの瞑想録——自由への飛翔』大野純一訳, 平河出版社, 1982.）

Laing, R. D. (1969). *Self and others* (2nd ed.). New York: Pantheon Books.（初版 1961）（レイン『自己と他者』志貴春彦, 笠原嘉訳, みすず書房, 1975.）

Lantieri, L. (2008). *Building emotional intelligence: Techniques to cultivate inner strength in children.* Boulder, CO: Sounds True.

Levine, P. A., with Frederick, A. (1997). *Waking the tiger: Healing trauma.* Berkeley, CA: North Atlantic Books.（リヴァイン『心と身体をつなぐトラウマ・セラピー』藤原千枝子訳, 雲母書房, 2008.）

リヴァイン, P., & クライン, M.（2010）『子どものトラウマ・セラピー——自信・喜び・回復力を育むためのガイドブック』浅井咲子訳, 雲母書房.

Lowen, A. (1973). *Depression and the body: The biological basis of faith and reality.*

Harmondsworth, UK: Penguin Books. （ローエン『うつと身体——〈からだ〉の声を聴け』中川吉晴, 国永史子訳, 春秋社, 2009.）

Lowen, A., & Lowen, L. (2003). *The way to vibrant health: A manual of bioenergetic exercises.* Alachua, FL: Bioenergetics Press. （初版 1977）（ローウェン & ローウェン『バイオエナジェティックス——心身の健康体操』石川中, 野田雄三訳, 思索社, 1985.）

Miller, A. (1988). *Das verbannte Wissen* (2 Auflage). Frankfurt am Main: Suhrkamp Verlag. (Miller, *Banished knowledge: Facing childhood injuries*, L. Vennewitz, Trans. New York: Doubleday, 1990)

三好行雄編 （1986）『漱石文明論集』岩波文庫.

中村雄二郎 （2001）『魔女ランダ考——演劇的知とはなにか』岩波現代文庫.

Nhat Hanh, T. (2001). *Anger: Wisdom for cooling the flames.* New York: Riverhead Books. （ティク・ナット・ハン『怒り——心の炎の静め方』岡田直子訳, サンガ, 2011.）

Nietzsche, F. (1975). *Also sprach Zarathustra: Ein Buch für Alle und Keinen.* Stuttgart: Alfred Kröner Verlag. （ニーチェ『ツァラトゥストラはこう言った』上下, 氷上英廣訳, 岩波文庫, 1967, 1970.）

OSHO (2001). *Love, freedom, aloneness: The koan of relationships.* New York: St. Martin's Griffin.

Reich, W. (1972). *Character analysis* (3rd ed., V. R. Carfagno, Trans.) New York: Farrar, Straus and Giroux. （原著初版 1933）（抄訳, ライヒ『性格分析——その技法と理論』小此木啓吾訳, 岩崎学術出版社, 1966.）

ライヒ, W. （1979）『キリストの殺害』片桐ユズル, 中山容訳, 太平出版社.

作田啓一 （1996）『個人』三省堂.

シュタイナー, R. （2016）『ニーチェ みずからの時代と闘う者』高橋巖訳, 岩波文庫.

ヴァン・デア・コーク, B. （2016）『身体はトラウマを記憶する——脳・心・体のつながりと回復のための手法』柴田裕之訳, 紀伊國屋書店.

矢野智司 （2000）『自己変容という物語——生成・贈与・教育』金子書房.

矢野智司 （2008）『贈与と交換の教育学——漱石、賢治と純粋贈与のレッスン』東京大学出版会.

吉福伸逸 （2015）『世界の中にありながら世界に属さない』サンガ.

初 出 一 覧

（本書収録にあたり、いずれも大幅に加筆修正してある。）

第1章

「教育におけるスピリチュアリティ研究をめぐる最近の展開」村上祐介・小
畑タバサと共著，『ホリスティック教育研究』第13号，2010.

「教育におけるスピリチュアリティ――その成立と展開」，樫尾直樹編『文
化と霊性』慶應義塾大学出版会，2012.

「ホリスティック教育とスピリチュアリティ」，鎌田東二編『スピリチュア
リティと教育』講座スピリチュアル学 第5巻，ビイング・ネット・プレ
ス，2015.

第2章

「ジョン・ミラーのホリスティック教育論」，『教育専攻科紀要』第3号，神
戸親和女子大学，1998.

「ジョン・ミラー『ホール・チャイルド教育』と『愛と慈悲』その他の未紹
介著作について」，『ホリスティック教育/ケア研究』第22号，2019.

第3章

「ルンアルンのホリスティック教育」，『教育文化』第28号，同志社大学社会
学部教育文化学研究室，2019.

第4章

「オルダス・ハクスレーの教育論――〈永遠の教育〉を求めて」，『教育文
化』創刊号，1992.

第5章

書き下ろし

第6章

「サイコシンセシス」，日本人間性心理学会編『人間性心理学ハンドブック』
創元社，2012.

第7章

「負の感情と身心変容技法としての瞑想」，『こころの未来』第8号，京都大
学こころの未来研究センター，2012.

「独りになること、師となる存在に出会うこと」，日本ホリスティック教育
協会，成田喜一郎，西田千寿子編『「いじめ」を超える実践を求めて――
ホリスティックなアプローチの可能性』せせらぎ出版，2013.

あ　と　が　き

　ホリスティック教育は 1980 年代に北米で登場し、日本には 1990 年代の
はじめに紹介された。とくに 1994 年には、ホリスティック教育の提唱者
であるジョン・ミラー先生の主著『ホリスティック教育』の翻訳刊行と、
ミラー先生の来日（神戸親和女子大学招聘教授として）があった。その後
1997 年には日本ホリスティック教育協会が設立され、協会編で「ホリス
ティック教育ライブラリー」シリーズや「ホリスティック教育叢書」が刊
行された。そして 2017 年には日本ホリスティック教育/ケア学会が発足し
た。このようにホリスティック教育は、日本に登場して以降、地味ながら
着実な歩みをつづけている。

　ふり返ってみると、私個人はホリスティック教育が登場した当初から、
すでに 30 年近くこの動向にかかわっている。この間にホリスティック教
育は世界のなかで発展をとげ、多くの成果が出され、主流の教育のなかで
も認知されはじめている。しかし、私自身の研究は遅々として進まず、本
書にはその発展の一部しかとりあげられていない。また、限られたスペー
スに多くの情報を盛り込んだため、個々の記述は簡略なものにならざるを
えなかった。それらのより深い考察は今後の課題である。

　本書では永遠の哲学とトランスパーソナル心理学を基軸にしてホリス
ティック教育を描きだしてみたが、それ以外にもエコロジーやシステム理
論を中心にしてホリスティック教育論を展開することができるであろう。
しかし、こうした展開においても、個人の自己変容は中心的な意味をもっ
ていると思われる。本考察のなかでは「気づき」の意識をとりあげたが、
それは、気づきが自己変容における主要な道になると考えられるからであ
る。

　本書のなかには、留学時の恩師であるミラー先生をはじめ、私がホリス
ティック教育をつうじて知り合った海外の方々の考えを少し取り入れるこ

とができた。そのなかでも、ドン・ハンロン・ジョンソン、ピエロ・フェルッチ、ホルヘ・フェレール、エドワード・カンダ、ボブ・ロンドン、エオストロ・ジョンソン、トビン・ハート、ショーン・ケリーといった方々は、これまで客員教授として日本にお越しいただき、交流を深めることができた。また、ロン・ミラー、アンナ・レムコウ、リチャード・ブラウン、サティシュ・クマール、ミラバイ・ブッシュといった方々との出会いも貴重なものであった。

　また、この間、タイ、香港、韓国、マレーシア、ブータンをはじめ、アジアの各地を訪れ、アジアのホリスティック教育関係者との結びつきもふえてきた。彼らとの交流をつうじて、ホリスティック教育がそれぞれの場所で意欲的に取り組まれていることを肌で感じることができ、大いに刺激を受けてきた。いまでは、この交流の輪は「アジア太平洋ホリスティック教育ネットワーク」にまで発展し、相互に学びあう機会がふえてきている。それゆえ本書では彼らの活動の一端を紹介することにした。

　わが国のなかでは、これまで親交のあった片桐ユズル氏、平松園枝氏、可藤豊文氏、安藤治氏、浅井雅志氏、西平直氏、川手鷹彦氏、また、吉田敦彦氏、金田卓也氏をはじめとする日本ホリスティック教育/ケア学会の方々、村川治彦氏、石川勇一氏をはじめとする日本トランスパーソナル心理学/精神医学会の方々、前任校である立命館大学文学部教育人間学専攻の先生方、これら多くの方々から学ばしていただいたことを、ここにあらためて感謝申し上げたい。

　現在の職場である同志社大学社会学部教育文化学科の先生方には、ホリスティック教育の研究をあたたかく受け入れていただいた。大学時代の恩師、井上勝也先生（同志社大学名誉教授）は、私をはじめて学問の世界に導いてくださるとともに、新島襄と同志社の良心教育の精神を教えてくださった。長年仕事をともにした故・林信弘先生（立命館大学名誉教授）は独自の思想を展開した多くの著作を残され、そこに語られた「大らかな心」をみずからも生きてみせられた。林先生への想いは言葉では語り尽くせない。

最後に、本書の出版を引き受けてくださった出版館ブック・クラブの五郎誠司社長には、前著の刊行直後に声をかけていただいてから長きにわたりお待ちいただき、心より感謝している。

　2020 年 9 月

中川　吉晴

本書は、令和 2 年度日本学術振興会科学研究費助成事業（科学研究費補助金）（研究成果公開促進費）「学術図書 20HP5192」、および同志社大学 2020 年度研究成果刊行助成費によって刊行されている。

著 者 紹 介

中川 吉晴（なかがわ・よしはる）
1959 年，岡山県倉敷市生まれ．同志社大学大学院博士課程中退，トロント大学オンタリオ教育研究所博士課程修了（Ph.D.）．立命館大学教授をへて現在，同志社大学社会学部教授．著書『ホリスティック臨床教育学』（せせらぎ出版），『気づきのホリスティック・アプローチ』（駿河台出版社），共編『ケアの根源を求めて』（晃洋書房）．英文著作 Education for Awakening (Foundation for Educational Renewal)，共編 Nurturing Our Wholeness (Foundation for Educational Renewal)，共著 Nurturing Child and Adolescent Spirituality (Rowman & Littlefield)，Cross-Cultural Studies in Curriculum (LEA)，International Handbook of Education for Spirituality, Care and Wellbeing (Springer)，Global Perspectives on Spirituality and Education (Routledge)，International Handbook of Holistic Education (Routledge)．最近の翻訳 カンダ，ファーマン『ソーシャルワークにおけるスピリチュアリティとは何か』（共監訳，ミネルヴァ書房），ハリファックス『死にゆく人と共にあること』（共訳，春秋社）．

ホリスティック教育講義

2020 年 11 月 20 日　初版発行

著　者　中川 吉晴 ©Yoshiharu Nakagawa, 2020

発行者　五郎 誠司

発行所　株式会社 出版館ブック・クラブ
〒 170-0013　東京都豊島区東池袋 3–15–5
TEL. 03–6907–1968　FAX. 03–6907–1969

装　画　斉藤 祝子『Nostalghia』
装　丁　石山 智博
印刷・製本　モリモト印刷株式会社

ISBN978-4-915884-74-0　C3037　　Printed in Japan
乱丁、落丁本はお取り替えいたします